ものが語る歴史　28

出土文字資料と古代の東国

高島英之

同成社

はじめに

出土文字資料は、紙に書かれて伝世されてきた古典籍・古文書・古記録などの文献資料とは異なり、発掘調査によって地下から出土する。すなわち土中における幸運な諸条件に応じて一面では偶然に伝存した史料ということが出来る。

古代の文献史料は非常に限られており、従来、その研究もある種の限界に達したかの観があった。こうした状況をうち破り、古代史研究に活力を与え、その将来に無限の可能性を開く元となったのが、こうした古代出土文字資料の発見であった。

それぞれの文字資料一点一点はあまりにも断片的であり、それだけでは何を意味するのかわからない場合も少なくない。多種多様な出土文字資料は、それぞれの資料の属性や用途・機能に起因する資料的特性があり、各種の資料に応じた実に多種多様多彩な用途・機能を有するものであるから、出土文字資料全般を総体的に取り扱ったところで、考古学的な遺物論としても古代史料学の研究としても必ずしも一定の方向性を示し得るものではない。しかしながら、こうしたきわめて断片的な資料ではあるが、それらを丹念かつ対極的に検討していくならば、既存の文献史料からでは決して明らかにすることが出来ない古代の在地社会の実相を描き出すことが可能になると考える。多くの例を積み重ね、単に文字面だけでなく、文字が書かれている遺物の形や大きさ、出土状況、文字がある位置・方向などのデータを含めた総合的な検討を経ることによって、地域の歴史像を解明することが可能なのである。

出土文字資料の資料的特質は、まず第一に、それらが地下から発見された考古学的遺物であり、そこに記載された文字情報とともに、その資料がどの遺跡のいかなる遺構からどのような状況で発見されたのかという出土情報や、遺物としての形態に関する情報の重要性が、紙に記されて伝世された文書よりも大きいということである。
さらに史料的特質として、紙以外の物質を書写材料としているものも多いという点が挙げられる。文字が記された物それぞれの特性や、物そのものの用途・機能・使用方法と文字内容とが密接に連関している場合が多い。したがって、記された文字情報を正しく解釈し、歴史史料として最大限有効に活用するためには、文字が記された物そのものの特質と記された文字内容とを整合的に解釈して判断する必要がある。各々の出土文字資料の出土状況や物としての特質や考古遺物としての物そのものに付帯する情報を明らかにした上で、はじめて記載された文字がもつ文字情報の果たした意味が正当に理解できるのである。

さらに、それら出土文字資料が同時代史料であるということも大きな特質の一つといえよう。すなわち後世の写本などではなく、確実に古代のある時点で記され、廃棄された生の史料であるという点であり、後世の潤色や編集が入る余地がないという点である。また、二次的な手が加わった編纂物などの文献史料とは異なり、記録・文書あるいは典籍などに纏められる前段階における、日常的な情報を含んでいることが多い。個々の出土文字資料に記されている情報は、あまりにも断片的に過ぎるものが多いが、当時の官衙などにおける日常の行政事務の実態や、古代の村落における祭祀・儀礼等の行為の実相を具体的にうかがい知ることが出来る貴重な資料となるものが多い。

こうした出土文字資料を取り扱う際には、何よりもまずそれらが考古学的な遺物であることを重視せねばならない。もちろん、文字情報の大きさや効果は絶大であるが、同時代の生の史料であるとはいえ、その断片的なる故にこそ、各出土文字資料に記された文字情報自身の史料批判を経ることの重要性についても多言を要しないであろう。まずもって、これら出土文字資料に込められた歴史情報を最大限に引き出すことが求められる。

従来は、このような出土文字資料は、もっぱら釈文のみが対象とされ、その属性についての検討が等閑に付される傾向が強かっただけに、そこに記された文字情報以上の歴史情報を得ることが出来なかったわけである。出土文字資料の用途・機能は、それぞれ文字が記されたものそのものの属性に左右されるものであり、記された文字情報のみならず、資料そのものの属性の検討を行うことによって、文字情報以上の歴史情報を引き出すことが可能になるばかりでなく、記された文字情報の精確な解釈にも資することになる。

木簡や墨書土器をはじめとした出土文字資料に人間が与えた機能は、社会から切り離された個人が無秩序に付与したものではなく、各々の出土文字資料の記載者が果たしていた当時の社会的な機能と密接に関連している。そうであるから、出土文字資料それぞれの機能を復元することが、各出土文字資料を媒体とする人的・政治的・社会的諸関係を解明することにつながるのである。その過程で、例えば木簡なら、それがどの役所から差し出されてどこに充てられたのかというような官司間相互の関係であるとか、あるいはそれら官司の運営の実態が明らかにすることができ、場合によってはそれぞれの出土文字資料の出土地点がいかなる性格の施設であるのかを解明することも可能になる。さらには、このような諸関係、すなわち人と人との関係の総体としての日本古代史像の一部を明らかにすることになる。つまり、それぞれの出土文字資料の用途と機能を解明することによって、そうした人的関係の背後にある律令制のシステムや集落内の社会構造を明らかにすることが可能なのであり、さらにはそのような諸関係の総体としての古代社会像の解明につながっていくのである。

引用・参考文献

佐藤　信　二〇〇二『出土史料の古代史』東京大学出版会

目　次

出土文字資料と古代の東国

第一章　墨書村落祭祀論序説

はじめに

近年の全国各地における大規模開発事業に伴う埋蔵文化財緊急発掘調査の爆発的急増の結果、八・九世紀を中心とする集落遺跡から多種多様な文字資料が出土し、古代の村落社会の究明に重要な視角を提供していることは、つとに知られている通りである。ただ、それらの一つ一つは、余りにも断片的であり、個々の資料に記された文字の意味や用途等を確定することが難しく、出土文字資料を使った古代村落研究は、出土量の膨大さとは裏腹に、資料操作の困難さ故、未だ多くの問題を抱えているというのが現状である。とは、いうものの、各々の出土文字資料の性格や特質を、それぞれ出土した遺跡・遺構との関連の中で、一つ一つ確定していくことによって、これまでは究明出来なかったような古代の村落社会の実情や深層を徐々に解明されていくものと思われる。

近年の諸研究によって、こうした集落遺跡出土の文字資料、とりわけ墨書・刻書土器については、村落の内部における祭祀・儀礼等の行為に伴って使用されたものであることが明らかになってきた。これは、全国各地の遺跡から出土する膨大な量の墨書土器の文字に共通性が認められ、きわめて限定された種類の文字や特殊な字形が使用されていることや、一遺跡における出土量が一〇〇〇点を越える例すらあるにもかかわらず、いかなる遺跡においても墨書土器の比率は、その遺跡から出土した土器総量の数%に過ぎないこと、また、特殊な材質・作り、もしくは器形の土器を意識的に選択した様子がないこと、などの諸点から導き出されたものである（松村 一九九三a）。最近の出土文字資料の研究動向のなかで、中心的役割を担ってこられた平川南氏は、「墨書土器の文字は、その種類が極めて限定され、各地の遺跡で共通して記されている。その字形も、各地で類似し、しかも本来の文字が変形したままの字形が広く分布している。この傾向は、おそらく一定の祭祀や儀礼や儀礼行為等の際に土器になかば記号化した文字が記載された」と述べられており、村落内で土器に文字を記す行為が祭祀に伴うことを明快に結論づけられた（平川ほか 一九八六、同 一九八九・平川 一九九一）。また松村恵司氏も同様の観点から、「古代集落遺跡出土の墨書土器は、祭祀に関係したものが中心を占める。その背景には、文字文化や仏教思想の浸透に伴い、文字を呪術的なものとして受容した農村社会の特質を垣間みることができ、神仏への供献用の土器に祭祀の主体者や祈願内容、日常食器との区別を文字で明示する行為の展開が想定された。」と述べておられる（松村 一九九三a・一九九五・一九九八）。すなわち、土器に墨書する行為は、日常什器とは異なるという非日常の標識を施すことであり、祭祀用に用いる土器を日常什器と区別し、疫神・祟り神・悪霊・鬼等を含んだ意味においての「神仏」に属する器であることを明記したものということになろう。

以下では、厳しい資料的制約のなかでどこまで具体像が描き出せるか、甚だ心許ないところであるが、律令制下の東国村落における祭祀・儀礼等行為の諸様相について墨書土器を素材に探ってみることにしたい。なお便宜的に、刻書土器をも含めた概念として、以下では「墨書土器」という用語を用いることにする。

一　集落遺跡出土墨書土器の全般的傾向

奈良・平安時代の集落遺跡を発掘すると数多くの墨書土器が出土する。当該期の集落遺跡出土の墨書土器は、全国的にみられるが、とりわけ東日本各地における出土例、なかでも関東地方の事例が多い。これはただ単に、各種開発行為に伴う埋蔵文化財の緊急調査事例が抜きん出て多いからという理由に起因するのみならず、当該期の東国村落の特質の一つといってよいだろう。なお、中国・四国・九州地方出土の墨書土器は、数量の点では東日本出土のものに及ばないものの、出土状況や記された文字の種類・方向・内容等は東日本出土のものに非常に類似している。集落遺跡出土の墨書土器は、畿内では却って少ないが、畿内を中心とする周縁部において、より盛行する傾向がある。いうなれば、墨書土器とは、本来的な意味における文字文化の周縁にこそ特徴的な遺物であるということもできよう。

集落遺跡出土の墨書土器は、官司の組織・集団内における器物の保管・管理に伴って器物の使用場所や所有者・名称・使用目的等を記したとみられる官衙遺跡出土の墨書土器と異なり（津野　一九九〇・一九九三）、圧倒的に一文字のみの記載がほとんどで、いかようにでも解釈可能なものが多い。早い例では、すでに八世紀前半に出現しているが、村落内で本格的に広まっていくのは八世紀の中葉以降で、九世紀にかけて次第に増加し、九世紀中葉から一〇世紀にわたって飛躍的展開を遂げ、一〇世紀の内に急速に減少していくといった傾向が指摘できる。これとともに、八世紀代の墨書土器の文字は、概して小振りであり、書体も端正であるのに対し、九世紀以降は文字も太く大きくなり、字形も崩れ、稚拙な書体のものが多くなっていくという傾向や、まず初源期には刻書が先行し、その後、記載方式の主体が刻書から墨書に移っていくという傾向も、全般的にみられる。また、こうした大局的な趨勢とともに、各出土遺跡毎に個々の集落の変遷過程に伴う墨書土器の分布の推移、記載文字の変化などの存在も指摘されている。

二　祭祀記号墨書土器

「はじめに」でも述べたように、こうした奈良・平安時代の集落遺跡から出土した墨書土器は、集落内における一定の祭祀・儀礼等の行為に伴うものと理解できるが、それらが祭祀・儀礼に際して用いられていたことを明確に示しているものの一つが、祭祀に関連する記号が記された墨書土器であろう（図1―1）。群馬県群馬町上野国分僧寺・尼寺中間地域遺跡（八世紀前半）や群馬県新田町市野井遺跡（八世紀後半）、千葉県柏市花前遺跡（九世紀前半）、京都府向日市長岡京左京一条二坊十一町遺跡（八世紀末）等からは、呪符に用いられる独特の符号である「☆」（五芒星）や、九字の略号である「#」が記されたものが出土しており、なんらかの呪術的な祭祀に用いられていたものと考えられる（山中　一九八九、高島　一九九二ａ・一九九四・一九九七ｂ、郷堀　一九九三）。

五芒星は、陰陽道や修験道では「五行」と称され、「陰陽五行説」の「五行」、すなわち「木・火・土・金・水」を象徴するものといわれている。元来、西アジア地方に起源を有する記号であり、わが国へもかなり古くから伝わっていたとみられている。元々は道教における北斗星信仰を象徴する紋様であったらしいが、後世になると次第に北斗星そのものを意味する紋様というよりは、むしろ、呪符等によくみられる他の記号や梵字・符籙などと同様、悪霊や邪神を払い、願意の達成を確実にする呪号として認識されるようになる。中世以降の呪符木簡や、近世に編纂されたまじない書にみえる呪符には、この紋様が無数にみられ、現代に至るまで呪符に多く用いられており、呪術的記号としてはきわめて普遍的なものといえる。

群馬県群馬町上野国分僧寺・尼寺中間地域遺跡や千葉県柏市花前遺跡では、この「☆」の記号を記したものの他に同じく道教の符号である「九字」の略号である「#」を記したものも出土している。「九字」は陰陽道や修験道では、一般的に「臨・兵・闘・者・皆・陣（陣）・烈（列・裂）・在・前」の九字を意味するということで、四世紀、中国・東晋時代の葛洪（二八四～三六三年）が著した道教の理論書『抱朴子』巻一七・登渉編にみえる、山に入る際の呪文「臨兵闘者皆陣列前行」（敵の刃物にひるまずに戦う勇士が前列に陣取っているとの意）から取られたものといわれ、基本的には縦四本・横五本の格子状で表される（本田 一九九〇）。九は陽の満数であり、陰である邪気を伏すとする発想によるものであり、「九字」記号自体、悪霊をはらい、願意が確実に果たされるとの効力を有するものといわれる。先述した「☆」記号と同様、呪符木簡やまじない秘伝書に、除災招福の呪句と併記されることが多い、非常に普遍的にみられる呪号の一つである。呪符等では、この「九字」はしばしば「☆」と対にして用いられている。なお、埼玉県狭山市揚櫨木遺跡からは九世紀

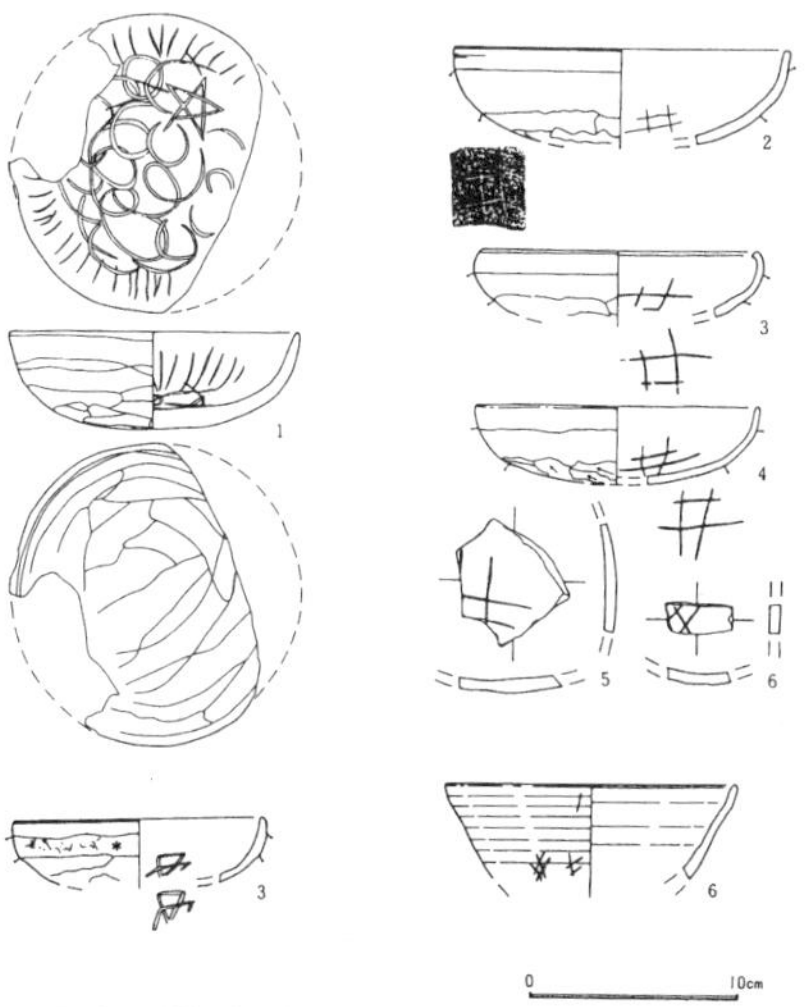

群馬県・上野国分僧寺・尼寺中間地域出土の記号刻書土器（財団法人群馬県埋蔵文化財調査事業団『上野国分僧寺・尼寺中間地域』8、1992年より）

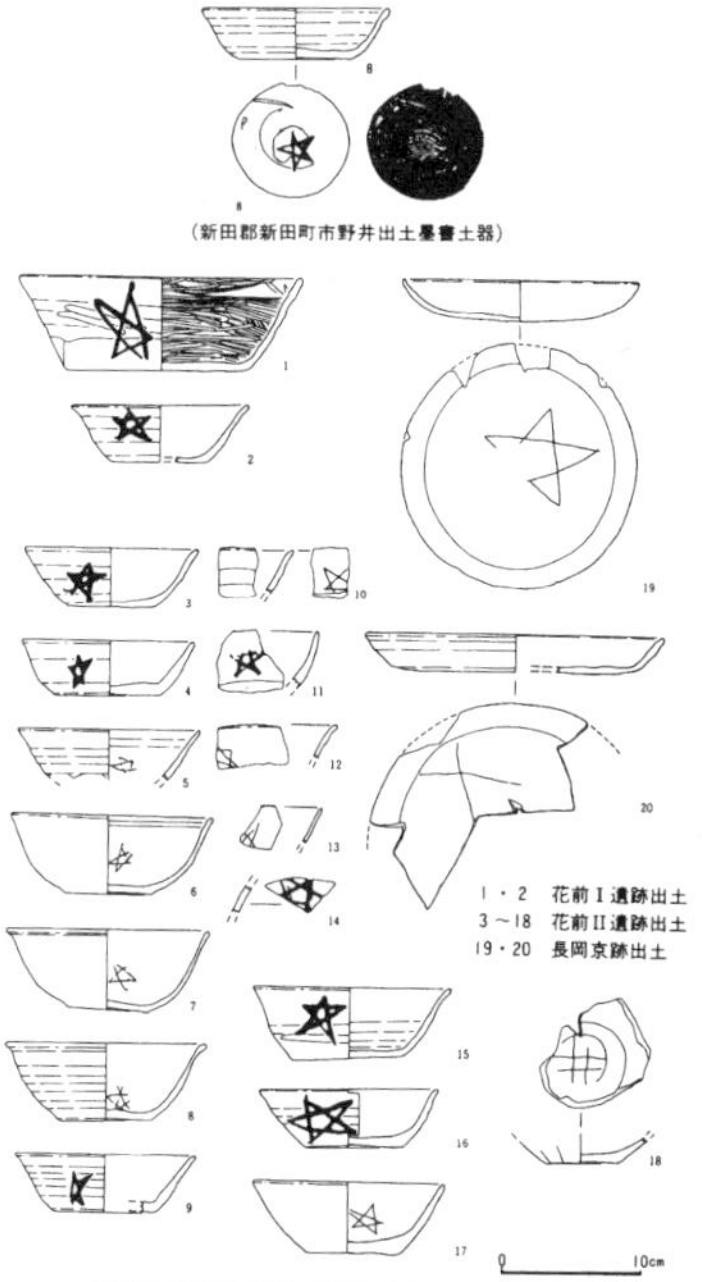

各地出土の祭祀記号墨書・刻書土器（財団法人群馬県埋蔵文化財調査事業団『上野国分僧寺・尼寺中間地域』8、1992年より）

図1—1　祭祀記号墨書土器

後半の須恵器杯の底部内外面に「九字」そのものを墨書したものが（仲山 一九九〇）、また千葉県八千代市白幡前遺跡からは九世紀代の土師器皿の底部内面に線刻したものが（千葉県文化財センター 一九九一）、同じく千葉県袖ヶ浦市永吉台遺跡群西寺原遺跡からも九世紀代の土師器杯の底部内面に線刻したものが出土している（君津郡市文化財センター 一九八六）。

また、「#」の記号も集落遺跡出土の墨書土器によくみられるものである。顕著な例をあげると、山形県生石2遺跡では出土墨書土器の六五％を「#」記号が占めており（山形県教育委員会 一九八七）、神奈川県平塚市中原上宿遺跡でも出土墨書土器の八四％を占めているほか「#」の印面をもつ焼印も出土している（中原上宿遺跡発掘調査団 一九八三）。千葉県東金市作畑遺跡では「# 小田万呂」と土師器杯の底部に記されたものがある。「#」と「小田万呂」の書体は明らかに異なっており、字体も「#」の方が殊更に大きいので、人名の上に祭祀記号が付されたものとみてよい（平川 一九九一）。

「☆」や「九字」・「#」の呪号を記した土器を使用した祭祀は、その当時としては最先端の道教の影響下にあるまつりであったことには間違いなく、そのような祭儀が在地社会にもたらされたのは律令官人層の手によってであったと考えられる。先述したように「☆」や「九字」が記された土器は、八～九世紀前半頃のものが多いという点からも、こうした祭祀記号を記した土器が、在地における墨書土器を使用した祭祀の原型の一つと考えてよいだろう。

三 祭祀内容記載墨書土器

先述したように、東国の集落遺跡から出土した墨書土器には一文字のみ記載されたものが、圧倒的多数を占めており、文字内容についてはいかようにも解釈出来る。ところが近年、古代の下総国印旛郡から香取郡・埴生郡および上総国武射郡にかけての地域を中心に、多文字の墨書土器が数多く発見され、大多数の一ないし二文字のみ記載の墨書土器の文字内容を考える上で重要な示唆を与えるような資料が少しずつ増えてきている。とくに、村落祭祀の実態を端的に示すような次に掲げるような墨書土器の類例も相次いで発見されている（表1―1・図1―2）。

これら、村落祭祀の実態を端的に示すような墨書土器群は、（地名）＋人名＋「形（方・召・身）代」（＋「奉（進上）」）という書式のもの（1・2・4・11・12・14・15・16・33―以下、番号は、章走の図・表中の番号に対応する）、「某（女）（命）替進上」という書式のもの（20・21・22・23・24・25・26）、さらに「某神（仏）奉（上・進）」（5・6・7・19・29・30・31・32）と記すものや、「竈神」（3）・「国玉」（27・28）のように祭祀の対象となる神の名のみ記したもの等に大別できる。これらに記された文字そのものが、祭祀に使用されていたことを物語っていよう。

1　人名＋「形（方・召・身）代」（＋「奉（進上）」）書式

人名＋「形（方・召・身）代」（＋「奉（進上）」）と記されたものは、某人が神霊の依代として土器を供え、さらにはそこに盛られた供物を捧げて招いた神を饗応したという意味を示していよう。なお、空の土器のみが依代として供えられたのか、あるいは10に「甘魚」（＝御馳走）とみえるように供物を伴っていたのかは、出土例からだけでは容易に判断つきかねる。なお、これらには、それを供えた人名にだけではなく、1・10のように祭祀の主体者の本貫地名が記されることもある。

平川南氏は、これら「形（方・召・身）代」（＋「奉（進上）」）と記された土器について、依代としての想定を示しつつも、いま一つの解釈として、これらの墨書土器とほぼ同時代の仏教説話集である『日本霊異記』に、冥界に召された人びとが善業悪業の多寡によって相応の報いを受けるという説話が頻出することや、千葉県富里町久能高野遺跡出土の13に、「罪司」すなわち人の罪を裁きその死期を決する冥界の裁判官を意味する言葉が記されていることと関連

図 1—2　祭祀内容記載墨書土器

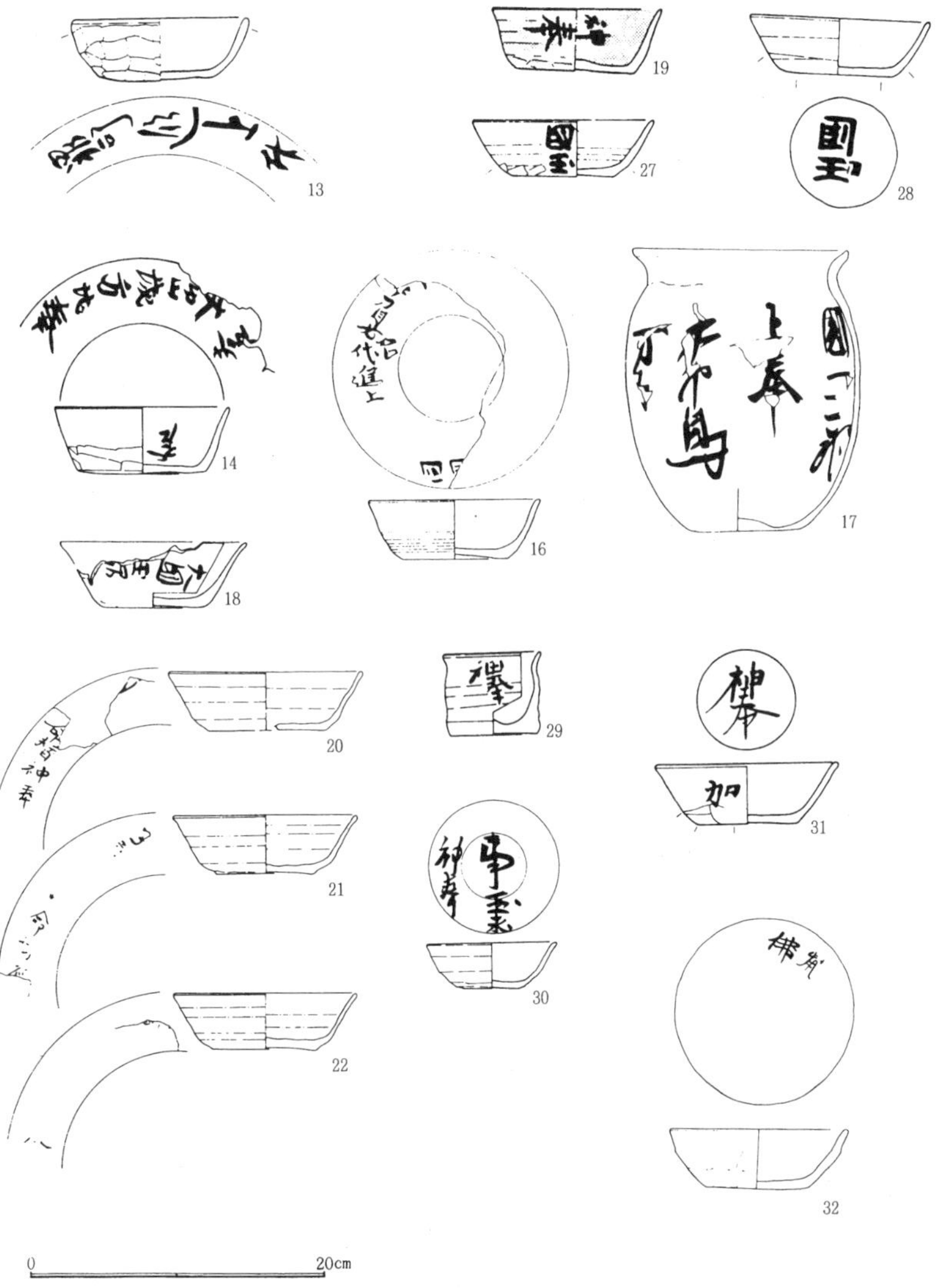

図 1—3　祭祀内容記載墨書土器

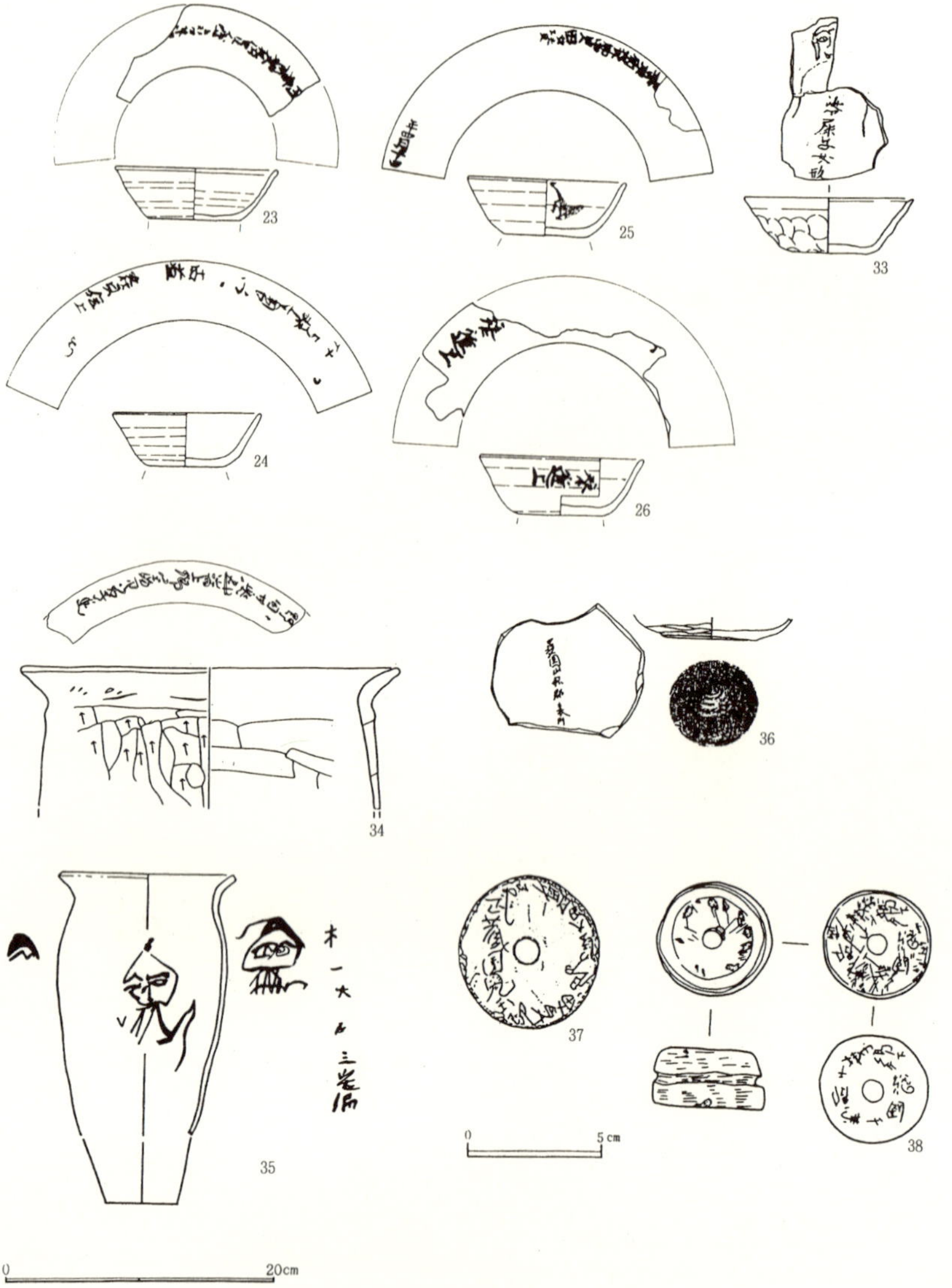

図 1—4　祭祀内容記載墨書土器、刻書紡錘書

させて、文字通り「召さるる代わり」「身代わり」と読み、冥界に召されるのを免れんがために冥府の神霊に土器に盛った供物で饗応したものとの考えも提示しておられる（平川　一九九六）。もちろん、この平川氏の見解も成り立ち得るが、「形（方・召・身）代」という言葉の第一義的な意味が「神を祭る時、神霊の代わりに据えた物」であることからみて、神霊に依代を奉ったものと解しておきたい。

なお、13の「罪司進上代」については、平川氏がいわれる「罪司に召される代わり」というよりはむしろ、文末の「代」を形代（召代）の意にとり、「罪司」に形代（召代）を供献する意味にとった方がよいのではないかと考える。そう考えてよいとすれば、この資料も基本的に「形（方・召・身）代」（＋「奉（進上）」）という書式をとるものと同様のものということになる。「罪司」に対する祭祀の内容や意味・目的については、平川氏がいわれるように「人の罪を裁き、その死期を決する罪司に御馳走を供献し、冥界に召されるのを防ごうとした」ということであろう。

器自体に神が依ますことの例としては、『日本書紀』崇神一〇年条に、

倭途途姫命、心の裏に密に異ぶ。明けるを待ちて櫛箱を見れば、遂に美麗しき小蛇有り。其の長さ大さ衣紐の如し。即ち驚きて叫啼ぶ。時に大神恥ぢて、忽に人の形に化りたまふ。

とみられるように、三輪山のオオモノヌシノカミが小蛇に姿を変えて妻のヤマトトトヒメノミコトの箸箱の中に姿を隠していたという伝承や、『常陸国風土記』那賀郡茨城里条に、

茨城の里。此より北に高き丘あり。名を哺時臥の山といふ。古老のいへらく、兄と妹二人ありき。兄の名は努賀彦、妹の名は努賀媛といふ。時に、妹、室にありしに、人あり、姓名を知らず、常に就て求婚ひ、夜来たりて昼去りぬ。遂に夫婦と成りて、一夕に懐妊めり。産むべき月に至りて、終に小さき蛇を生めり。明くれば言とはぬが若く、闇れば母と語る。是に、母と伯と、驚き奇しみ、心に神の子ならむとおもひ、即ち、浄き杯に盛りて、壇を設けて安置けり。一夜の間に、已に杯の中に満ちぬ。更、ひらかに易へて置けば、亦、ひらかの内に満ちぬ。

此かること三四して、器を用いあへず。母、子に告げていへらく、「汝が器宇を量るに、自ら神の子なることを知りぬ。我が属の勢は、養長すべからず。父の在すところに従きね。此にあるべからず。」といへり。時に、子哀しみ泣き、面を拭ひて答へけらく。「謹しみて母の命を承りぬ。敢へて辞ぶるところなし。然れども、一身の独去きて、人の共に去くものなし。望請はくは、あはれみて一の小子を副へたまへ」といへり。母のいへらく、「我が家にあるところは、母と伯父とのみなり。是も亦、汝が明らかに知るところなり。人の相従ふべきもの無けむ。」ここに、子恨みを含みて、事吐はず。決別るる時に臨みて、怒怨に勝へず、伯父を震殺して天に昇らむとする時に、母驚動きて、ひらかを取りて投げ触てければ、子え昇らず。因りて、此の峰に留まりき。盛りしひらかと瓶とは、今も片岡の村にあり。其の子孫、社を立てて祭りを致し、相続きて絶えず。

と、みえるように、神の子の「小蛇」を土器に入れて安置するという伝承からもうかがえる。なおこの説話で、依代として供献した器がまず杯であり、次いで瓶であった点も注目に値する。表1―1に掲げた祭祀関連土器の九割以上が杯型の土器であり、それ以外は瓶であることは、こうした同時代の説話にみえる祭祀の具体像と見事に整合しているのである。さきにも紹介したように平川氏は、杯型の土器が多いということを神霊への饗応という点から説明されたが、何も饗応という目的のみにとどまらず、杯型土器自体が依代であったということになろう。さらに、これらのような明らかに祭祀に使われたことが明白な墨書土器ばかりではなく、圧倒的多数の一文字書きの墨書土器の九割以上が杯型の土器であるということも、それらが祭祀で使われたものであるとする説を補強する材料といえるだろう。

2 「某（女）（命）替進上」書式

まず、23〜26の千葉県佐原市吉原山王遺跡出土のものからみていく。これらはいずれも基本的には「国+郡+某の女に替えて進上する+年月日」という書式であったものと考えられる。23の文末「替」の後の「承・・・」は、24の文末の「・・替」の後が「□□年四月十日」となっている点からみて、「承和某年」（八三四〜八四八年）という年号が記されていたものと考えられる。具体的には「下総国香取郡大杯郷中臣某女替進上 承和某年某月某日」という書式であったと考えられる。この資料について、調査担当者の栗田則久氏・釈読を担当された平川南氏は、神郡の神戸から香取神宮への女性の貢進交替に関わるものと考えておられる（平川・栗田ほか 一九八六、栗田 一九九一）。また、宮瀧交二氏は、この栗田・平川両氏の考えをさらに進めて、香取神宮に奉仕する童女＝「物忌」の交替の儀式に際して使用されたものとの見方を示しておられる（宮瀧 一九九〇）。これらの土器に記載された郡郷名が香取神宮の神戸であることや、人名が「中臣」氏であるところからみても、私は上記の諸氏の説を積極的に肯定すべきと思うが、その一方でこれらに記された文字を素朴に解釈し、下総国香取郡大杯郷の中臣人成もしくは「□□道」の女を神の依代として貢進する代替としてこの土器を進上したとの想定も可能ではないかと考えている。すなわち「形（方・召・身）代」（＋「奉（進上）」）という書式のものと同じ内容を有するものということになる。そうすれば敢えて香取神宮との関連を想定しなくとも、村落内の祭祀に関わるものとの解釈も成り立ち得よう。

また「□□□□□命替神奉」と記された20〜22について平川南氏は、さきに紹介した「形（方・召・身）代」（＋「奉（進上）」）という書式の墨書土器についての解釈と同様、冥界に「命」を召される「替」わりに「神」に供物を「奉」るものと考えておられるが（平川 一九九六）、前掲の23〜26について私が示した解釈と同じように、依代としての某人そのものに替えてこれらの土器を神に供献したとすることも可能であろう。また、奈良県橿原市藤原京右京九条四坊の西四坊坊間路東側溝から出土した下記のような呪符木簡（図1―5）の、

・「四方三十□大神龍王　七里□□内外送々打々急　々如律令

・　東方木神王　　卑麻佐女生年二十九黒色

　南方火神王　（人物像）　　卑□□女生年□□□色

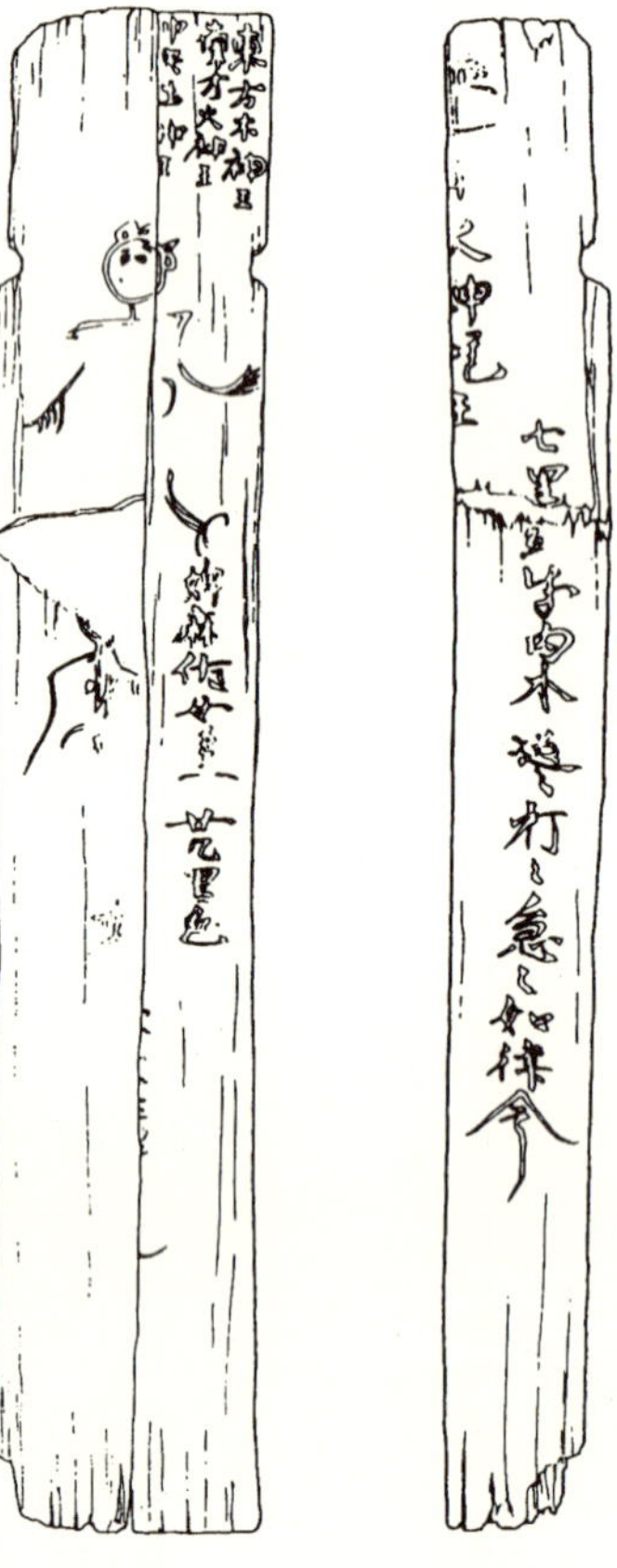

図1—5　藤原京右京九条四坊出土呪符木簡

中央土神王
（人物像）
北方水神王
西方金神王
」
四六七×八三×七　〇三二

裏面の五方の神王の下には、二人の人物像と右下にそれぞれの名前・生年・色・卑である旨等が注記されているが、実際の人物を水防を祈る際の呪物（人柱）とする代わりに、ここに画像を描いて代用したものと考えられている（露口ほか 一九九五）。あるいは、これと同じく、文字通り生贄として神に某人の「命」を捧げる「替」わりにという意味にもとれよう。

いずれにしても、これらもまた、「形（方・召・身）代」（+「奉（進上）」）という書式のものと同じ内容を有するものとみることができる。

3　「某神（仏）奉（上・進）」書式

「某神（仏）奉（上）」という書式のものは、文字通り、神（仏）に対して依代あるいは供物を供献したということを端的に示している。これらの多くは前項で示した「形（方・召・身）代」（+「奉（進上）」）という書式のものの省略形とみることが可能である。

千葉県芝山町庄作遺跡出土の3「竈神」や同じく千葉県佐原市東野遺跡出土の27・28「国玉」等のように祭祀の対象となるべき神の名のみ記す例は、後ろにくるべき「奉（上・進）」の語がさらに略されたものとみてよいだろう。また「仏酒」とだけ記された庄作遺跡出土の9も同じく「奉（上・進）」の語が略されたものであろう。なお、「仏」と記された墨書土器は全国各地の遺跡において相当数が発見されている。

この類型のなかで、祭祀の主体者たる者の本貫地＋人名が記された千葉県芝山町庄作遺跡出土の1―6は、注目に値する。これは、小さな断片に「秋人歳神奉進　上総」と記されている。平川南氏がいわれるように「・・奉進」の後の部分が約一文字分スペースが開いていることから「・・奉進」が書止で、書き出しは「上総・・」であり、現存する約三分の一ほどの破片から文字の数と大きさを基準に割り付け、推定復元すると全体の文字数は空きスペースを入れて約一九字分となる計算になる。すなわち全体の構成は「上総国□□郡□□郷□□□秋人歳神奉進」と想定でき、上総国某郡某郷の某氏秋人が正月に福をもたらす歳神に供献物を入れて奉ったという意味にとれる（平川　一九九一）。また、同じ遺跡から出土した1―8についても、「夫□□女」が祭祀の主体者であり、6と同様の内容・目的のものとみられる。

4　小　結

これまでみてきた祭祀内容が具体的に記された墨書土器によって、「国玉神」「歳神」「竈神」などをはじめとし、疫神や祟り神や鬼等を含めた意味におけるさまざまな神や仏の祭祀にあたって神々の依代としてあるいは供物を供献する器として、あくまでも非日常的な祭祀・儀礼の場においてそれらが使用されるものであったということが明らかであろう。

このような村落祭祀の実体を直接物語るような多文字の墨書土器は、全国の集落遺跡出土の墨書土器全体のなかでは、まだ例外的に少数であり、また出土地も、現段階においては、古代の下総国印旛郡から香取郡・埴生郡および上総国武射郡にかけての地域一帯に集中しており、一見するときわめて特殊な事例であるかに見受けられる。しかしながら、これら多文字墨書土器が出土した遺跡からこれらと共伴して出土した墨書土器の圧倒的多数は、一文字書きのごく一般的にみられるタイプのものである。それら一文字書きの墨書土器も、多文字墨書土器と同様の目的・用途で使用されたとみてよいだろう。すなわちこうした多文字の墨書土器は、一文字ないし二文字の墨書土器の用途・機能をも敷衍して解明できるような貴重な資料といえるだろう。

四 「地名・人名」記載墨書土器

前節でみてきた1・6・10・23～24などには、祭祀の主体者の名前のみにとどまらず彼らの本貫地名も記されている。1では「召代」、6では「奉進」、10では人面と「甘魚」などという語が記されていることから、それらが祭祀に使用されたものであることは明白である。また、神奈川県藤沢市南鍛冶山遺跡出土の35も、人面が四つ描かれていることもあり、祭祀に使用されたものであることに相違ない。おそらく国郡郷名の後には、この人面墨書土器を供献した祭祀の主体者の名前が記されていたのだろう。また、「地名＋人名」が記載された出土文字資料の類例としては37・38に示したような刻書紡錘車もあるが、刻書紡錘車も「機織」祭祀をはじめとする村落内の祭祀に伴って刻書されたものと考えられている（関　一九九二、高島　一九九六・一九九七ａ・ｂ）。

「地名＋人名」の記載は、祭祀の場においていかなる意味を有していたのかという点については、平川南氏が非常に興味深い考えを示しておられる（平川　一九九六）。平川氏によると、『日本霊異記』巻中第二五話に、

閻羅王の使いの鬼の、召さるる人の饗を受けて、恩を報いし縁

讃岐国山田郡に、布敷臣衣女といふひと有りき。聖武天皇のみ代に、衣女忽に病を得たりき。時に、偉しく百味を備けて、門の左右に祭り、疫神に賂ひて饗しぬ。閻羅王の使いの鬼、来たりて衣女を召す。其の鬼、走り疲れにて、祭りの食を見て、おもねりて就きて受く。鬼、衣女に語りて言はく。「我、汝の饗を受くるが故に、汝の恩を報いむ。若しは同じ姓同じ名の人有りや」といふ。衣女、答へて言はく、「同じ国の鵜垂郡に、同じ姓の衣女有り」といふ。鬼、衣女を率て、鵜垂郡の衣女の家に往きて対面し、即ち緋の嚢より一尺の鑿を出して、額に打ち立て、即ち召し将て去りぬ。彼の山田郡の衣女は、かくれて家に帰りぬ。(後略)

と、ある説話にみえるように、古代の人々は、何らかの賄行為をすれば、神仏はおろか、疫神・邪神・悪霊や地獄の使いの鬼に至るまで、必ず何らかの代償をしてくれるものと考えていたようである。この説話は、讃岐国山田郡の布敷臣衣女という女性が急病になったので疫神に供物を供えたところ、地獄から衣女を召喚に来た鬼がそれを御馳走になり、恩義に感じた鬼は、別の所に住む同姓同名の布敷臣衣女を山田郡の布敷臣衣女の代わりに地獄へ連れていったという内容であるが、鬼が賄を受けた代償として同姓同名の人物を身代わりにしたという点からみれば、祭祀に関わる土器、あるいは紡錘車に文字を書き入れるのは、神・仏、または疫神・邪神・悪霊や地獄の使いの鬼等に対して供物あるいは依代を供献したのがどこどこに住む誰それであることを明示する必要があったからということになろう(平川　一九九六、高島　一九九七a)。

「地名+人名」が記載された理由は、祭祀の対象に、祭祀の実行者がどこの誰であるかを明示する必要に因る。

なお、群馬県富岡市下高瀬上之原遺跡出土の34を祭祀関連と想定する上で、有力な傍証となる資料が隣接する内匠日向周地遺跡から出土している。内匠日向周地遺跡は、内匠・下高瀬遺跡群のほぼ中央部に位置し、当該資料が出土した下高瀬上野原遺跡の東側に接し、西から東に向かって開析された谷津状地形の底部に位置している。この谷底の

低湿地内から七世紀後半以降八世紀後半以前とみられる呪符木簡が三点出土している（図1―6）。

〔蛇ヵ〕
1号木簡　「□罡蛟□奉龍王」
（四二＋五三）×三五×六　〇五一

2号木簡　「□罡□蛇奉龍王」
（一四五）×三三×七　〇一九

〔出ヵ〕
3号木簡　「□□□×鬼□□」
（二五〇）×三三×四　〇一九

材自体がかなりいたんでいて判読できない部分も少なくないが、一・二号木簡はほぼ同文と考えられる。冒頭の「□岡」は、北斗星を神格化した道教の神、「天岡」を意味していよう。「蛟蛇」はみずちのことで「龍王」の使者。水中に住み、蛇に似て角や四足をそなえ、毒気を吐いて人を害するとされた想像上の動物である。「龍王」はよく知られているように龍の姿をして水中に住む水の神である。

古代東国社会において、蛇といえば直ちに『常陸国風土記』行方郡条にみえる箭括麻多智の谷戸開発伝承が想起されるところであろう。

古老のいへらく、石村の玉穂の宮に大八洲しろしめし天皇のみ世、人あり。箭括の氏の麻多智、郡より西の谷の葦原をいりはらひ、墾闢きて新に田に治りき。此の時、夜刀の神、相群れ引率いて、悉尽に到来たり、左右に防障へて、耕田らしむることなし。俗いはく、蛇を謂ひて夜刀の神と為す。其の形は、蛇の身にして頭に角あり。率引て難を免るる時、見る人あらば、家門を破滅し、子孫継がず、凡て、此の郡の側の郊原に甚多に住めり。是に、麻多智、大きに怒の情を起こし、甲鎧を着被けて、自身矛を執り、打殺して駈逐らひき。乃ち、山口に至り、標のつえを堺の堀に置て、夜刀の神に告げていひしく、「此より上は神の地と為すことを聴さむ。此より下は人の田と作すべし。今より後、吾、神の祝と為りて、永代に敬ひ祭らむ。ねがはくは、な祟りそ、な恨みそ」といひて、社を設けて、初めて祭りき、といへり。即ち、還、耕田一十町余を発して、麻多智の子孫、相承けて祭を致し、今に至るまで絶えず。

この伝説に依れば、樹枝状の小支谷＝谷戸（夜刀）の神が蛇であり、谷口に水田を開発した首長が祝（司祭者、神官）となってその神を祀ったことになっている。内匠日向周地遺跡出土の木簡も、龍王の使者としての「蛟蛇（みずち）」がみえる点でも、出土地点がこの『常陸国風土記』行方郡条の描く谷戸の様相と酷似するような谷津状地形の場所であること等の点からも、『常陸国風土記』行方郡条が示すような谷戸神祭祀に関わるものである可能性が高い。そうなると、これ

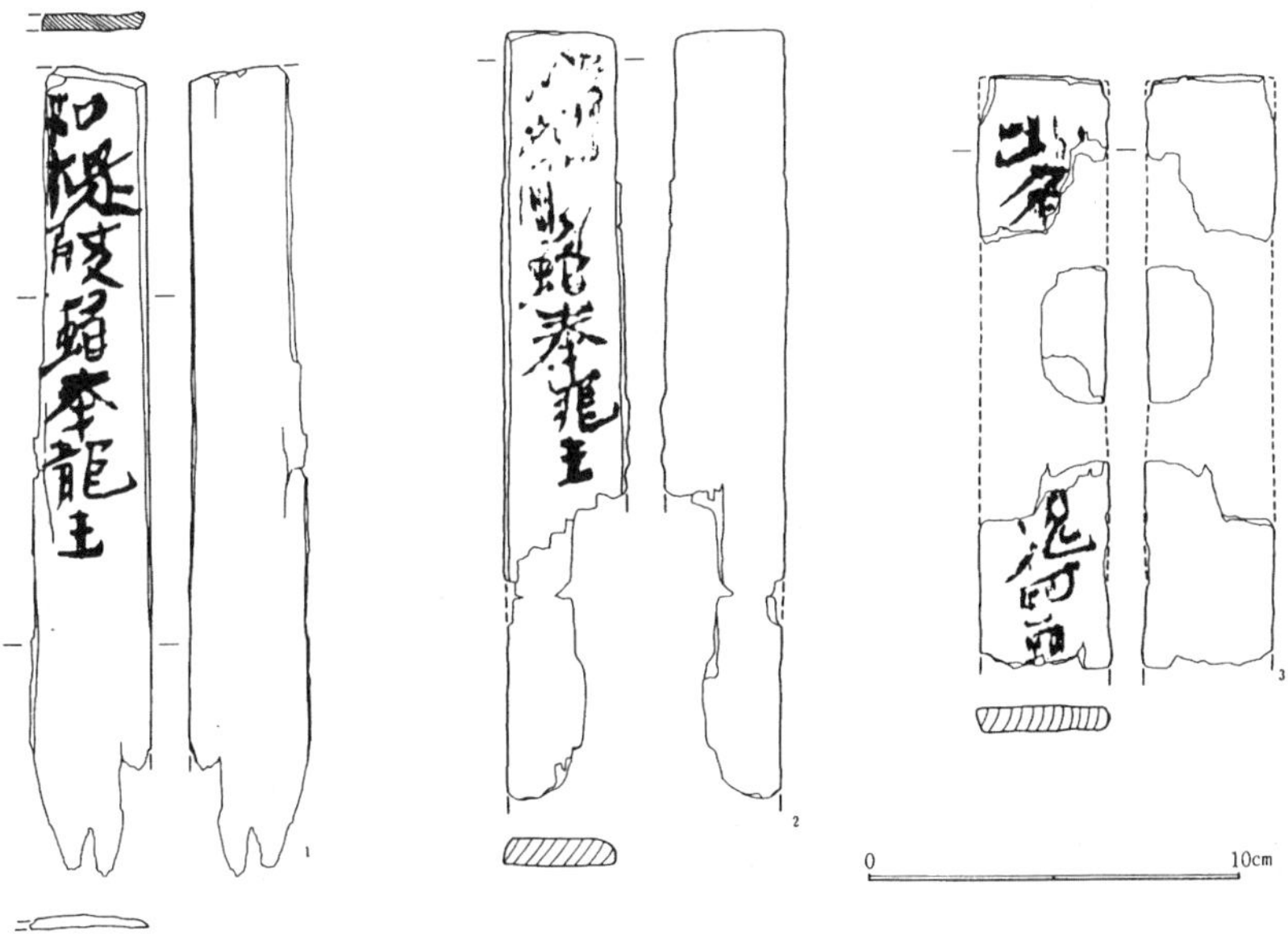

図 1—6　群馬県富岡市日向周地遺跡出土呪符木簡

らの木簡は、「天岡、蛟蛇（みずち）、龍王に奉る」と読め、「龍王」（龍神）の使いの谷戸の神である「蛟蛇（みずち）」が、日照り、もしくは大雨を恐れ、水神である「龍王」に乞雨もしくは止雨を祈願したという内容ということが一つ考えられる。もちろん、実際の祈願の主体は、谷戸の神を祀る祝であるところの在地首長であり、谷戸の開発者である在地首長が、谷戸の神である「蛟蛇（みずち）」の司祭者として「龍王」に乞雨もしくは止雨を祈願する神事に関わる呪符木簡と理解できる。あるいは他に、谷戸の水田開発に際して、谷戸の神「蛟蛇（みずち）」の親玉である「龍王」を祀ったものとの解釈も成り立つ（平川　一九九六）。

先述したように、これらの木簡が出土したのは『常陸国風土記』行方郡条の箭括麻多智による谷戸開発伝承にみられるのと全く同様の谷津のなかからであるが、この谷津自体、西に接する下高瀬上野原遺跡に源を発する湧水によって開析されたものである。即ち、34の刻書土器が出土した地点の東に接する谷において谷戸神祭祀が為されていたわけであり、出土地点がやや離れているとはいえ、神仏等への供献に関わるとみられる34についても、谷戸神祭祀との関連が想定可能であろう（高島　一九九七ａ）。

五　人面墨書土器

近年、東日本各地の集落遺跡からも多くの人面墨書土器が出土するようになってきた。人面墨書土器については、従来より宮都で行われていた宮城四隅疫神祭や畿内境十処疫神祭など、宮都への疫病の進入を防止するための国家的な疫神祭祀に使用されたものが、九世紀以降次第に変質をとげ、地方に伝搬し、在地の疫神観に基づく疫神祭祀になっていったとの理解がなされていた。しかしながら八世紀代にさかのぼるものも出土していることや、人面が描かれたものに、「召代」（1、4、12）・「国（玉）神奉」（4、5、7）などという文言が記されていることからみて、それらが、宮都における国家的な疫神祭祀が衰退して、在地における祭祀に変質したというようなものではなく、当初から国玉神への依代として在地の祭祀のなかで使用されていたといえる。平川南氏は、東国の集落遺跡から出土する人面墨書土器に描かれている顔を国神自身の顔と考えておられるが（平川 一九九六）、わが国古代の神観念として、神そのものの姿形を描くという思想は存在しなかったのではないだろうか。先に掲げた『日本書紀』崇神一〇年条や『常陸国風土記』那賀郡茨城里条にとどまらず、記紀神話などに多くみられているように、神はそのものの姿を現すことはなく、人や動物に仮託して顕現したり、あるいは人や、磐座や神木などの物を依代として降りてくるものである。そのように考えるならば、東国の集落遺跡出土の人面墨書土器は、国神の姿を描いたとする平川氏の考えには容易には従いがたいのである。

これら土器には、表1―1に「磐城郡磐城郷丈部手子麿召代」、4に「丈部真次召代国神奉」、7に「国玉神奉」、10に「村上郷丈部甘魚」、12に「丈部人足代」、33に「海マ條子女形□」とあるように、某人が「形代」「召代」として人面墨書土器を神霊に供献したものであり、また、前節で見たように人面墨書土器以外の例でも、祭祀の主体者が、神霊の依代として土器を供献し、そこに神霊を降ろして祭祀を行ったことを示している。あくまでも土器自体は依代なのである。人面墨書土器を解釈するにつけて参考となるのは、静岡県浜松市伊場遺跡出土の33である。ここには人物の上半身像とともに「海マ條子女形代□」と記され、この土器が「海マ條子女」なる女性の形代であったことが如実に判するのだが、他の人面墨書土器のほとんどすべてが、宮都を中心とする畿内地方出土のものであると東国出土のものであるとに関わらず、髭面で険しい顔つきをしており、平川氏の指摘はあるものの（平川 一九九六）、やや画一的とも取れるのに対して、この33は髭もなく顔つきが優しげである。この土器に描かれているのは、水野正好氏も指摘しておられるように、女性の顔であり、おそらくは「海マ條子女」自身の顔と考えられる。この資料一つからみても、東国の集落遺跡出土の人面墨書土器に描かれた顔を「胡人」とも「疫神」とも「国神」とも結論づけることは出来ないのではないか。少なくとも「召代」と記されたもの同様に、この資料を敷衍して考えることが可能であろう。

先に掲げた藤原京右京九条四坊の西四坊坊間路東側溝から出土した呪符木簡（図1―3）の例と同様に、「形（方・召・身）代」として神を招き入れる器に、本来、形代（召代）となるべき自分自身の身代わりとして、自らの姿を描いて代用したものとみるべきであろう。なお、そこに描かれた顔は、単なる自らの顔ではなく、自らが依代として神と交感した自分自身の顔であり、神でもあり、人でもある姿を描いたものと考えられる。一見、画一的な描写ともみえる、濃く長い髭・大きく見開いた目・太い眉・特徴的な大きな耳など、各個体に概して共通してみられる表現に、「神」と交感し合体した姿が表われているとみられよう（高島　一九九八）。

六　村の堂と墨書土器

よく知られているように、八～九世紀にかけて集落内に小規模な仏堂が立てられ、それに伴い小仏像や瓦塔、あるいは鉄鉢型土器・香炉・水瓶・浄瓶等の仏具型土器や仏教関係の用語が記された墨書土器が出土している。これも全国的な傾向である（松村　一九九三a・b・一九九五・一九九八）。仏教関係の用語が記された墨書土器には、ただ単に「仏」「寺」「大寺」「新寺」「寺杯」と書かれたものから、「草刈於寺」（千葉県市原市草刈遺跡、天野ほか　一九九三）「忍保寺」（千葉県成田市公津原Loc. 15・16・17遺跡、千葉県教育委員会　一九八一）「白井寺」（千葉県佐倉市六拾部遺跡、千葉県文化財センター　一九九四）「神岡山寺」（神奈川県秦野市草山遺跡、秦野市教育委員会　一九八九）など寺名を記したものもある。寺名としては、地名とみられる語が冠せられる他、「福天寺」（群馬県甘楽町天引向原遺跡、群馬県埋蔵文化財調査事業団　一九九七）のように明らかに法号と思われる語を冠する例もある。村落内の草堂に類するものであっても、当時の民衆の意識では、法号を有する紛れも無き寺院であったということに他ならない。また

「寺一万」（神奈川県藤沢市南鍛冶山遺跡、藤沢市教育委員会　一九九七）のように、「寺」＋吉祥句というパターンもある。千葉県芝山町庄作遺跡では（小原子遺跡調査会　一九九〇）、四二〇点あまりの墨書土器が出土しているが、「国玉神奉」（4）・「神奉」「竈神」など神祇祭祀に関わる文言を有する墨書土器とともに、一文字書きの墨書土器が多数出土しており、四二〇点にものぼる墨書土器の内の四〇〇点以上は一文字書きのものである。さらには「仏酒」（9）と記された仏教信仰に関係するような文言が記された墨書土器も出土している。これらでは、仏教信仰と民間祭祀とが「習合」しており、古代村落社会における仏教信仰のあり方の一面を端的に示すものといえよう。なお、ほとんどの場合、こうした仏教的な用語を記した墨書土器に伴って、ごく一般的な吉祥句が記された墨書土器が出土したり、仏教信仰に関わる文言が記された墨書土器と共伴して神祇祭祀・道教的祭祀に関わる文言が記された墨書土器が出土しており、村落における雑多な信仰形態がうかがえる。

『日本霊異記』には、先に掲げた、冥界からの使いの鬼に賄することによって、冥界からの召喚を免れようとする説話に代表されるような、仏教本来の教義や理念とはかけ離れて、現世利益を説くものが多い。仏教が現世利益的な要素を媒介として在地社会に浸透していった様子が、こうした仏教関係の語句が記された墨書土器や、説話からうかがえよう。

七　御歳神祭祀と墨書土器

御歳神の祭りに関わる墨書土器としては、御歳神に供献したものであることをストレートに記した千葉県芝山町庄作遺跡出土のもの6がまずあげられるが、群馬県前橋市柳久保水田遺跡出土の墨書土器も、水田耕作に伴なう御歳神祭祀を物語る資料として、注目を集めてきた（水野　一九八五b）。

この遺跡では、水田の水口に付近から五枚重ねの土師器杯（九C中～一〇C後）・鬼神の姿が描かれた土師器杯一個（九C中～一〇C後）・馬の歯と豚の前足の骨が、水路付近の耕土中から墨書土器数点（「下田」1、他は判読不能）を含む土師器杯十数点が出土しているが（図1―7）、この出土状況が、大同二年（八〇七）成立の斎部広成撰『古語拾遺』にみえる御歳神の祭りの記事に酷似しているのである。

一いは、昔在神代に、大地主神、田を営る日に、牛の宍を以て田人の食はしめき。時に、御歳神の子、その田に至りて、饗に唾して還り、状を父に告しき。御歳神怒りを発して、蝗を以て其の田に放ちき。是に、大地主神、片巫・肱巫をして其の由を占ひ求めしむるに、「御歳神祟りをなす。白猪・白馬・白鶏を献りて、其の怒を解くべし。」とまをしき。教に依りて謝み奉る。御歳神答え曰ししく、「実に吾が意ぞ。麻柄を以てかせに作りて之にかせひ、乃ち其の葉を以て之を掃ひ、天押草を以て之を押し、烏扇を以て之を扇ぐべし。若し、此の如くして出で去らずは、牛の宍を以て溝の口に置きて、男茎型を作りて之に加へ（是、其の心を厭ふ所以なり）、つすだま・蜀椒・胡桃の葉及塩を以て、其の畔に班ち置くべし。」とのりたまいき。よりて、其の教に従ひしかば、苗の葉復茂りて、年穀豊稔なり。是、今の神祇官、白猪・白馬・白鶏を以て、御歳神を祭る縁なり。

周知のように儀制令春時祭田条に規定されている通り、春秋二季の祭田は在地に於いても行われるべき性格のものであり、元来は在地社会で行われていたものが、国家的祭祀としての祈年祭に取り込まれたのであるが、東国の在地社会で行われた御歳神の祭りには墨書土器が伴っていることに注目したい。先に掲げた『古語拾遺』には、祭式や祭具について御歳神自身がこと細かな指示を出している様子が記されているが、墨書土器については全く言及されていない。御歳神の祭りの祭具に墨書土器が加わったのは、あくまでも在地における祭式によるものであり、東国の在地社会の人びとの意識では、墨書土器がこうした祭祀の場において欠くことの出来ない祭具の一つであったことを示しているのではないだろうか。土器に描かれた鬼神の姿は、祟りをなして田を全滅させるような恐ろしい威力を発する御

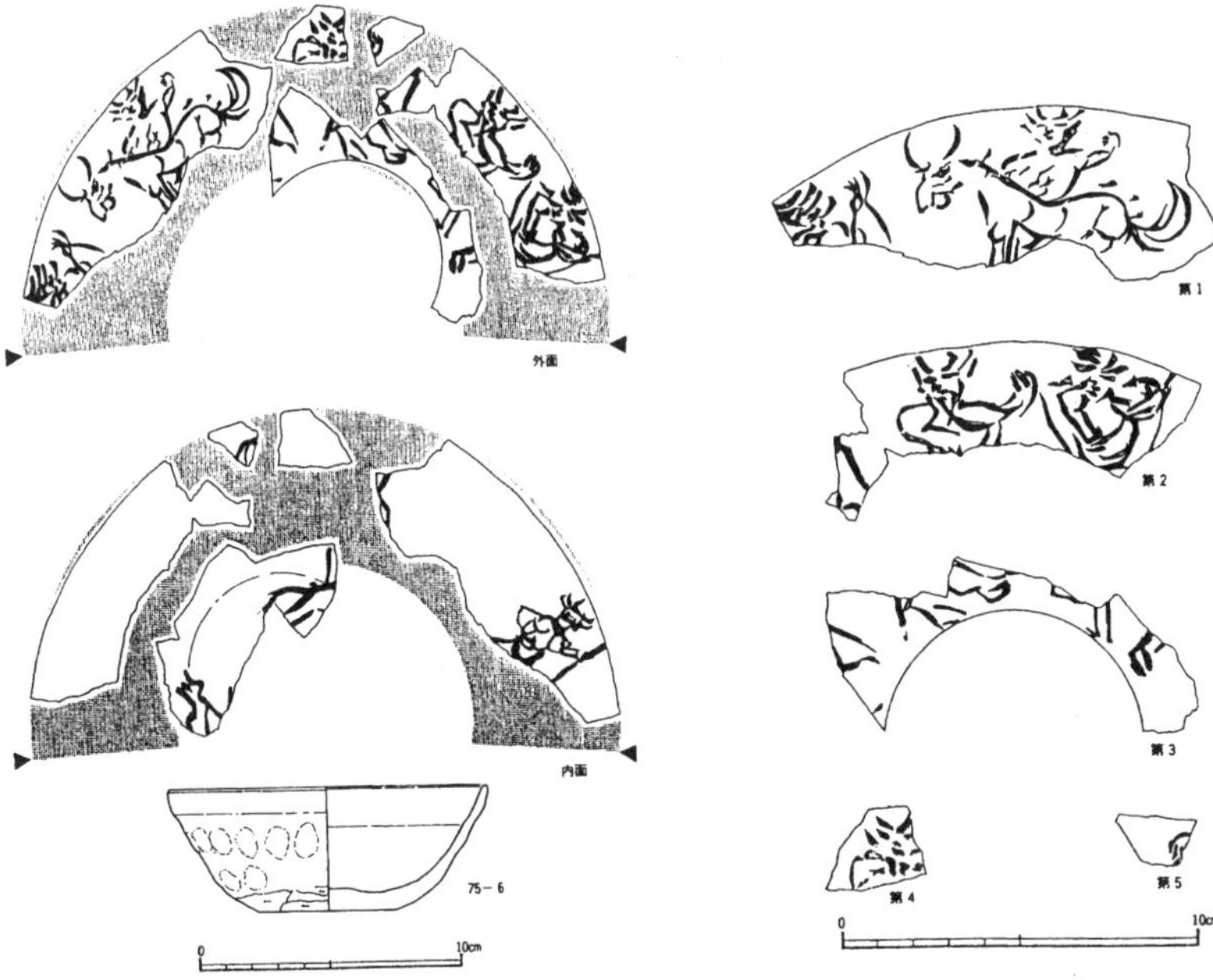

図1―7　群馬県前橋市柳久保水田遺跡出土墨画土器（水野 1985b）

歳神そのものかあるいはその眷属の姿と解せられ、用途としては、先にみた人面墨書土器と同様、御歳神の依代、もしくは御歳神を饗応する供物を供えたものと考えられる。鬼神を描いたもの以外の墨書土器五点は、文字面をみる限りでは特異な内容のものではないが、出土状況から祭祀に伴うものであることは明白である。このことによっても、文字面だけを一見すると祭祀に係わるような内容ではない墨書土器でも、実は祭祀に伴うものであるということが証明できるだろう。この柳久保水田遺跡出土の祭祀遺物は、従来より、古代東国在地社会における水田祭祀の実態を如実に示す例として注目されてきたが、墨書土器の意味・用途・機能を考える上でも、重要な事例といえるのである。

おわりに

全国各地から出土している墨書土器のなかで、

圧倒的多数を占める一文字書きのものの意味するところについては、近年の研究成果によって、集落内の集団の標識的文字と解釈できることが判明している。このことは、墨書土器と同じ遺跡から出土した焼印や木製品に押された焼印の印影の文字とが同一という点からも補強できる（高島　一九九四）。

墨書土器は、集落全体、もしくは集落内の一単位集団内、あるいはより狭く単位集団内におけるところの一住居単位内といった非常に限定された空間・人的関係のなかにおける祭祀や儀礼行為に伴って使用されたものであり、記された文字の有する意味は、おそらくそれぞれの限定された空間や集団内において共通する祭儀方式のなかでのみ通用するものであったと考えられる。「国玉神奉」「某形代（召代）奉」「竈神」「仏奉」のように祭祀そのもののあり方や目的を示すような場合もあろうし、千葉県佐原市馬場遺跡四号住居跡竈燃焼部から伏せた状態で出土した竈神祭祀に伴う四枚重ねの土師器杯の最上位に「上」と記された例のように（図1―8）、祭式に関わって文言が記された場合もあろう（千葉県文化財センター　一九八八）。また、一定の祭祀・儀礼等の行為に伴って、行為の主体者たちがそれぞれの集団で共通する文字を記す場合もあったのだろう。

同一地域においても、各々の集団ごとの祭祀行為は、複雑な重層的構造をとっていたと考えられる。先に挙げた谷戸神祭祀や御歳神祭祀などは明らかに農業共同体によるものであり、村落内寺院についても戸単位よりは大きい範囲の集団によると解した方がよいであろう。また、竪穴住居跡から出土する竈神祭祀とみられる墨書土器のように、出土状況から明らかに住居単位の祭祀行為を行ったとみられるケースも存在する。村落社会の構成員が、各所属集団ごとにそれぞれに対応する標識的文字を有していた可能性も想定できる。個々が多様な時間的・空間的広がりのなかで機能したであろう墨書土器が、現象面として同一レベルのなかから出土してくることが、資料解釈を困難にしているといえるのではないか。

こうした一方、大規模な集落遺跡であっても墨書土器がごく少量しか出土しないところや、墨書土器の点数自体は多くとも、共通する文字を記したものが非常に少なく、記載された文字がそれぞれにまちまちで、集団の標識的文字と捉えるのが難しい様な事例が存在することもまた事実である。なおこの点について、現時点では、点数自体は多くても共通する文字が僅少で集団の標識的文字と解しにくい例は、墨書土器を用いる祭式の相違によるものと、また、墨書土器自体が僅少な集落は、墨書土器を使用しない祭式を行う集団であると考えておきたい。

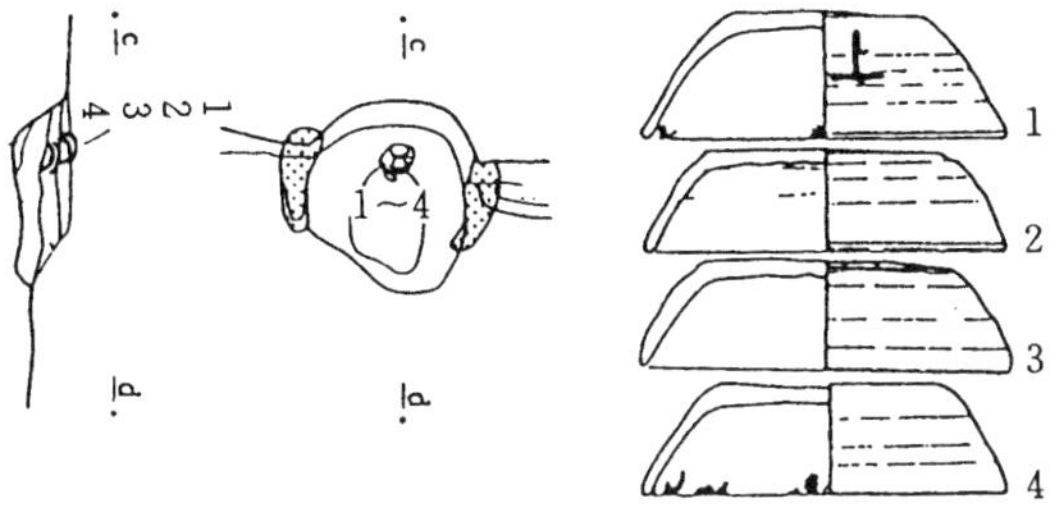

図1—8　千葉県佐原市馬場遺跡4号住居跡竈跡出土墨書土器（千葉県文化財センター）

さらに、「国玉神奉」や「神奉」と記したものや御歳神祭祀に伴う墨書土器などのように、神祇祭祀に関わる文言が記されたもの、「仏奉」「仏」「寺」など村の堂に関係する墨書土器のように、仏教信仰に関わる文言が記されたもの、祭祀記号が記されたもののように、道教・陰陽道関係の信仰に関わるもの等、集落遺跡から出土する墨書土器には、村落における多様で雑多な祭祀・信仰の実態が現れている。同一遺跡、さらには同一遺構から、神祇祭祀に関わる文言が記された墨書土器と仏教信仰に関わる文言が記された墨書土器が出土する事例すら珍しいことではない（栗田　一九九三）。村落社会における雑多な信仰形態が墨書土器から看取でき、墨書土器を祭祀のなかで使用した集団ばかりでなく、祭祀・信仰の形態の重層性もうかがうことが出来る。

序でも述べたように土器に墨書するという行為は、日常什器とは異なるという非日常の標識を施すことであり、祭祀用に用いる土器を日常什器と区別し、疫神・祟り神・悪霊・鬼等を含んだ意味においての「神仏」に属する器であることを明記したものといえる。文字を呪術的なものとして受容したところに、古代の在地社会の特質があるわけであり、宮都や官衙において本来的に用いられていた墨書土器の用途・機能からはかけ離れ、祭具として東国を中心とする在地社会に浸透していったわけである。一〇世紀を境にして、全国各地において急速に減少していくという現象は、文字が文字本来のものとして在地社会に受容されはじめたことに伴い、在地社会の人びとが感じていたであろう文字そのものの呪術性が急激に薄れていったことによるのではないだろうか。

墨書・刻書土器、刻書紡錘車、印章、焼印などの集落遺跡出土文字資料は、近年における埋蔵文化財発掘調査の急増によって、各地で膨大な量が蓄積されつつあるが、資料個々はあまりにも断片的であり、それぞれの文字資料に記された文字の意味や用途などを確定することが困難なケースが非常に多い。しかしながら、集落遺跡出土の文字資料は、それぞれが同じ集落遺跡から出土した他の文字資料とも密接な関連を有しているのであり（高島 一九九四・一九九六）、相互を有機的に関連付けた上で検討を加えることによって、当該期の村落研究に際しての新たな分析視角が設定できるとともに、個々の文字資料についても、資料的特質が解明されることになろう。

引用・参考文献

天野 努・栗田則久・田形孝一 一九九三「出土文字資料と地名」（『千葉県史研究』2、九六―八二頁）
君津郡市文化財センター 一九八六『千葉県袖ヶ浦町永吉台遺跡群』
栗田則久 一九九一「出土文字資料について」（千葉県文化財センター『佐原市吉原山王遺跡』三〇二―三二五頁）
同 一九九三「古代集落と墨書土器」（『月刊文化財』362、三八―四三頁）
群馬県埋蔵文化財調査事業団 一九九七『白倉下原・天引向原遺跡』5
郷堀英司 一九九三「記号墨書を主体とする出土例」（『月刊文化財』362、四九―五〇頁）
小原子遺跡調査会 一九九〇『千葉県芝山町小原子遺跡群』
笹生 衛 一九八六「奈良・平安時代における疫神観の諸相―杯（碗）・皿形人面墨書土器とその祭祀―」（二十二社研究会編『平安時代の神社と祭祀』国書刊行会、三六八―四〇六頁）

関　和彦　一九九一「古代村落の再検討と村落首長」(『歴史学研究』626、一一七—一二五頁)
同　一九九二「矢田遺跡と養蚕」(群馬県埋蔵文化財調査事業団『矢田遺跡』Ⅲ、二四九—二五五頁)
高島英之　一九九二ａ「染谷川河川敷部出土の刻書土器について」(群馬県埋蔵文化財調査事業団『上野国分僧寺・尼寺中間地域』8)
同　一九九二ｂ「古代の焼印についての覚書」(『古代史研究』11、一—一二四頁)
同　一九九三「則天文字の導入」(『月刊文化財』362、四四—四六頁)
同　一九九四「古代東国の村落と文字」(関　和彦編『古代王権と交流2　古代東国の民衆と社会』名著出版、一七三—二一二頁)
同　一九九六「群馬県吉井町黒熊中西遺跡出土元慶四年銘砥石をめぐって」(『栃木史学』10、五八—八八頁)
同　一九九七ａ「富岡市下高瀬上野原遺跡出土刻書土器をめぐって」(『群馬県埋蔵文化財調査事業団研究紀要』14、一一—二六頁)
同　一九九七ｂ「墨書土器が語る在地の信仰」(『歴史学研究』703、四六—五一頁)
同　一九九八「東国集落遺跡出土の人面墨書についての一考察」(『神奈川地域史研究』16、三一—五二頁)
同　一九九九「墨書土器村落祭祀論序説」(『日本考古学協会第65回総会研究発表要旨』一三二—一三五頁)
巽淳一郎　一九九三「都城における墨書人面土器祭祀」(『月刊文化財』363、三〇—三五頁)
千葉県教育委員会　一九八一『公津原』2
千葉県文化財センター　一九九一『八千代市白幡前遺跡』
同　一九八八『佐原市馬場遺跡・中山遺跡・東野遺跡』
同　一九九四『佐倉市六拾部遺跡』
津野　仁　一九九〇「地方官衙遺跡出土の墨書土器」(『古代』89、二五三—二六七頁)
同　一九九三「地方官衙の墨書土器」(『月刊文化財』362、三〇—三四頁)
中原上宿遺跡発掘調査団　一九八三『中原上宿』

仲山英樹 一九九〇「集落遺跡出土墨書土器の性格の一斑」(『峰考古』8、一五九―一六四頁)
同 一九九五「墨書土器と集落遺跡」(『歴史評論』538、三四―四四頁)
秦野市教育委員会 一九八九『草山遺跡』2
平川 南 一九九〇「庄作遺跡出土の墨書土器」(小原子遺跡調査会『小原子遺跡』七六八―七七九頁)
同 一九九一「墨書土器とその字形―古代村落における文字の実相―」(『国立歴史民俗博物館研究報告』35、六七―一三〇頁)
同 一九九六「古代人の死と墨書土器」(『国立歴史民俗博物館研究報告』68、四五―七六頁)
平川 南・天野 努・黒田正典 一九八九「古代集落と墨書土器―千葉県八千代市村上込の内遺跡の場合―」(『国立歴史民俗博物館研究報告』22、一三七―二三六頁)
平川 南・栗田則久・石田広美 一九八六「千葉県吉原山王遺跡出土の墨書土器」(『考古学雑誌』3、一五―四一頁)
藤沢市教育委員会 一九九七『南鍛冶山遺跡発掘調査報告書―古代墨書・刻書土器編』
本田済訳注 一九九〇『抱朴子―内編』平凡社、三五七頁
松村恵司 一九九三a「古代集落と墨書土器」(『駿台史学会第2回日本古代史シンポジウム 律令国家の成立と東国』駿台史学会)
同 一九九三b「特集 墨書土器の世界から」(『月刊文化財』363、二四―二五頁)
同 一九九五「古代東国集落の諸相―村と都の暮らしぶり―」(栃木県立しもつけ風土記の丘資料館『古代の集落―しもつけのむらとその生活―』五四―六五頁)
同 一九九六「古代集落と在地社会」(佐藤 信・五味文彦『土地と在地の世界をさぐる―古代から中世へ―』山川出版社、九五―一一九頁)
同 一九九八「墨書土器」(木下正史・神野志隆光・吉村武彦編『別冊歴史読本 古代史研究最前線』新人物往来社、一五四―一六一頁)
水野正好 一九八五a「招福除災―その考古学―」(『国立歴史民俗博物館研究報告』7、二九一―三二二頁)
同 一九八五b「柳久保水田址出土墨画土器の周辺」(前橋市埋蔵文化財発掘調査団『柳久保遺跡群』1、九四―九五頁)

宮瀧交二　一九九〇「香取神宮神戸集落と童女の貢進交替―千葉県佐原市吉原山王遺跡出土の墨書土器の検討から―」(『古代史研究』9、五六―六九頁)
山形県教育委員会　一九八七『生石2遺跡発掘調査報告書』3
山中　章　一九八九「都城出土の線刻土器・記号墨書土器」(『古代文化』41、三―二〇頁)

表1―1　各地出土の多文字墨書土器の例

番号	遺跡名	墨書土器名・部位・方向	釈文	文献
1	福島県いわき市 荒田目条里遺跡	土師器杯　体部外面正位	(人面) 「磐城× 磐城郷 丈部手子麿 召　代×	1
2		土師器杯　体部外面横位	「多臣永野麻呂身代」	
3	千葉県芝山町 庄作遺跡	土師器杯(8C前)底部外面	「竃神」	2
4		土師器杯(9C前)底部内面 体部外面正位	(人面) 「丈部真 次召代 国神 奉」	
5		土師器瓶(9C前)胴部外面正位	「罪ム国玉神奉」 (人面)	

6		土師器杯（9C前）体部外面横位	「上総□・・・秋人歳神奉進」	
7		土師器杯（9C前）底部内面 体部外面 底部外面	「国玉神奉」 （人面） 「手」	
8		土師器杯（9C前）体部外面横位	「夫□□女奉」	
9		土師器杯（9C前）底部外面 体部外面倒位	「#」 「仏酒」	
10	千葉県八千代市権現後遺跡	土師器杯（9C前）体部外面横位	「（人面）村上郷丈部国依甘魚」	3
11	千葉県八千代市北海道遺跡	土師器杯（8C中）体部外面横位	「丈部乙刀自女形代」	4
12	千葉県八千代市白幡前遺跡	土師器瓶（8C後）体部外面横位	「（人面）丈部人足召代」	5
13	千葉県富里町久能高野遺跡	土師器杯（9C前）体部外面横位	「罪司進上代」	6
14	千葉県印西町	体部外面正位 体部外面横位	「丈尼」 「丈部山城方代奉」	7
15		土師器瓶（9C前）体部外面横位	「方代□」	
16		土師器杯（9C前）体部外面横位	「同□□丈部刀自女召代進上」	
17		土師器瓶（8C後）胴部外面正位	「国玉神上奉丈部鳥万呂」	
18		土師器杯（9C前）体部外面横位	「大国玉神□×	

19	千葉県酒々井町 馬橋鷲尾余遺跡	土師器杯（9C前）体部外面横位	「神奉」	8
20	千葉県酒々井町 長勝寺脇館遺跡	土師器杯（9C前）体部外面横位	「□□□□□命替神奉」	9
21		土師器杯（9C前）体部外面横位	「□□□□□命替神奉」	
22		土師器杯（9C前）体部外面横位	「□□□□□□□□奉」	
23	千葉県佐原市 吉原山王遺跡	土師器杯（9C中）体部外面横位	×□香取郡大杯郷中臣 人成女之替　承□×	10
24		土師器杯（9C中）体部外面横位	×□香取郡大杯郷中臣 人成女之替　承□□□ 四月十日×	
25		土師器杯（9C中）体部外面横位	×□□□□道女替進 上」	
26		土師器杯（9C中）体部外面横位	×□替進上」	
27	千葉県佐原市 東野遺跡	土師器杯（8C後）体部外面正位	「国玉」	11
28		土師器杯（9C前）底部外面	「国玉」（他11点）	
29	千葉県大栄町 庚塚遺跡	土師器鉢体部外面正位	「神奉」	12
30	千葉県多古町 南借当遺跡	土師器杯（9C後）体部内面	「奉玉泉　神奉」	13
31	千葉県成田市 堀尾遺跡	土師器杯（9C前）体部外面正位	「加」 「神奉」	14
32	神奈川県藤沢市 南鍛冶山遺跡	土師器杯（9C）体部内面正位	「仏奉」	15

33	静岡県浜松市伊場遺跡	土師器杯(8C後)体部内面正位 底部内面	(人面)「海マ条子女形□」	16
34	群馬県富岡市下高瀬上之原遺跡	土師器瓶(8C中~後)口縁部内面(焼成前刻書)	×上野国甘楽郡瀬上郷戸主物マ名万呂進×	17
35	神奈川県藤沢市南鍛冶山遺跡	土師器瓶(9C前)体部外面正位	(人面)「相模国大住郡三宅郷×	15
36	山梨県甲府市大坪遺跡	土師器皿底部内面(焼成前刻書)	「甲斐国山梨郡表門×	18
37	埼玉県本庄市南大通線内遺跡	蛇紋岩製紡錘車(9C前)上面	「武蔵国児玉郡草田郷戸主太田マ身万呂」	19
38	千葉県大網白里町 南麦台遺跡	石製紡錘車(7C?)上面	「下総国千葉郡千葉郷」	20

(文献)

1 (財)いわき市教育文化財団『荒田目条里遺跡出土木簡略報』一九九六
2 小原子遺跡群調査会『小原子遺跡群』一九九〇
3 (財)千葉県文化財センター『八千代市権現後遺跡』一九八四
4 (財)千葉県文化財センター『八千代市北海道遺跡』一九八五
5 (財)千葉県文化財センター『八千代市白幡前遺跡』一九九一
6 (財)印旛郡市文化財センター『久能高野遺跡』一九八八
7 郷堀英司「成神山遺跡出土の文字資料」(『千葉県文化財センター研究連絡誌』四〇 一九九四)
8 馬橋鷲尾余遺跡調査団『馬橋鷲尾余遺跡』一九八〇

9　(財)印旛郡市文化財センター『長勝寺脇館跡』一九九〇
10　(財)千葉県文化財センター『佐原市吉原山王遺跡』一九九〇
11　(財)千葉県文化財センター『東関東自動車道埋蔵文化財調査報告書』Ⅳ　一九八八
12　(財)千葉県文化財センター『東関東自動車道埋蔵文化財調査報告書』Ⅲ　一九八七
13　(財)千葉県文化財センター『多古町南借当遺跡』一九九一
14　(財)千葉県文化財センター『公津原』Ⅱ　一九八一
15　藤沢市教育委員会『南鍛冶山遺跡発掘調査報告書　第4巻　墨書・刻書資料』一九九七
16　静岡県史編纂室『静岡県史　資料編　4　古代』一九九三
17　(財)群馬県埋蔵文化財調査事業団『下高瀬上之原遺跡』一九九四
18　甲府市教育委員会『大坪遺跡』一九八四
19　本庄市教育委員会『南大通り線内遺跡発掘調査報告書』一九八七
20　(財)山武郡市文化財センター『南麦台遺跡』一九九四

第二章　古代印旛と多文字墨書土器

はじめに

近年の諸研究によって、集落遺跡出土の文字資料、とりわけ墨書・刻書土器については、村落の内部における祭祀・儀礼等の行為に伴って使用されたものであることが明らかになってきている。

土器に墨書する行為とは、すなわち日常什器とは異なる非日常の標識を施すことであり、祭祀に用いる土器を日常什器と区別し（松村　一九九三・一九九六）、疫神・祟り神・悪霊・鬼等を含んだ意味においての神・仏に属する器であることを明記したものということになろう。以下、本章では墨書土器が供献される対象として神・仏と表現した場合は、この概念による。

古代の下総国印旛郡を中心に相馬郡・埴生郡・香取郡および上総国武射郡にかけての印旛・手賀沼周辺地域を中心に、多文字の墨書土器が相次いで発見され（高橋　二〇〇四）、それらの墨書土器が、祭祀行為のなかで使用されたことを端的に示す資料として注目されていることはよく知られている。最近では、そのような「召代・形（方）代を奉る」というような意味の文言が記された墨書土器は、宮城県・福島県・静岡県などからも出土し、広がりをみせるようになってきており、類例も増加してきている。ただ、そうはいうものの、現段階においても、千葉県の印旛・手賀沼周辺地域からの出土が圧倒的に多いことには変わりない。またこれらの資料のなかには、人名のみにとどまらず地名や、さらには人面が描かれているものもある。

祭祀の場で、供献する器物に国郡郷戸主姓名等を記入するのは、これら地名・人名を記載した墨書・刻書土器などとほぼ同時代に成立した『日本霊異記』巻中第二五話「閻羅王の使いの鬼の、召さるる人の饗を受けて、恩を報いし縁」という説話にみえるように、祭祀の対象に、祭祀の実行者がどこの誰であるのかを神仏に対して明示する必要があったからで、どこに住む誰が祭祀を執り行ったかが明らかにされていないと、祭祀の代償としての神仏の守護や利益を確実に受けられないからであると考えられている(1)(平川 一九九六)。

このような村落祭祀の実体を直接物語るような多文字の墨書・刻書土器は、全国の集落遺跡出土の墨書・刻書土器全体のなかでは、まだ少数であり、また出土地も、現段階においては、古代の下総国印旛郡から埴生郡・香取郡および上総国武射郡にかけての地域一帯にかなりの数の資料が集中しており、一見するときわめて特殊な事例であるかに見受けられる。しかしながら、これら多文字墨書土器が出土した遺跡からこれらと共伴して出土した墨書・刻書土器の圧倒的多数は、一文字書きのごく一般的にみられるタイプのものである。それら一文字書きの墨書・刻書土器も、多文字墨書土器と同様の目的・用途で使用されたとみてよいだろう。すなわちこうした多文字の墨書土器は、一文字ないし二文字の墨書・刻書土器の用途・機能をも敷衍して解明できるような貴重な資料と位置づけることが出来る。

なお、墨書・刻書土器を取り扱う場合には、それらが考古学的な調査によって出土した資料であり、それらの出土状況や形状についての検討が、資料の特質や、記された文字内容の意味を正しく解釈し、解明する上で、重要な意味を有することは今更、いうまでもないであろう。これまでも、墨書・刻書土器に記された文字内容だけを安易に取り出して、史料として利用することは厳しく戒められてきた。ただし、文字資料である以上、記された文字内容の解釈は、最重要の課題であることは動かしがたい。出土文字資料に記された文字内容を正しく解釈することによって、出土した遺跡やその周辺地域の歴史的特質がはじめて解明できるわけである。本章では、墨書・刻書土器を取り扱う際の、出土状況やものそのものの形状や特色の調査・検討の重要性を充分認識した上で、あえて記載された文字内容を主たる問題として行論し、これら千葉県印旛沼・手賀沼周辺一帯地域に偏在する多文字記載の墨書土器の資料的特質について検討することによって、それら出土遺物によって特色づけられる古代印旛周辺地域の歴史的特質解明の一端を担いたいと考える。

一　印旛周辺地域出土多文字墨書土器延命祭祀用途説批判

平川南氏は、とくに下総国武射郡・印旛郡における古代集落遺跡である千葉県芝山町庄作遺跡竪穴建物跡出土九世紀前半代土師器杯型人面墨書土器の体部外面に横位で「丈部真次召代国神奉」61・九世紀前半代土師器杯型人面墨書土器底部外面に「国玉神奉」、千葉県八千代市権現後遺跡竪穴建物跡出土九世紀前半代土師器杯型人面墨書土器体部外面に横位で「村上郷丈部国依甘魚」33、八千代市白幡前遺跡竪穴建物跡出土八世紀後半代土師器杯型人面墨書土器体部外面横位で「丈部人足召代」35、八千代市上谷遺跡竪穴建物跡出土九世紀前半代土師器杯型人面墨書土器体部外面横位で「(欠損)」廣友進召代　弘仁十二年十二月」などとみえることから、それらの人面墨書土器が国神に対して「招代(おぎしろ)」=依代(神霊の依り憑く物)として奉献されたもので、人面墨書土器を招代として国神を招き、そこに供物を盛って、神を饗応したものと考えられた(平川　一九九〇)。

その後、平川氏は、これらの人面墨書土器とほぼ同時代の仏教説話集である『日本霊異記』に、冥界に召された人びとが生前に積んだ功徳や善行、あるいは冥府の使いに賄したり饗応することによって寿命を延ばされたり、地獄へ連行されることを免れたりするという説話が頻出することや、千葉県富里市久野高野遺跡竪穴建物跡出土九世紀前半代土師器杯体部外面に横位で「罪司」60と、また、同じく千葉県印西市西根遺跡竪穴建物跡出土九世紀前半代土師器杯底部内面に「罪官」28などという、人の罪を裁きその死期を決める冥界の裁判官を意味する文言が記されていることなどと関連付け、これらの土器に記された「召代」という文言を「招代（おぎしろ）」と解釈する考えを改め（平川一九九六・二〇〇〇、平川・佐々田二〇〇五）、「召代」という文言を「召さるる代わりに」と読み、冥界に身を召されるのを免れるために、冥府の神霊に土器に盛った供物で饗応・賄したものとする説を提示された。つまり、これらの文言が記された墨書土器は、古代の民衆たちによる冥道信仰に基づいた延命祭祀に際して使用されたものと考えておられるわけである（平川一九九六、神奈川地域史研究会編二〇〇五）。最近では、三上喜孝氏や増尾伸一郎氏らも、これらの多文字墨書土器を延命祭祀にかかわるものとする平川氏の見解に、積極的に賛意を示されている（三上二〇〇五・増尾二〇〇五）。

しかしながら平川氏が論じられるように、墨書土器に記された「召代」という文言を「召さるる代わり」と読むことは、いささか困難な読み方といわざるを得ない。本来、「被召代」と記されなければならないはずであろう（高島二〇〇一）。また、仮に、「召代」の語をそのように解釈するとしても、「形（方）代」の語を同様に解釈して延命祭祀・冥道信仰と結びつけることはさらに困難であろう。平川氏は、この点についても、「（その身を）冥界に召される代わりに」と解釈されているが（平川・佐々田二〇〇六）、「方代奉」という文言をそのように解釈することは、さすがに無理といわざるを得ない。

また、氏が強調される延命祭祀・冥道信仰をうかがい知ることが出来るような出土遺物は、これまでのところ一切無く、墨書・刻書土器に記された文字や呪符・祭文・願文等が記された木簡からも読み取ることは出来ないのであり、氏が一貫して主張される延命祭祀とする見解は、到底納得できるものとはいいがたい。

いずれにしても、これらの墨書土器に記された文言からは、疫神や祟り神・冥界の使いの鬼までも含めた意味における「神仏」を祀る際に、神霊の代わりに据えた「形（方）代（かたしろ）・召（招）代（おぎしろ）・身代（みのしろ）」＝依代（よりしろ）である土器を、「自分自身の身体や命を捧げる代（替）わりに」捧げたものと解釈できるのであり、冥道信仰・延命祭祀に伴うものであるとする平川氏のお考えには俄には従い難いところである（高島 二〇〇〇）。

前述したように「召代」とはすなわち「招代」のことであり、文字通り神を招いて安置する依代である。「方代」「形代」はかたしろ、すなわち無形の存在である神を招いてここに依り坐させる仮の形のもので、これも依代のことである。

千葉県香取市吉原三王遺跡竪穴建物跡から出土した九世紀前半から中葉にかけての土師器杯の体部外面に横位で「下総国香取郡大杯郷中臣某女替進上　承和某年某月某日」という書式で記された一連の墨書土器は（平川・栗田 一九八六）、中臣某人の女を神の依代として捧げる代替として、この土器を神の依代として奉献したと解釈できる。

千葉県酒々井町長勝寺脇館跡竪穴建物跡出土の九世紀前半代の土師器杯の体部外面に横位で記された「×□□□□命替神奉」と記された文言については、神の依代あるいは生け贄として祈願者の身体と生命を捧げるのに替えて、土器を依代として、あるいはそれに供物を盛って神に捧げ、神を招き降ろし、饗応し、慰撫することで神の守護と利益を得ることを期したことを示すと解釈できる。

いわき市荒田目条里遺跡溝跡出土九世紀中葉頃の土師器杯体部内面正位に記された「多臣永野麿身代」という文言のなかの「身代」という語も同様に、わが身を生け贄ないし依代として神仏に捧げる代替としての供献物（その場合、空の土器ではなく土器には供饌が盛られたものと想定できる）ないし依代という意味に解釈できる。

また、平川氏が、冥界に「身を召される代わりに」と解釈され、これらの多文字墨書土器を延命祭祀と結論づける根拠の一つとされた千葉県八千代市上谷遺跡竪穴建物跡出土の九世紀前半代土師器杯体部外面に横位で「丈マ阿□□身召代二月」・「丈マ稲依女身召代二月十五日」などと記された資料についても、祈願者本人（「身」）が捧げた「招代」

（「召代」）、あるいは前例と同様、わが身自身を招代（召代＝依代）として捧げる代替としての土器という意味に解釈できよう。

千葉県印西市西根遺跡河川跡出土の九世紀前半代土師器杯体部から底部外面にかけて正位に「丈マ春女罪代立奉大神」28と記された資料についても、平川氏は佐々田悠氏とともに、「丈部春女、罪の代わり、大神に立て奉る」と釈読され、「冥界に召される前提としての、『罪』そのものから逃れようとする表現」と、延命祭祀と関連づけて解釈されている（平川・佐々田 二〇〇五）。しかしながら、「罪代」とは「罪の代わりに」という意味ではなく、罪障を付して祓う形代と考えるべきであろう。すなわち罪や穢れを付して流す祓えの祭具である人形や都城の人面墨書土器と同様の機能を有する祭具（金子 一九八五・一九九一・二〇〇〇、三宅 一九九五・二〇〇四）と考えられる。また、この西根遺跡出土多文字墨書土器では、「罪代」を「立て奉る」対象は「大神」なのであるから、ここでいう「罪」とは、平川・佐々田両氏が解釈されたように、道教の冥界思想の影響をうけて中国で成立した仏教的冥界観によるものとはみなしがたく、わが国の神祇思想による「天つ罪・国つ罪」の「罪」を指すのではないだろうか。

そのように考えることが許されるならば、まずは、祭祀・祈願の主体者たる丈部春女が、自らの罪障を大神に祓ってもらうことを期しての祭祀と考えるのが自然であろう。また、「罪代」を奉った対象が「大神」であるということを重視し、さらに時代背景を考慮するならば、多度神宮寺資財帳にみえるような、神身離脱して仏に帰依する神に対して、神自身が救済される手段として、神の「罪」を付して祓う形代を奉ったという意味に取ることすら可能なのではないだろうか。

なお、千葉県印西市鳴神山遺跡井戸状遺構（氷室跡？）から出土した九世紀前半代土師器杯体部外面に横位で「大国玉罪（欠損）」21と墨書された資料についても、同様に考えられよう。

いずれにしても、以上のように、私には、地名・人名・（身・命）召（形・方）代（替）進（奉）上という書式で記された、印旛周辺地域で多く出土する多文字墨書土器は、神仏の招代・形代＝依代としての土器を奉ったという意味に解釈できるのであり、中国的な仏教思想を背景とする冥界観に基づく延命祈願にかかわるものとは考えにくいように思われるのである。

二　多文字墨書・刻書土器の用途と機能について―墨書・刻書土器依代論の再確認―

要するに、これら「地名・人名・（身・命）召（形・方）代（替）進（奉）上」と記された墨書土器は、人面墨書土器であるなしに関わらず、祭祀の主体者が、神霊の依代として土器を供献し、そこに神霊をおろして祭祀を行ったことを示すものと考えられるのである。

千葉県香取市吉原三王遺跡出土の「下総国香取郡大杯郷中臣某女替進上」64・65と記された一連の墨書土器は、中臣某人の女を神の依代として捧げる代替として、千葉県酒々井町長勝寺脇館跡竪穴建物跡出土の「命替神奉」57・58と記された文言は、神の依代あるいは生け贄として祈願者の身体と生命を捧げるのに替えて、いわき市荒田目条里遺跡溝跡出土の「多臣永野麿身代」9と記された墨書土器の「身代」という語も同様に、わが身を生け贄ないし依代として神仏に捧げる代替として、供献物（その場合、空の土器ではなく土器には供饌が盛られたものと想定できる）ないし依代を捧げるという意味に解釈できる。すなわち、祈願者本人（「身」）が捧げた「招代」（「召代」）、わが身自身を招代（召代＝依代）として捧げる代替としての土器、あるいはそれに供物を盛って、神を招き降ろし、饗応し、慰撫することで神の守護と利益を得ることを期したと解釈できるのである。古代において、祓えなどの際に神に人間そのものが捧げられるケースには、三宅和朗氏が指摘しておられるように史料上確認できるところである(2)。

さらに参考となるのが、山形県飽海郡平田町山谷山海窯跡ＳＫ一一〇土坑跡出土の須恵器杯型人面墨書土器で、土器の体部外面に倒位で人面が二箇所に、また同じく体部外面に「器」という文字が二箇所、底部外面に「代」という文字が二箇所記された資料である（〔財〕山形県埋蔵文化財センター編 一九九二）。人面および各文字はそれぞれが離れて記されてはいるものの、人面と「器」・「代」という文字がそれぞれ二箇所づつ記されており、人面と文字とはそれぞれ対応しているものと考えられなくはない。文字の読み方は「器代」あるいは「代器」いずれにしても「形代である（としての）器」であることを意味する文字と考えることができよう。土器が形代であることを如実に示す記載内容とみることができる。

器自体に神が依ますことが文献史料にみえる例としては、『日本書紀』崇神一〇年条に、三輪山のオオモノヌシノカミが小蛇に姿を変えて妻のヤマトトトヒメノミコトの箸箱の中に姿を隠していたという伝承や(3)、『常陸国風土記』那賀郡茨城里条に、神の子の「小蛇」を土器に入れて安置するという伝承などが顕著である(4)。なおこの説話で、依代として供献した器がまず杯であり、次いで瓶であったという点も注目に値する。集落遺跡から出土する祭祀関連墨書土器の九割以上が杯型の土器であり、甕型のものがそれに次ぐという出土状況は、こうしたほぼ同時代の説話にみえる祭祀の具体像と合致している。とくに一般的な墨書土器は、その大多数が杯型土器であることや、東国の集落遺跡出土の人面墨書土器には杯型のものが多くみられるという点も、依代という機能から説明できる。東国の集落遺跡出土の人面墨書土器に杯型のものが多く見られるのは、東国の集落遺跡にとくに顕著な、文字のみ記された墨書土器の影響によるとも考えられる（高島 二〇〇〇a・b）。

それらが墨書土器であるのかどうかは史料の上からは明確ではないが、土器を含む容器が、神の依代として使用されたことを端的に示す史料は他にもいくつか存在している。

そのうちの顕著な事例を紹介すると、まず、岡田精司氏が紹介されているように（岡田 一九九二）、中世の『類聚神祇本源』（元応二年〔一三二〇〕）には、伊勢神宮の外宮別宮の土宮の神体に関して、

土宮　在下神宮与二高宮一中上。東面座。（中略）

倭姫命世記曰、宇賀之御魂神、土乃御祖神、形鏡坐、寶瓶坐。

二所太神宮御鎮座本紀曰、（中略）

注曰、大土祖、霊鏡坐。太田命、霊銘石坐。宇賀魂、霊瑠璃壺坐也。

豊受皇太神鎮座次第麗気曰、

摂社大土祖神　亦名二五道大神一。双二五所大明神一座也。山田原地主神也。亦号二鎮護神一。

大年神子大国玉神子宇賀神一座。

大土御祖一座。御体瑠璃壺一口、霊鏡二面、（後略）

とあり、神体が「宝瓶」あるいは「瑠璃壺一口」であるという記述が存在するが、これは、土器ではないものの、おそらく依代として供献された「瑠璃壺」に、神が宿ったことによって、依代から神体そのものに転化したといえるだろう。壺そのものが神体としてまつられているケースと言える。

なお、この史料のなかで、神が依ります鏡を「鏡坐」、石を「石坐」と称するのと同じニュアンスで、神が依ります器のことを「瓶坐」（みかくら）・「壺坐」（つぼくら）と称されているところも注目できよう。それらが磐座＝「石坐」（いわくら）と同様じく「坐」（くら）と称されていること自体、依代であることを端的に示している。

土師器甕形人面墨書土器と共伴して斎串・人形・馬形・刀形などの木製形代類が祭祀遺構からまとまって出土し、律令祭祀に関わる一括資料として名高い山形県飽海郡八幡町岡島の俵田遺跡は、出羽国府城輪柵に関わる祭祀遺跡と考えられているが、ここから出土した土師器甕形人面墨書土器には、体部外面に「磯鬼坐」という文言が記されている（（財）山形県埋蔵文化財センター　一九九二、荒井　二〇〇三）。「磯鬼」の実態については明確にしがたい部分があるが、祭祀・呪術に際して鬼神を神降ろししたときの「坐」（くら）すなわち依代と解釈することが可能であり、土器である甕が形代であることを示す資料の一つと位置づけることができる。

また、同書に引用する『丹後国風土記』逸文に関わる記事として、

（前略）丹後国与謝郡比治山の頂に井あり。其の名を麻那井と号す。此所に居る神、すなわち竹野郡奈具神是なり。（中略）酒造天之瓶一口は大神の霊器なり。以て敬拝して祭る也。（後略）

とあり、ここにみえる「酒造天之瓶」は、大神愛用の醸造の「霊器」であるのか、あるいは大神が籠もる「霊器」であるのか（関 二〇〇四）、この文章を読む限りにおいては定かではないが、もし後者の解釈が成り立つとすれば、ここに見える「酒造天之瓶」は大神の依代と解釈できることになる。また、いずれにしても「霊器」として「瓶」が「敬拝して祭る」対象となっているわけであり、この史料も、器が祭祀・信仰の対象とされたことを明白に物語る例の一つとして、墨書土器あるいは祭祀関連土器の機能を考える上で重要な示唆を与えるものといえよう。

さらにはいわゆる『神道五部書』（建保二〔一二一四〕～永仁三年〔一二九五〕成立）の一つである『豊受皇太神御鎮座本紀』には、

（前略）天平瓮を造り、諸神を敬い祭るは、宮別に八十口。柱の下、並びに諸木の本に置く。（中略）諸神を納め受ける寶器なり。

と「天平瓮」が「諸神を納め受ける寶器」であることが明白に述べられている（関 二〇〇四）。「天平瓮」に関しては、『古事記』、『日本書紀』神武即位前紀、『住吉大社神代記』の中の「天平瓮を奉る本記」などにみえるところであるが、この史料では「諸神を納め受ける宝器」と明確に規定されていることに注目したい。「諸神を納め受ける」とは、まさしく天平瓮を依代として神を降ろすことに他ならない。

『播磨国風土記』託賀郡条には、

（前略）昔、丹波と播磨と国を堺ひし時、大甕を此の上に堀り埋めて、国の境となしき、故に甕坂といふ。（後略）

と、境界祭祀として甕が埋納されていることが見て取れる。

このほか、『日本書紀』神武即位前紀には、

（前略）夢に天神有りて訓へて曰はく、「天香山の社の中の土を取りて、天平瓮八十枚を造り、并せて厳瓮を造りて、天神地祇を敬祭り、亦厳呪詛をせよ。如此せば虜自づからに平伏ひなむ」とのたまふ。天皇、祗みて夢の訓を承り、依りて行ひたまはむとす。時に弟猾、又奏して曰さく、「（中略）今し当に天香山の埴を取りて、天平瓮に造りて、天社国社の神を祭りたまふべし。然して後に虜を撃ちたまはば、除ひ易けむ」とまをす。天皇、（中略）勅して曰はく、「汝二人、天香山に到り、潜に其の巓の土を取りて来旋るべし。（後略）」とのたまふ。（中略）二人其の山に至ること得て、土を取り来帰れり。是に天皇甚く悦びたまひ、乃ち此の埴を以ちて、八十平瓮・天手抉八十枚・厳瓮を造作りて、丹生の川上に陟り、用て天神地祇を祭りたまふ。（後略）

『住吉大社神代記』には、

一、天平瓮を奉る本記

右、大神、昔皇后に誨へ奉りて詔り賜はく、「我をば、天香个山の社の中の埴土を取り、天平瓮八十瓮を造作りて奉斎祀れ。又覬覦る謀あらむ時にも、此の如く斎祀らば、必ず服へむ。」と詔り賜ふ。古海人老父（中略）遣わして土を取り、斯を以て大神を奉斎祀る。（中略）斯に天平瓮を造る。

さらに、万葉集には、ひもろぎを立て斎瓶（いわいべ）を掘り据えて神に祈るという記述がしばしばみられる。これらの史料にみえる記述は、神の依代としての土器の使用法を明確に物語るものといえるだろう（桐原 二〇〇六）。

さきにも紹介したように平川氏は、杯型の土器が多いということを神霊への饗応という点から説明された（平川 一九九六）。確かに、千葉県芝山町小原子庄作遺跡出土人面墨書土器に「丈部国依甘魚」33とあるが、「甘魚」とは「甘菜」すなわち「御馳走」の意であるから、土器に供物を盛って国神を饗応したという使用法も一面として考えるべき

あろうが、(5)饗応という目的のみにとどまらず、杯型土器自体が依代と考えられるわけだから、供献されたのが空のまま土器であった可能性も成り立つ（高島 二〇〇〇）。

このように、土器は供物を盛って神霊に供え、神霊を饗応するという意味を有するにとどまらず、食物供献という目的から発展し、祭具として、ある時は依代として、さらには神体としての機能まで付加されることさえあったのである。

荒井秀規氏は、中空度の高い甕・壺類であれば依代としての機能も考えられるが、杯型土器は本質的に食物を盛る器であり、依代という機能よりむしろ供献機能を重視すべきであるとの見解を示しておられるが（荒井 二〇〇四）、上述した『常陸国風土記』那賀郡茨城里条の神の子の小蛇を杯に安置したとする説話にもある通り、杯型の土器にも依代としての機能は存在していたと考える。

また須田勉氏は、墨書された杯型土器の使用方法について、悔過法会に際して行われた神降ろしの儀式の際に神仏の前に奉納されるものであり、杯は容量が少ないことから、供物などとは別に空のままで供えられた可能性が高いとする（須田 二〇〇六）。しかしながらそれらの機能については、「（前略）だからといって、神が杯を依代として降臨するのではない。神降ろしは正堂全体におよぶのであって、杯はむしろ、祈願した事柄に対し、仏・菩薩の加護や神霊が宿る場なのである。この段階で、杯は浄器に転化する。悔過法会を終えたのち、仏・菩薩や神の霊力で満ち満ちた杯を持ち帰って、自宅や宅地内に祭るのであろう。（後略）」と具体的に想定しておられる。

「神降ろしが正堂全体におよぶ」とされている点は、まさに神々の住居建造物である「屋」の「形代」すなわち「屋代」（やしろ）＝「社」の有する機能とも解することができるが、「社」の建物はあくまでも神本体の分身としての神霊を宿す神体を収める場、神々が住まう「屋形代」なのであり、神霊が宿るのは、本来は、鏡や磐坐のような神体であって、「社」の建物そのものに神が宿るわけではない。仮に須田氏がいわれるように、杯型土器そのものが神を降ろす場ではないとすれば、神木や神鏡・磐坐などのような神を降ろす依代が別に存在しなければならないはずであり、降ろされた神の分霊は、祭儀・法会の終了後はふたたび帰されなければならない。

須田氏は法会に供えられた杯に辟邪・護符的な霊力が宿ることを想定しておられるが、須田氏がいわれるように、仮に、杯そのものに直接神を降ろすわけではないとしても、神仏の霊威によって霊力が宿るものもまた依代に他ならないといえるのではないだろうか。須田氏の説、ことに、法会によって神仏の霊力が分かち備えられた杯を共同体の成員がそれぞれに持ち帰って自宅に祀ると想定される点は、確かに非常に魅力的な仮説ではあるが、典拠および傍証できる史・資料について不明な点にややもすれば疑問が残らないでもない。

このように、土器、とくに杯型土器に関してはそれを依代と解釈する考え方には異論も少なくないこともまた事実であるが、私は上記で検証してきたように、集落遺跡から出土する人面墨書土器・墨書土器の多くは、村落における祭祀・儀礼の行為に際して神（仏）の依代として、あるいは供物を捧げる器として供献されたものとみてよいと考える。以下ではこの点を前提にしてさらに論を進めていくことにする。

さきにみたように、「形（方・召・身）代を奉（進上）る」という文言が記された墨書土器の多くには、その土器を供えたとみられる人物の名前ばかりではなく、地名が、あたかも荷札木簡の記載のような書式で、国名あるいは郡名から記されている。一見すると、租税などの貢進物の納付に関わるかのように見られなくもないが、これらの貢納先は、現世の宮都や官衙ではなく、神仏あるいは疫神・邪神・悪霊の類と理解すべきなのだろう。

「（身・命）召（形・方）代（替）進（奉）上」という文言が記されないものの、地名・人名が記載された例としては、印旛周辺地域以外でも、例えば群馬県富岡市下高瀬上之原遺跡の谷戸から出土した八世紀の中葉から後半頃のものと考えられる土師器甕の口縁に「（欠損）上ヵ野国甘楽郡瀬上郷戸主物マ名万呂進（欠損）」[10]と刻書された例や、茨城県つくば市中原遺跡の土坑ＳＫ一五八八埋土出土の九世紀の土師器甕の胴部外面に「常陸国河内郡真幡郷戸主刑部歌人」13と墨書された例、千葉県袖ヶ浦市上大城遺跡の竪穴建物跡竈左袖脇床面直上から出土した九世紀前半代とみられる土師器小型甕胴部外面に正位で人面とともに「司益ヵ家　海上ヵ郡ヵ狭井郷春部直臣主女」72と墨書された例、神奈川県藤沢市南鍛冶山遺跡の竪穴建物跡竈左袖脇床面直上から出土した八世紀中葉とみられる土師器甕の胴部外面に人面とともに正位で「相模国大住郡三宅郷（欠損）」74と記された例、山梨県甲府市大坪遺跡の旧河道から出土した九世紀前半代の土師器皿の底部内面に「甲斐国山梨郡表門（欠損）」75と刻書された例、長野県佐久市聖原遺跡から出土した八世紀後半から九世紀初頭頃とみられる土師器仏鉢体部外面に「甲斐国山梨郡大之郷戸□乙作八千此後□佛□為八千体□」76と、国郡郷戸主姓名と仏に対する願文を暗文で記した例などがある。なお、この資料は、形状から用途が明確であり、記載された内容から、文字を記載した目的がほぼ明らかにできるので、他の資料とは分けて考えるべきであろうが(7)、それ以外については上記と同様に考えてよいだろう。

とくに、千葉県袖ヶ浦市上大城遺跡出土の資料や神奈川県藤沢市南鍛冶山遺跡出土の資料には人面が描かれており、人面とそれらの文言は無関係ではなく同時に記されたものとみられ、「（身・命）召（形・方）代（替）進（奉）上」という文言を伴わなくとも、祭祀に関わって供献されたことは間違いないだろう。

これら、祭祀に使用されたと考えられる国・郡・郷・人名が記された多文字墨書・刻書土器には、出土地から離れた場所の地名が記されているものが往々にして見受けられることも特色の一つである。このことは、古代の村落社会における人の移動や、村落とそこで行われた祭祀の場における構成員のあり方を具体的に示す資料としても重要であろうが、記された地名は、祭祀の主体者・祈願者の単なる居場所でも祭祀を執り行った場所でもなく、本貫地なのである。

祭祀の主体者や祈願者が、自らをそれと特定させるための表示が、本貫地であり、国・郡・郷という律令地方行政区画名によって表記されている点は、律令制とその本貫地主義の貫徹ぶりを如実に示している。また、そのようは表記は、賦役令調物条に基づく荷札木簡や調庸布墨書銘の影響に他ならない（三上 二〇〇五）。

時代は降るが、藤原道長が寛弘四年（一〇〇七）に吉野・金峯山に埋納した経筒の銘文も、願主の所在表記として、「南瞻部州大日本国」という書き出しで記されている。経典を経筒に入れて埋納した願主本人のことを仏が特定し、利益を受けることができるように、仏に対して示された文言であり（関 一九八五）、多文字墨書・刻書土器に祈願者・祭祀主体者の本貫地名を記入することと同種の概念による所在表記方法とみることができる。そのような概念が後代まで、しかも異なる社会階層にも共通して認識されていたとみることができる。

三　印旛周辺地域の多文字墨書土器の特色

八～九世紀の多文字墨書・刻書土器八〇例のうち、いわゆる印旛周辺地域一帯から出土した資料は五六例にのぼる。多文字墨書・刻書土器の七割を印旛周辺地域からの出土例が占めるわけであるから、圧倒的な量であり、印旛周辺地域出土墨書・刻書土器の特色といってよいだろう。

印旛周辺地域出土の多文字記載土器は、すべて墨書によるものである。先述したようにこれら印旛周辺地域出土の多文字墨書土器には、欠失等により全体の書式が不明確なものも少なくないが、「国・郡・郷・戸主姓名＋（身・命）召（形・方）代（替）進（奉）上」という書式で記されたものが非常に多い。「（身・命）召（形・方）代（替）進（奉）上」という文言が無く、国・郡・郷・戸主姓名あるいは人名のみが記されたものや、本埜村角田台遺跡竪穴建物跡出土の九世紀代の土師器杯の体部外面正位から底部外面にかけて「（欠損）女願油杯奉（欠損）」31と記された資料のように、「（身・命）召（形・方）代」の進上とは別の目的が記されたものも存在しているが、それでも、印旛周辺地域出土の多文字墨書土器の基本的な書式は、「国・郡・郷・戸主姓名＋（身・命）召（形・方）代（替）進（奉）上」というスタイルであったとみてよいだろう。

印旛周辺地域から出土した多文字墨書土器で、記された文言全体が判明するものの中で、「(身・命)召(形・方)代(替)進(奉)上」という文言が伴わないものには、千葉県我孫子市西大作遺跡土壙墓出土九世紀前半代土師器甕胴部外面「(欠損)意布郷久須部千依女　久須良部千依女」15と記された資料や、同じく我孫子市羽黒前遺跡竪穴建物跡出土の八世紀後半から九世紀前半と考えられる土師器杯体部外面横位に「久須波良部廣主口羊」16、同じく我孫子市別当地遺跡竪穴建物跡出土八世紀前半代須恵器高台付椀底部外面に「丈マ諸国」17、印西市鳴神山遺跡竪穴建物跡出土八世紀後半代土師器甕胴部外面正位に「国玉神上奉丈部鳥万呂」、同出土九世紀前半代土師器杯体部内面から底部内面にかけて正位で「(欠損)馬牛子皮身體(欠損)」24、同出土九世紀前半代土師器杯底部内面に「日下部吉人」25と刻書された資料、八千代市上谷遺跡九世紀前半代土師器杯体部外面に横位で「□　丈部千総石女進上」37、同出土九世紀前半代土師器杯体部外面に横位で「丈マ千申万」38、同出土九世紀前半代土師器杯体部外面に横位で「丈マ千角万呂」39など、地名と人名、もしくは人名のみがフルネームで記されたものがある。

このうち、千葉県我孫子市西大作遺跡の土壙墓から出土した資料については、すでに辻史郎氏が指摘しておられる通り(辻　一九九九・二〇〇三)、葬送にかかわる墨書とも、また祭祀に使用された際に墨書されたものが後に葬送に転用されたとも、如何様にも考えられ[6]、また、印西市鳴神山遺跡竪穴建物跡出土九世紀前半代土師器杯の体部内面から底部内面にかけて正位で「(欠損)馬牛子皮身體(欠損)」と記された資料は、記載内容がほかの地名や人名などが記されたものとはかなり異質であるので[7]、これら二件の多文字墨書土器は、ほかの資料とは一概に同列に考えない方がよいのかもしれない。これら以外の資料については、「(身・命)召(形・方)代(替)進(奉)上」という文言が文末に記されたものと同様、依代としての土器を神仏に供献したもので、文末の「(身・命)召(形・方)代(替)進(奉)上」という文言が省略されたものと考えられる。

そのように考えると、宮城県多賀城市市川橋遺跡溝跡から出土した八世紀後半および九世紀代の須恵器杯に、人面とともに、「丈マ□□益女」、あるいは「□□□□女」と、人名が記された資料二点なども、人面の存在によって、祭祀に関わることは明らかであり、さらに地名を伴わず人名のみが記載されている点は、印旛周辺地域出土の、人名のみ記された墨書土器ともある種共通している。これら二点の人面・人名記載資料も、同種の資料と考えられる。

印旛周辺地域出土の多文字墨書土器には、早い時期のものとしては、八世紀前半の年代観を有するものがある。主に、土器の消費地すなわち使用箇所で文字が記される可能性が高かったであろう墨書土器については、これまでの膨大な事例からみても、土器そのものが示す年代と文字記入の時期とが大きくかけ離れているとみられる事例は僅少であり、土器の年代観が文字記入の時期を概ね示しているとみてよい。そうであるならば、印旛周辺地域の多文字墨書土器は、八世紀前半から出現するものの、「地名・人名・（身・命）召（形・方）代（替）進（奉）上」と言う定型句的な書式を備えた例は、八世紀後半から九世紀の前半にかけて出現し、概ね九世紀中葉まで時期にほぼ集中している。この点は、圧倒的大多数を占める一般的な一文字ないし二文字が記載された墨書・刻書土器の、当該地域における消長関係ともまったく合致しており、印旛周辺地域において多文字記載の墨書土器が、それ以外の、一文字ないし二文字を記載する一般的な墨書・刻書土器に先行して出現するわけでも、またそれらと特段異なった消長を示しているわけではないことがわかる。印旛周辺地域出土の多文字墨書土器は、ごく一般的な一文字ないし二文字が記された墨書・刻書土器に先行し、その初源的形態になったわけでも、また、それら一般的な墨書土器の発展形態として遅れて出現したものでもなく、あくまでも同時併存なのである。

この書式に則ったもので、印旛周辺地域以外から出土した資料には、宮城県多賀城市山王遺跡河川跡出土九世紀前半代土師器杯体部外面に人面とともに横位に「室子女代千相収」記された資料と九世紀前半代須恵器杯体部外面に人面とともに横位に「丈部弟虫女代千収相」記された資料、福島県いわき市平荒田目条里遺跡溝跡出土八世紀後半土師器杯体部外面に正位で「磐城郡磐城郷丈部手子麻呂召代」と記された資料、同じく九世紀中葉の土師器杯の体部外面に横位で「多臣永野麻呂」記された資料、静岡県三島市箱根田遺跡河川跡出土九世紀前半代土師器甕の体部外面に正位で「刀自女形ヵ代」および「新刀自女身代」と記された資料、静岡県浜松市東伊場伊場遺跡大溝跡出土九世紀前半土師器杯の体部から底部の内面にかけて人面とともに「海マ屎子女形代ヵ」と記された資料など、わずか七点に過ぎない。このことからも、「地名・人名・(身・命)召(形・方)代(替)進(奉)上」という、某人が招代(召代)・形代・身代＝依代として土器を神仏に供献したことを明確に示すような書式で記された多文字墨書土器が印旛周辺地域に偏在していることを改めて明確に指摘できたわけである。

印旛周辺地域以外から出土したそれらの資料の年代は、いわき市荒田目条里遺跡出土の資料が八世紀後半であるほかは、九世紀前半から中葉にかけてのものであり、先に述べた印旛周辺地域における多文字墨書土器と全く同様の傾向である。

現段階では、印旛周辺地域から出土したこの種の多文字墨書土器と、印旛周辺から離れた地域から出土した同種の書式と記載内容を有する多文字墨書土器の年代は全く一致しており、印旛周辺、それ以外の場所の資料、いずれかが突出して先行しているという訳ではない。また、印旛周辺地域以外から出土した資料は、東北地方南・中部と東海地方に分散しているので、現段階においては、その初源については明確にはしがたいところである。しかしながら、圧倒的多数が印旛周辺地域から出土していること、印旛周辺地域においても八世紀代のものが存在していることからみれば、これらの「地名・人名・(身・命)召(形・方)代(替)進(奉)上」という定型句的な書式の多文字墨書土器は、印旛周辺地域を初源の地と想定することも許されるであろう。

四　印旛周辺地域多文字墨書土器祭祀の担い手

これら印旛周辺地域出土の多文字墨書土器にみえる人名には、丈部氏が圧倒的に多い。この点は、すでに諸氏によって指摘されているところである（大竹　一九八五、平川　一九九〇、増尾　二〇〇五、天野　二〇〇七）。改めて今回集成した資料を検討してみると、印旛周辺地域出土多文字墨書土器五六例のうちの三〇例に丈部氏の氏名が記されており、圧倒的な多さを誇る。

印旛周辺地域における多文字墨書土器には、他に「久須波良部（久須部）」（我孫子市新木東台遺跡、西大作遺跡、羽黒前遺跡）、「日下部」（印西市鳴神山遺跡）、「大生部（生部）」（印西市西根遺跡）、「物部」（本埜村角田台遺跡、八千代市上谷遺跡）、「中臣」「真髪部」（香取市吉原三王遺跡）などの氏族名がみえるが、「日下部」が出土した印西市鳴神山遺跡や「大生部（生部）」が出土した同じく印西市西根遺跡、それに、「物部」が出土した八千代市上谷遺跡では、それらの氏族名のほかに「丈部」の氏族名が記された墨書土器が出土しており、丈部氏の影響力が伺えるようである。

周知の通り、丈部氏は、中央の阿倍氏・膳氏の下で武力をもってヤマトの王宮の警備や雑使を主に担当した軍事氏族であり、大王の命を地方へと伝える使者に関わるような軍事的性格を強く有した部民であったと考えられており、各地に分布する丈部集団は、丈部直氏によって統率され、壬生（生部）氏なとどともに東国に多く所在する氏族である（佐伯　一九八〇・一九八五など）。やや時代はさがる史料であるが、『倭名類聚抄』には、伊勢国朝明郡、安房国長狭郡、美濃国不破郡、下野国河内郡・芳賀郡、陸奥国磐井郡、越中国新川郡などに丈部郷が確認でき、東海・東山両道のこれらの地域を中心に設定されていたことが読み取れる（佐伯　一九八〇・一九八五、増尾　二〇〇五）。

正倉院文書中の天平一〇（七三八）年駿河国正税帳には、下総国印波郡采女丈部直広成の名がみえ、同じく天平宝字六（七六二）年二月一四日付奉写大般若経所解にも下総国から上番した仕丁として丈部高虫という人物の名がみえる。『万葉集』巻二〇に収められた天平勝宝七（七五五）年二月の下総国の防人歌の中には、印波郡の丈部直大麻呂の作歌がある（四三八九番）。『続日本紀』天応元（七八一）年正月乙亥条には、下総国印幡郡大領外正六位上丈部直牛養の名がみえる。これら、限られた史料からも、下総国印旛郡には、郡大領を筆頭に、様々な階層の丈部氏とその部民が存在していたことがうかがえるわけであり、実際にはかなり多数の丈部氏が郡内及び周辺地域に存在していたことは想像に難くない（増尾 二〇〇五、天野 二〇〇七ほか）。

さらに、正倉院に遺る調庸布墨書銘には、上総国市原郡大領丈部直国主、常陸国筑波郡副擬□領丈部直佐弥万呂、武蔵国横見郡小領丈部直氏などがみえる。上総国市原郡と常陸国筑波郡は、香取の海を中心とした印旛周辺地域の外縁ともいってよい地域であり、その郡領氏族が丈部直氏であることも、印旛周辺地域における丈部氏集団の影響力を示唆する。また、よく知られているように、神護景雲元（七六七）年一二月に武蔵国造に任じられ、武蔵宿祢を賜姓される丈部直不破麻呂は、それに先立つ同年八月には下総員外介に任じられ、さらに神護景雲三（七六九）年には上総員外介に任じられており（『続日本紀』）、武蔵国出身の丈部直氏を代表する官人にも、間接的ながらも総国への関与と影響がうかがえるところである。

このように、印旛周辺地域のさらに外側にも丈部氏の広範な展開が史料上確認できるところであり、印旛周辺地域出土の多文字墨書土器に多くみえる丈部氏の存在も、その反映であることには相違あるまい。

ただ、東国に大きな勢力を有し、さまざまな資・史料から下総国にも濃密な分布が認められる丈部氏であるから、たまたま印旛周辺地域から出土する墨書土器にもその名が多くみられると解釈することは容易であるが、多文字墨書土器が印旛周辺地域に偏在する、地域を特色づける祭祀様式とみられ、そこにみられる氏族名のうちの約半数が丈部氏であることからみれば、多文字墨書土器、とくに印旛周辺地域に特徴的な「地名・人名・（身・命）召（形・方）代

（替）進（奉）上」という書式の多文字墨書土器祭祀を行った主体者としての丈部氏の存在を積極的に想定すべきではないかと考える。その受容は、何も、丈部の氏名を名乗る集団やその部民内に限定されるものではなく、当然のように、その周辺にも及んだわけである。同種の多文字墨書土器に記された丈部氏以外の氏名は、そのことを示しているといえよう。

なお、この点に関しては、鈴木靖民氏は、六〜七世紀に王権による東国への勢力伸長と開発拡大にともなってそれを担うために設定された集団のいくつかが丈部氏という形に編成され、その子孫たちが坂東から東北地方にかけて濃密に分布したことよるとし、また、先に、坂東に特有な人面墨書土器を使用した祭祀様式と印旛周辺地域の丈部集団との関連を一度は想定された平川南氏も、現在では、文字墨書土器に丈部氏の名が多く見える事実は認めながらも、それは、あくまでも墨書土器を使用する祭式の受容者（集団）とみるべきで、丈部氏が墨書土器を祭祀に用いるような祭式をあみ出したとまではみなしがたいと、墨書土器を用いた祭祀と丈部氏集団とを安易に結びつけることにはきわめて慎重であるべきであると強く戒めておられる（神奈川地域史研究会編 二〇〇五）。

このように、しかしながら、印旛周辺地域を遠く離れた陸奥国府多賀城周辺都市遺跡である宮城県多賀城市市川橋遺跡・山王遺跡や陸奥国磐城郡家関連遺跡とも考えられる福島県いわき市荒田目条里遺跡からも、点数こそ多くはないものの、印旛周辺地域から出土した「地名・人名・（身・命）召（形・方）代（替）進（奉）上」という定型的な書式とよく類似する多文字墨書土器が出土しているが、そこに記されている人名は、印旛周辺地域の多文字墨書土器に最も多くみえる丈部氏なのである。また、印旛周辺地域における「地名・人名・（身・命）召（形・方）代（替）進（奉）上」と記された多文字墨書土器とは異なる書式ではあるが、山形県山形市今塚遺跡から出土した多文字墨書土器にみえる人名もまた丈部氏である。これらの事実を勘案するならば、坂東諸国の広範囲に展開した丈部氏集団の中でも、とくに印旛周辺地域を本貫とする丈部氏集団が、上記のような定型句的な多文字墨書土器を使用する祭祀形態を創出し、彼らが直接的あるいは間接的に関与して、東北地方にも同様の祭祀形態が及んだとみるのが自然であるように私には思われるのである。

印旛周辺における定型的な多文字墨書土器と、それらとよく類似した書式を有する東北地方中南部から出土した墨書土器のうち、最も古い時期のものがともに八世紀中葉から後半にかけての時期であることからみれば、仮に、これらの多文字墨書土器を使用する祭祀スタイルが印旛周辺地域において創出されたと考えるにしても、その伝播速度は、きわめて急速であったと考えざるを得ない。

かって、私は、坂東地域に特有な杯型の人面墨書土器を使用する祭祀形態について、それぞれの人面が描かれた土器そのものの年代を勘案し、宮都から拠点的大規模官衙である多賀城にもたらされた宮都における人面墨書土器祭祀様式が、多賀城周辺の都市部に居住する民衆たちによって変質されたものが、坂東地域にもたらされた可能性を想定したことがあった（高島 二〇〇五）。上述してきたような定型句的な多文字墨書土器については、先述したように、坂東地域と多賀城周辺双方でほぼ同時期に出現してはいるが、印旛周辺地域における圧倒的な出土量からみて、現在のところは印旛周辺地域を初源の地域と考えたい。

その伝播に、印旛周辺地域の丈部氏集団が直接に関与したのか、あるいは擬制的同族関係にある彼の地の丈部氏集団がいち早くそれを受容したのか、資料のみからでは、現段階では明確には判明しがたいところである。ただ、丈部氏集団は坂東諸国に広く分布していたにもかかわらず、印旛周辺地域以外の地域では、こうした定型句的な多文字墨書土器はほとんどみられない。先述したように、武蔵国足立郡周辺地域などは丈部直氏が郡領層であるなど一つの勢力拠点であるが、印旛周辺地域で出土しているような多文字墨書土器は、その地域においては全く出土していない。丈部氏集団といっても、そのすべての拠点的地域においてこのような多文字墨書土器が出土しているわけではないことからも、それを担ったのは、あくまでも印旛周辺地域における丈部氏集団ということになろう。そのように考えるならば、東北地方の丈部氏集団への多文字墨書土器使用祭祀様式の伝播は、印旛周辺地域における丈部氏集団が直截に関与していた可能性が想定できそうである。(9)

おわりに

前述したように、私見によれば、東国の集落遺跡出土の墨書・刻書土器は依代として神霊に供献されたものである。供献に際しては、必ずしも器の中身に供物が伴うことを想定する必要はなく、むしろ空の土器のみが供献された場合も考えられる。

印旛周辺地域は、全国的にみても墨書・刻書土器が格段に多く出土する地域であり、出土する墨書土器の質と量の豊富さ自体が、当該期のこの地域における特色となっている。

その印旛周辺地域では、ほかの地域では僅少な多文字の墨書土器が多く出土しており、その書式は基本的には「地名・人名・(身・命)召(形・方)代(替)進(奉)上」という書式であり、人面の描画のあるなしに関わらず、祭祀の主体者が、神霊の依代として土器を供献し、そこに神霊をおろして祭祀を行ったことを示すものである。祈願者本人(「身」)が捧げた「招代」(「召代」)、わが身自身や同じ氏族の特定の人物の身体や命を招代(召代=依代)として、あるいは生け贄として捧げる代替としての土器、あるいはそれに供物を盛って、神を招き降ろし、饗応し、慰撫することで神の守護と利益を得ることを期したものと解釈できる。

このような特徴的な書式を有する多文字の墨書土器を使用する祭式は、現在のところ東海地方から東北地方にまで散見できるが、圧倒的多数は印旛周辺地域にみられるものであり、このような特徴的な多文字墨書土器を使用する祭式は、印旛周辺地域において八世紀中葉から後半にかけての時期に生み出されたもので、その祭式は、東国に多く盤踞した丈部氏集団なかでも、印旛周辺地域における丈部氏集団によって執り行われ、その構成員によって印旛周辺地域の外にももたらされていったと想定できる。

周知のように、印旛周辺地域では、坂東地域においては破格に古い龍角寺瓦窯出土の文字瓦の存在があり、七世紀代という、地方社会においては非常に早い時期から、在地の人々が文字文化を受容していた様子が判明している。印旛周辺地域における多文字墨書土器を使用した独特の祭祀様式の盛行や、全国的に一般的な一文字ないし二文字を記した墨書・刻書土器の突出した盛行なども、在地社会がなんらかの形で早くから文字文化を受容した素地の上に展開する、当該地域の歴史的な特質の一つと考えられる。

何故に、印旛周辺地域において、早い時期から文字文化が在地社会に受容され、古い段階の文字瓦の存在や、小稿で検討した多文字墨書土器を含む墨書・刻書土器の抜きんでた盛行に至るのか、また、そうした祭祀行為の成立など、それらの背景と要因は、当該地域の古代社会の有する複雑かつ多様な歴史的環境に起因するものと考えられるが、それは、今後の当該地域に関する広範な研究によって、次第に解明されていくことになろう。それらの具体的な解明については、今後も継続して課題として取り組んでいきたい。

註

（1）『日本霊異記』巻中の第二五話「閻羅王の使いの鬼の、召さるる人の饗を受けて、恩を報いし縁」という説話である（平川一九九六）。

讃岐国山田郡に、布敷臣衣女といふひと有りき。聖武天皇のみ代に、衣女忽に病を得たりき。時に、偉しく百味を備けて、門の左右に祭り、疫神に賂ひて饗しぬ。閻羅王の使いの鬼、来たりて衣女を召す。其の鬼、走り疲れにて、祭りの食を見て、おもねりて就きて受く。鬼、衣女に語りて言はく。「我、汝の饗を受くるが故に、汝の恩を報いむ。若しは同じ姓同じ名の人有りや」といふ。衣女、答へて言はく、「同じ国の鵜垂郡に、同じ姓の衣女有り」といふ。鬼、衣女を率て、鵜垂郡の衣女の家に往きて対面し、即ち緋の嚢より一尺の鑿を出して、額に打ち立て、即ち召し将て去りぬ。（後略）。
この説話は、讃岐国山田郡に住む布敷臣衣女という女性が急病になったので、疫病神に供物を供えて、自分の元から去ってくれるよう祈ったところ、地獄から彼女のことを召し連れに来た鬼がそれを御馳走になってしまい、そのことを恩義に感じた鬼は、それに報いるために、自分に施ししてくれた女性の命を助け、その身代わりとして、別の所に住む同姓同名を地獄へ連れていったという内容である。

鬼が賄を受けた代償として、同姓同名の人物を身代わりにしたというような説話がつくられた背景には、当時の人びとが、何らかの賄行為をすれば、神仏はおろか、疫神・邪神・悪霊や地獄の使いの鬼に至るまで、必ず何らかの代償をしてくれるとする発想や、供物やよりしろを捧げてまつったのが、どこに住む誰であることを神・仏、または疫神・邪神・悪霊や地獄の使いの鬼等に対して示すことによって、利益を確実に自分のものにする必要があるとする思想があったからにほかならない。

すなわち、当時の人びとの意識では、神仏に対して自分を特定させることができないと、同姓同名の人の元に利益が行ってしまうことや、あるいは逆に、同姓同名の人のせいで、思わぬ不利益をこうむってしまうこともまたあり得たわけである。祭祀に関わる土器に自分の住所・姓名などを書き入れるのは、祭祀の代償としての利益が、確実に自分の元に受けられるよう、神仏に対してアピールする必要があったからだと考えられる。

（2）『日本書紀』天武一〇年（六八一）七月丁酉条
（前略）大解除（中略）国造等各出㆓祓柱奴婢一口㆒而解除焉。
『類聚国史』八七、大同四年（八〇九）七月甲子条（前略）因幡国人大伴吉成浮‐㆓宕京下㆒、相‐㆓替御贖官奴大風麻呂㆒。（後略）
『延喜式』神祇・臨時祭式　羅城御贖（中略）奴婢八人。
『政事要略』二六 所引「多米氏系図」　志賀高穴太宮御宇若帯天皇御世、（中略）天皇御命、贖乃人乎四方国造等献支（後略）

など。

（3）倭途途姫命、心の裏に密に異ぶ。明くるを待ちて櫛箱を見れば、遂に美麗しき小蛇有り。其の長さ大さ衣紐の如し。即ち驚きて叫び啼ぶ。時に大神恥ぢて、忽に人の形に化りたまふ。（後略）

（4）茨城の里。（中略）時に、妹、室にありしに、人あり、姓名を知らず、常に就て求婚ひ、夜来たりて昼去りぬ。遂に夫婦と成りて（中略）、終に小さき蛇を生めり。（中略）是に、母と伯と、驚き奇しみ、心に神の子ならむとおもひ、即ち、浄き杯に盛りて、壇を設けて安置けり。一夜の間に、已に杯の中に満ちぬ。更、ひらかに易へて置けば、亦、ひらかの内に満ちぬ（後略）。

なお、本史料については早くから関和彦氏が検討を加えておられ、私も大いに示唆を受けた（関 一九九六）。

（5）東国集落遺跡出土の人面墨書土器の「饗応」機能に関してはまず笹生衛氏が想定され（笹生 一九八六）、その後、平川南氏もその点を継承された上で独自の論を展開しておられ（平川 一九九〇・一九九六）、最近では荒井秀規氏も東国集落遺跡出土の人面墨書土器には杯型の土器が多いという点から、杯という土器の機能を重視された上で、供献された土器が空であるということは考えにくく、内容物が伴っていたことを想定しておられる（荒井 二〇〇三・二〇〇四・二〇〇五）。

私は、あくまでも「饗応」という側面を完全に否定しているのではなく、疫神・祟り神・地獄の使いの鬼などを含めた意味での神仏への「饗応」を目的として土器に内容物（供物）が伴う場合も存在したであろうし、また、一方で、後述するように、『常陸国風土記』那賀郡茨城里条の説話に、神の子の小蛇を杯に安置したという伝承がみられるように、神の依代として空の土器が供えられるケースも存在したと考えている。

（6）本来、葬送とは全く関係のない墨書土器が骨蔵器やその蓋などに転用されることはまま見受けられる。例えば、千葉県松戸市坂花遺跡では、「国厨」と脚部外面に倒位で墨書された八世紀後半の土師器高坏が骨蔵器の蓋に使用された状態で出土している（松尾 一九九四）。

（7）この土器自体は、甲斐型の特徴が顕著であり、甲斐国から信濃に持ち込まれたものであることに間違いない。土器のスタイル自体が、まぎれもない仏鉢型であり、また、「佛」の文字や、「此後□佛□為」などの文言がみえるので、仏教信仰に関わるものであることも確実であろう。諸国を巡歴する僧侶によって甲斐国から持ち込まれたのかもしれないが、記されているのが国・郡・郷・戸主姓名であり、僧侶の名前そのものではなく、記載内容とこの土器を所持したと考えられる僧侶との関係についても不明である。記された国・郡・郷・戸主姓名は、僧侶にこの仏鉢を寄進した人物とみるのが自然なように思われる。いずれにしても、国・郡・戸主姓名が記されているのは、それを書いた人物が自分のことを仏に対して明示することによって、仏縁を結んだり、あるいは仏の守護や利益を期してのことであったと考えられる。

（8）印西市鳴神山遺跡竪穴建物跡出土九世紀前半代土師器杯の体部内面から底部内面にかけて正位で記された「（欠損）馬牛子皮身體（欠損）」は、文章の一部が残存しているだけなので、全体の文意は不明であるが、記された文字面からみて、祭祀の場において牛馬を犠牲にしたり、牛馬の遺体や肉などを供献することの代替に、なんらかの供献物を奉ったという意味に解釈することが可能かもしれない。もし、そのように解釈することが許されるならば、「(身・命) 召 (形・方) 代 (替) 進 (奉) 上」と記された印旛周辺地域に特有な定型句的な文言を有する多文字墨書土器と同様、犠牲として供献される牛馬の「形 (方) 代」ということになる。

(9) 律令国家による支配の範囲外と考えられる東北地方最北端からも「丈」と記された墨書土器が出土している（青森県青森市野木(1)遺跡、鐘江 二〇〇七）。辺境の地で、墨書・刻書土器の出土が非常に少ない場所からも丈部氏の存在を示唆するような資料が出土していることは、本章で検討の対象とした定型句的な表現を有する多文字墨書土器ばかりでなく、墨書・刻書土器を使用した祭祀様式とその広がりに丈部氏集団が広く深く関与していた可能性すら、あたかも示唆するように感じられなくはない。墨書・刻書土器使用祭祀の担い手の問題は、今後の課題としていきたい。

引用・参考文献

天野　努　一九八四「下総国印旛郡村神郷とその故地」（『千葉県文化財センター研究紀要』10）
同　一九九四a「古代東国村落と集落遺跡」（『千葉県文化財センター研究紀要』16）
同　一九九四b「墨書土器と地名」（『千葉県史研究』2、千葉県）
同　二〇〇一「集落遺跡と墨書土器」（『千葉県の歴史　通史編』古代2、千葉県）
同　二〇〇五「墨書土器からみた古代房総の郷と村と集落・家族」（『千葉県文化財センター研究紀要』24）
同　二〇〇七「人名記載墨書土器からみた古代房総の地域様相点描―下総国印旛・埴生両郡をめぐって―」（『考古学論究―小笠原好彦先生退任記念論集―』真陽社）
荒井秀規　二〇〇三「東国墨書土器研究の新視点」（『駿台史学』117、駿台史学会）
同　二〇〇四「人面墨書土器の使用方法をめぐって」（神奈川地域史研究会編『シンポジウム古代の祈り人面墨書土器からみた東国の祭祀』盤古堂付属考古学研究所）
同　二〇〇五「神に捧げられた土器」（栄原永遠男編『文字と古代日本4　神仏と文字』吉川弘文館）
岡田精司　一九九二「神と神まつり」（石野博信編『古墳時代の研究12　古墳の造られた時代』雄山閣）

大竹憲治 一九八五「関東地方出土の人面墨書土器小考」（『史館』18、史館同人）
同 一九八六「墨書人面土器雑考—古代東北地方の資料を中心に—」（『福島考古』27、福島県考古学会）
神奈川地域史研究会編 二〇〇四『シンポジウム古代の祈り—人面墨書土器からみた東国の祭祀—』盤古堂付属考古学研究所
同 二〇〇五「シンポジウム古代の祈り—人面墨書土器からみた東国の祭祀討論要旨」（『神奈川地域史研究』23 神奈川地域史研究会）
鐘江宏之 二〇〇二「木簡・呪符・人形」（『陰陽道の講義』嵯峨野書院）
同 二〇〇七『地中から出土した文字』山川出版社
金子裕之 一九八五「平城京と祭場」（『国立歴史民俗博物館研究報告』7、国立歴史民俗博物館）
同 一九九一「律令期祭祀遺物集成」（菊池康明編『律令制祭祀論考』塙書房）
同 二〇〇〇「考古学からみた律令的都城祭祀の成立」（『考古学研究』47-2、考古学研究会）
川尻秋生 二〇〇三『古代東国史の基礎的研究』吉川弘文館
桐原 健 二〇〇六「齋瓶を齋ひ掘り据ゑ」（『古代文化』58、古代学協会）
栗田則久 二〇〇七「上総国・下総国における開発—印旛沼西岸・九十九里南部地域の様相—」（『古代文化』59、古代学協会）
郷堀英司 二〇〇三「東国集落と墨書土器」（奈良文化財研究所編『古代官衙・集落と墨書土器』）
佐伯有清 一九八〇『新撰姓氏録の研究 考証篇第二』吉川弘文館
同 一九八五「丈部氏および丈部の基礎的研究」（同編『日本古代史論考』吉川弘文館）
佐々木虔一 一九八五「文献からみた印波国造」（『房総風土記の丘年報』8、千葉県立房総風土記の丘）
笹生 衛 一九八六「奈良・平安時代における疫神観の諸相—杯（皿）形人面墨書土器とその祭祀—」（二十二社研究会編『平安時代の人社と祭祀』国書刊行会、のち同『村落と村景観の考古学』弘文堂に収録）
同 二〇〇五『村落と村景観の考古学』弘文堂。
杉山晋作 一九九五「古代印波の分割」（『王朝の考古学—大川清博士古稀記念論文集—』雄山閣出版）
鈴木敏中 二〇〇四「遠江・駿河・伊豆の人面墨書土器—箱根田遺跡を中心として—」（神奈川地域史研究会編『シンポジウム古代の祈り 人面墨書土器からみた東国の祭祀』盤古堂付属考古学研究所）

須田　勉　二〇〇六「村落寺院の構造と信仰」（国士舘大学考古学会編『古代の信仰と社会』六一書房）

関　和彦　一九九六『出雲国風土記とその世界』日本放送出版協会

同　二〇〇四「神と『面形』墨書土器」（神奈川地域史研究会編『シンポジウム古代の祈り 人面墨書土器からみた東国の祭祀』盤古堂付属考古学研究所）

関　秀夫　一九八五『経塚遺文』東京堂出版

高島英之　二〇〇〇a「墨書土器村落祭祀論序説」（『日本考古学』9、日本考古学協会）

同　二〇〇〇b『古代出土文字資料の研究』東京堂出版

同　二〇〇一「書評：平川南著『墨書土器の研究』」（『日本史研究』472、日本史研究会、のち『古代東国地域史と出土文字資料』東京堂出版、二〇〇五年に収録）

同　二〇〇五「関東地方集落遺跡出土人面墨書土器の再検討」（吉村武彦編『律令制国家と古代社会』塙書房、のち『古代東国地域史と出土文字資料』東京堂出版、二〇〇六年に収録）

同　二〇〇六「仏面・人面墨書土器からみた古代在地社会における信仰形態の一様相」（国士舘大学考古学会編『古代の信仰と社会』六一書房）

高橋陽一　二〇〇四「関東地方出土の人面及び多文字墨書土器について」（『立正考古』41、立正大学考古学研究会）

辻　史郎　一九九九「『意布郷久須波良部』の墨書土器」（『日本歴史』615、日本歴史学会）

同　二〇〇三「我孫子市別当地遺跡出土の『丈部』墨書土器」（『史館』32、史館同人）

平川　南　一九九〇「庄作遺跡出土の墨書土器」（『小原子遺跡群』小原子遺跡調査会）

同　一九九一a「墨書人面土器と文字」（『藤沢市史研究』24、藤沢市文書館運営委員会）

同　一九九一b「墨書土器とその字形」（『国立歴史民俗博物館研究報告』35、のち同『墨書土器の研究』吉川弘文館、二〇〇〇年に収録）

同　一九九六「古代人の死と墨書土器」（『国立歴史民俗博物館研究報告』68、のち同『墨書土器の研究』吉川弘文館、二〇〇〇年に収録）

同　二〇〇四「中世都市鎌倉以前」（『国立歴史民俗博物館研究報告』118、国立歴史民俗博物館）

同　二〇〇五ａ「人面墨書土器と海上の道」（『神奈川地域史研究』23、神奈川地域史研究会）
同　二〇〇五ｂ「袖ヶ浦市上大城遺跡出土の墨書土器」（印旛郡市文化財センター編『上大城遺跡』Ⅱ）
平川　南・栗田則久　一九八六「佐原市吉原山王遺跡出土の墨書土器」（『考古学雑誌』71-3　日本考古学会）
平川　南・佐々田悠　二〇〇五「千葉県印西市西根遺跡出土の多文字墨書土器」（千葉県文化財センター編『印西市西根遺跡』）
同　二〇〇六「角田台遺跡出土の多文字墨書土器」（千葉県教育振興財団編『本埜村角田台遺跡（弥生時代以降）』）
平川　南・三上喜孝　二〇〇一「第七章　文字資料」（いわき市教育文化事業団編『荒田目条里遺跡』）
増尾伸一郎　二〇〇五「墨書土器に見る信仰と習俗」（八千代市遺跡調査会編『上谷遺跡』第5分冊）
松尾昌彦　一九九四「『厨』銘墨書土器考―松戸市坂花遺跡出土例をめぐって―」（『松戸市立博物館紀要』1）
松村恵司　一九九三「古代集落と墨書土器」（『駿台史学会第二回日本古代史シンポジウム律令国家の成立と東国』駿台史学会）
同　一九九六「古代集落と在地社会」（佐藤　信・五味文彦編『土地と在地の世界をさぐる―古代から中世へ―』山川出版社）
三上喜孝　二〇〇二「墨書土器研究の新視点―文献史学の立場から―」（『国文學』47-4、學燈社）
同　二〇〇三「文献史学からみた墨書土器の機能と役割」（奈良文化財研究所編『古代官衙・集落と墨書土器―墨書土器の機能と性格をめぐって―』）
同　二〇〇四「墨書土器研究の可能性」（『山形大学人文学部研究年報』1）
同　二〇〇五「古代地域社会における祭祀・儀礼と人名」（第71回日本考古学協会総会国士舘大学実行委員会編『古代の信仰を考える』）
水野正好　一九七八「まじないの考古学・事始」（『どるめん』18）
同　一九八五「招福除災―その考古学―」（『国立歴史民俗博物館研究報告』7、国立歴史民俗博物館）
三宅和朗　一九九五『古代国家の神祇と祭祀』吉川弘文館
同　二〇〇四「律令期祭祀遺物の再検討」（三田古代史研究会編『政治と宗教の古代史』慶應義塾大学出版会）
山形県埋蔵文化財センター編　一九九二『山海窯跡群第二次山楯7・8遺跡発掘調査報告書』

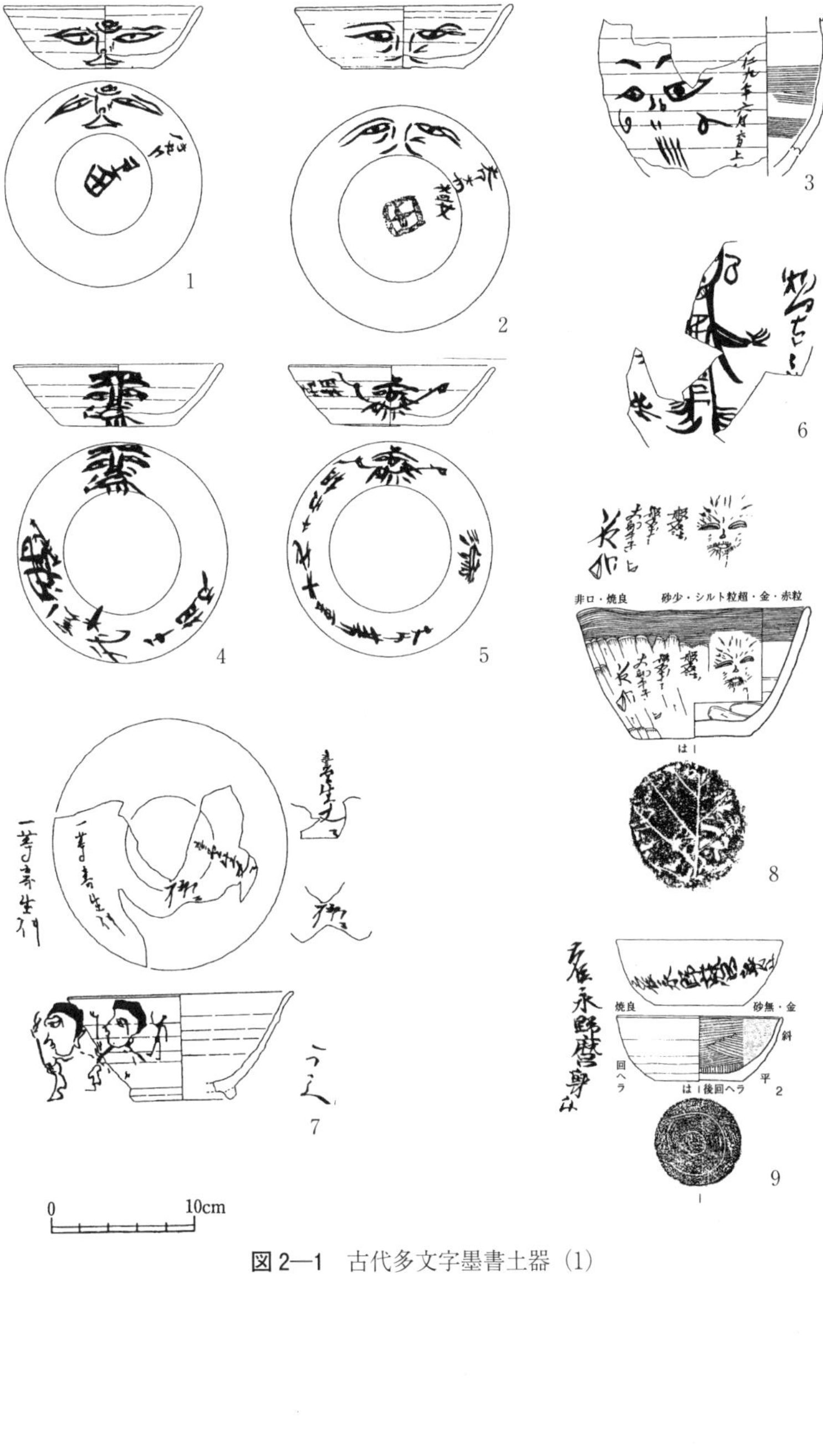

図 2—1　古代多文字墨書土器（1）

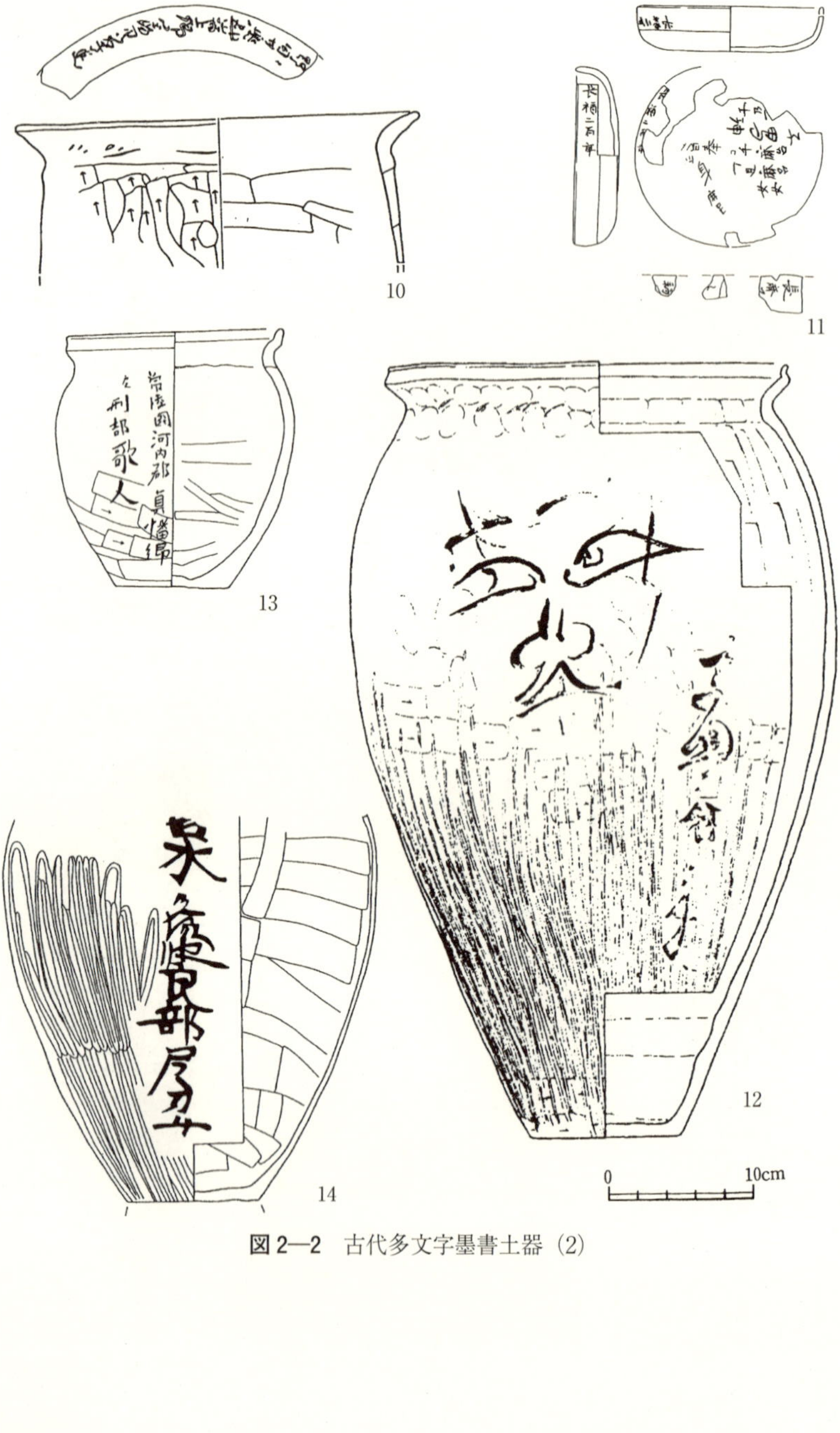

図 2—2　古代多文字墨書土器（2）

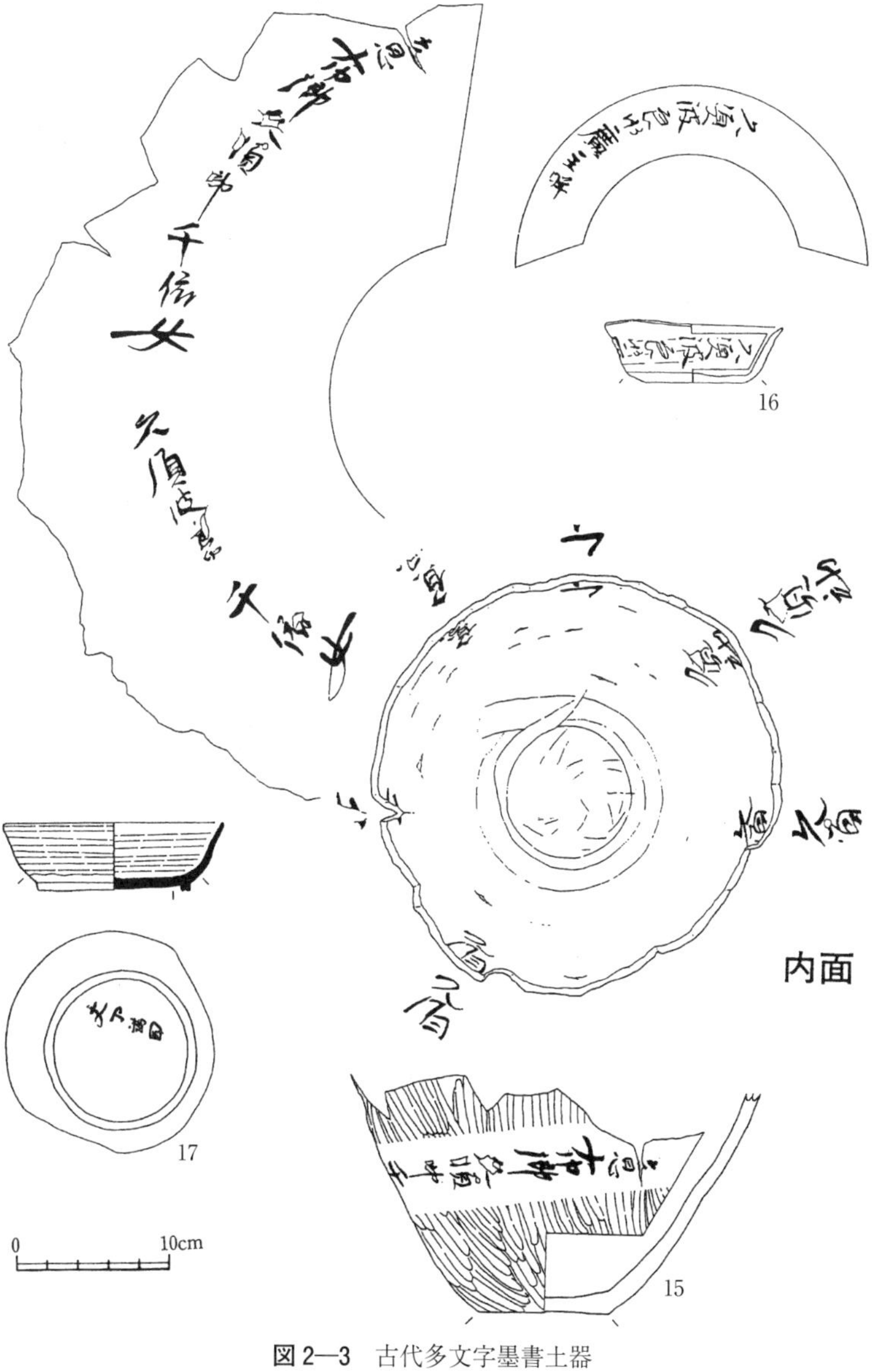

図 2―3　古代多文字墨書土器

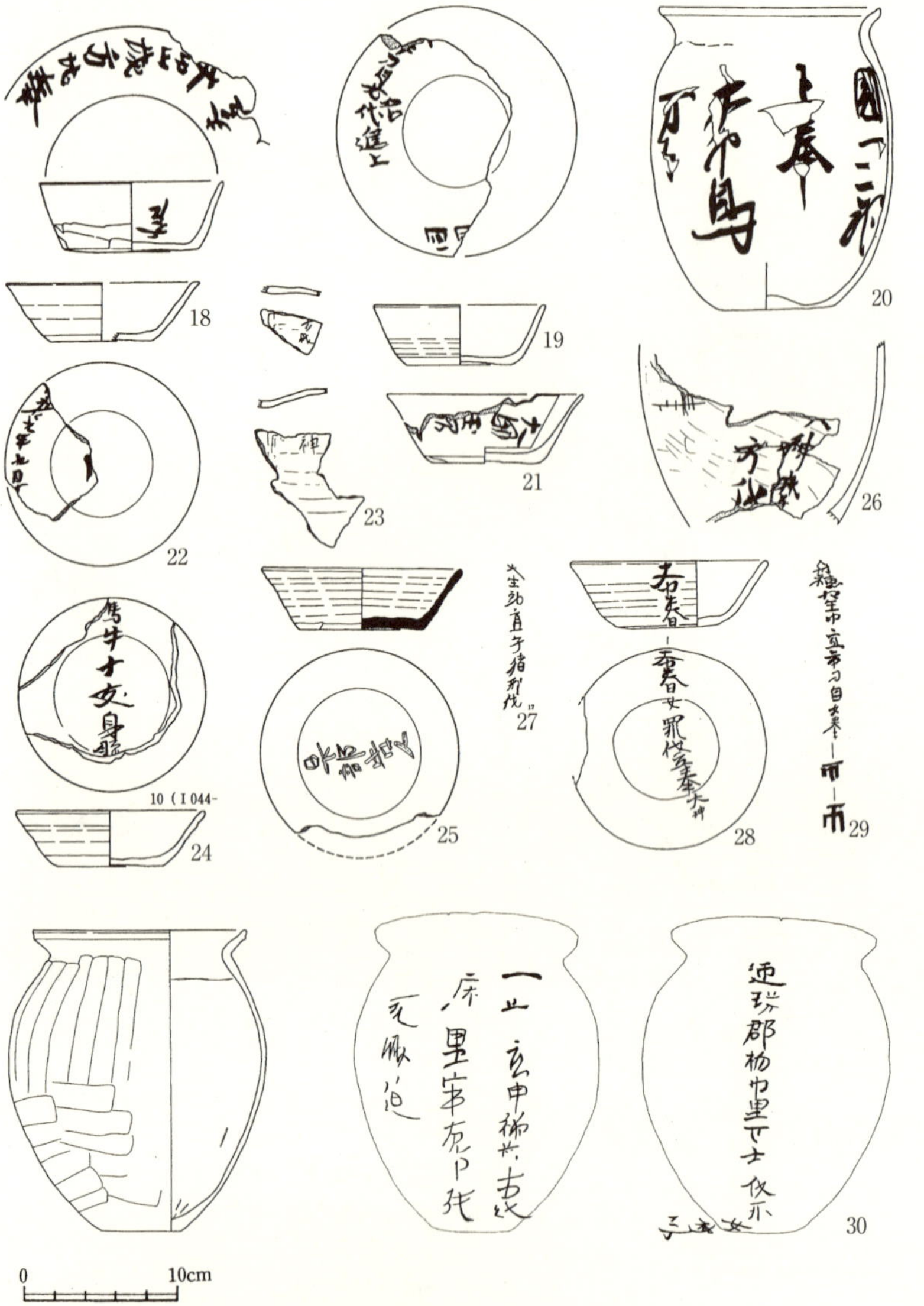

図 2—4　古代多文字墨書土器

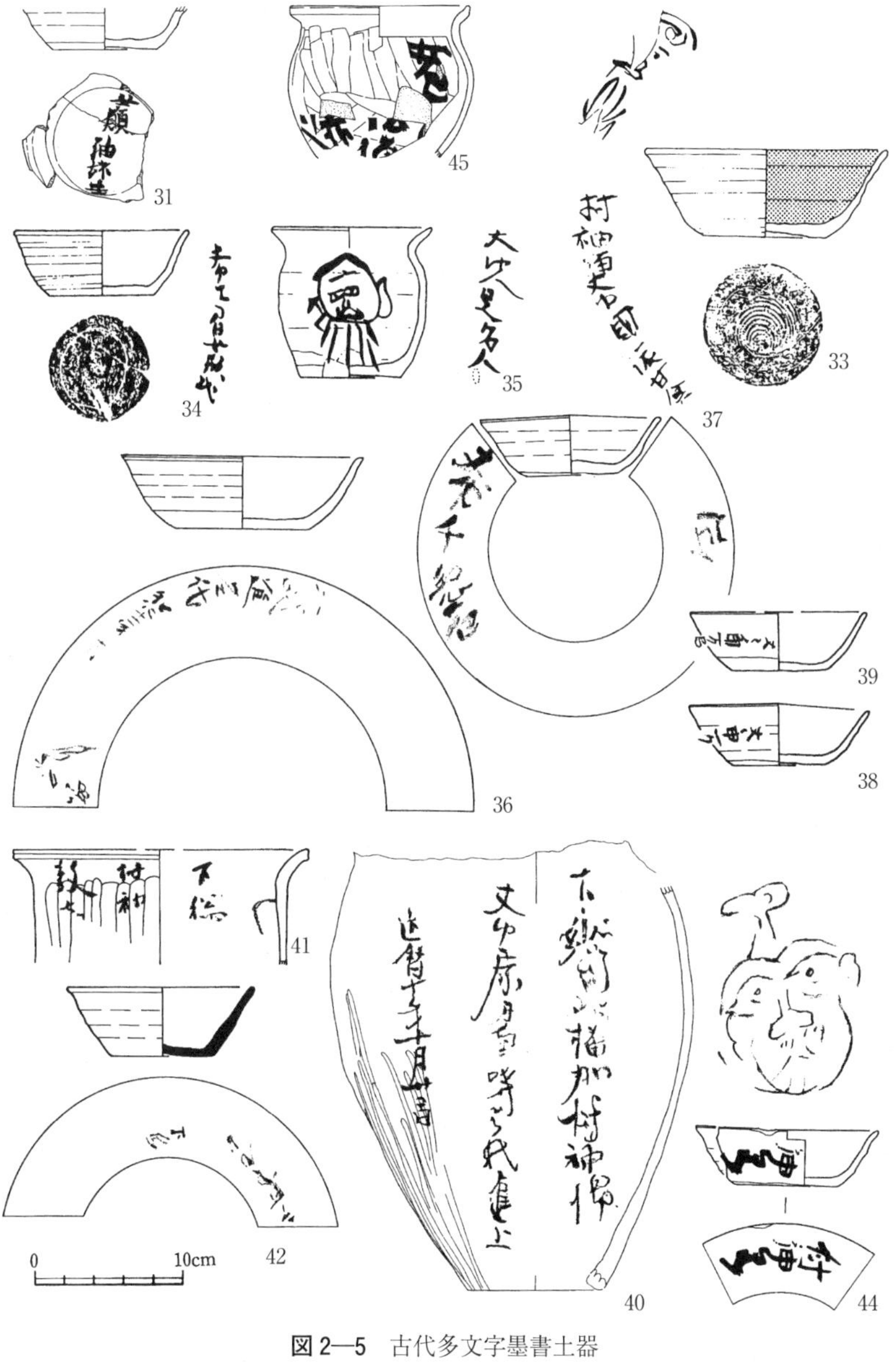

図 2—5　古代多文字墨書土器

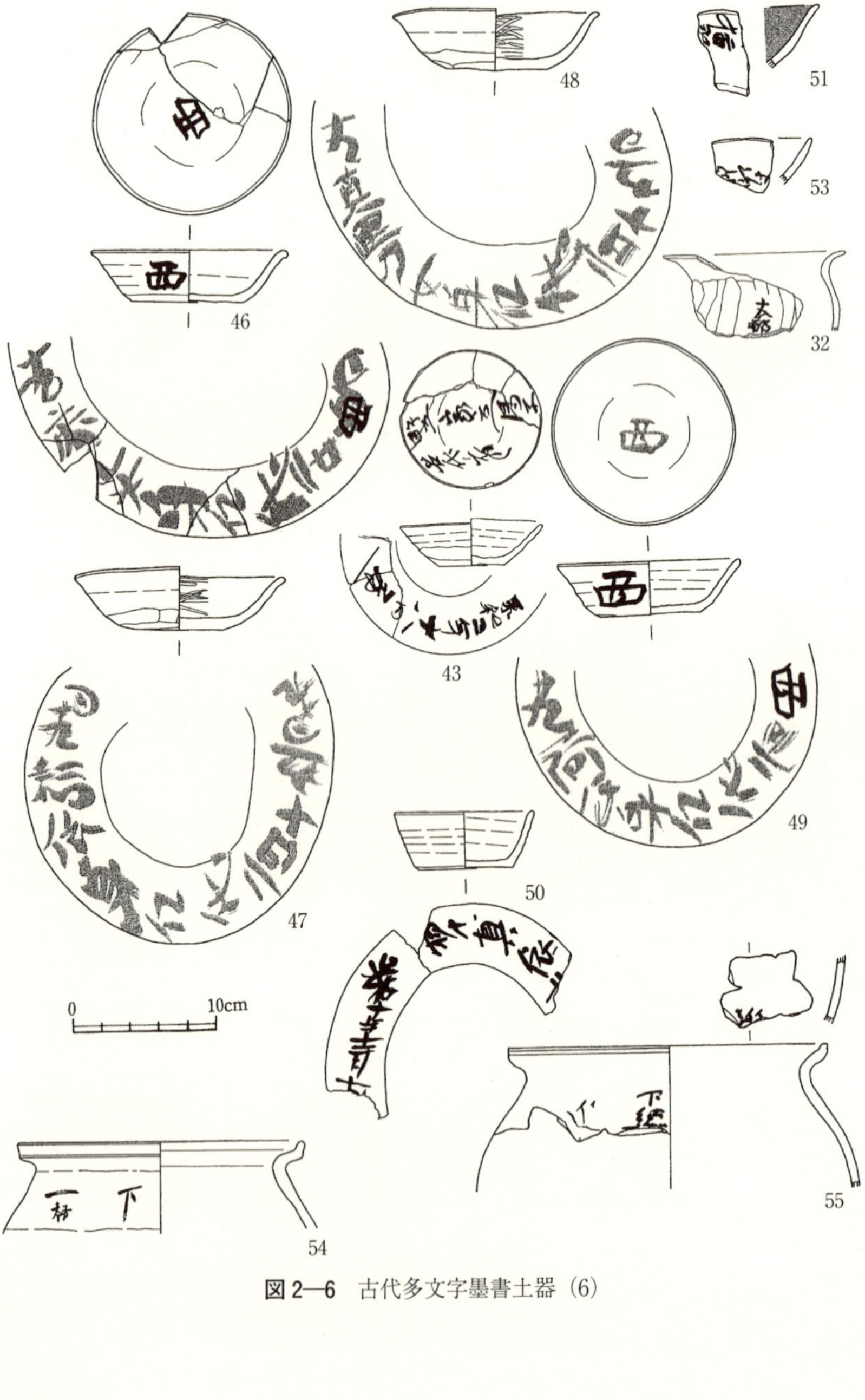

図 2—6　古代多文字墨書土器（6）

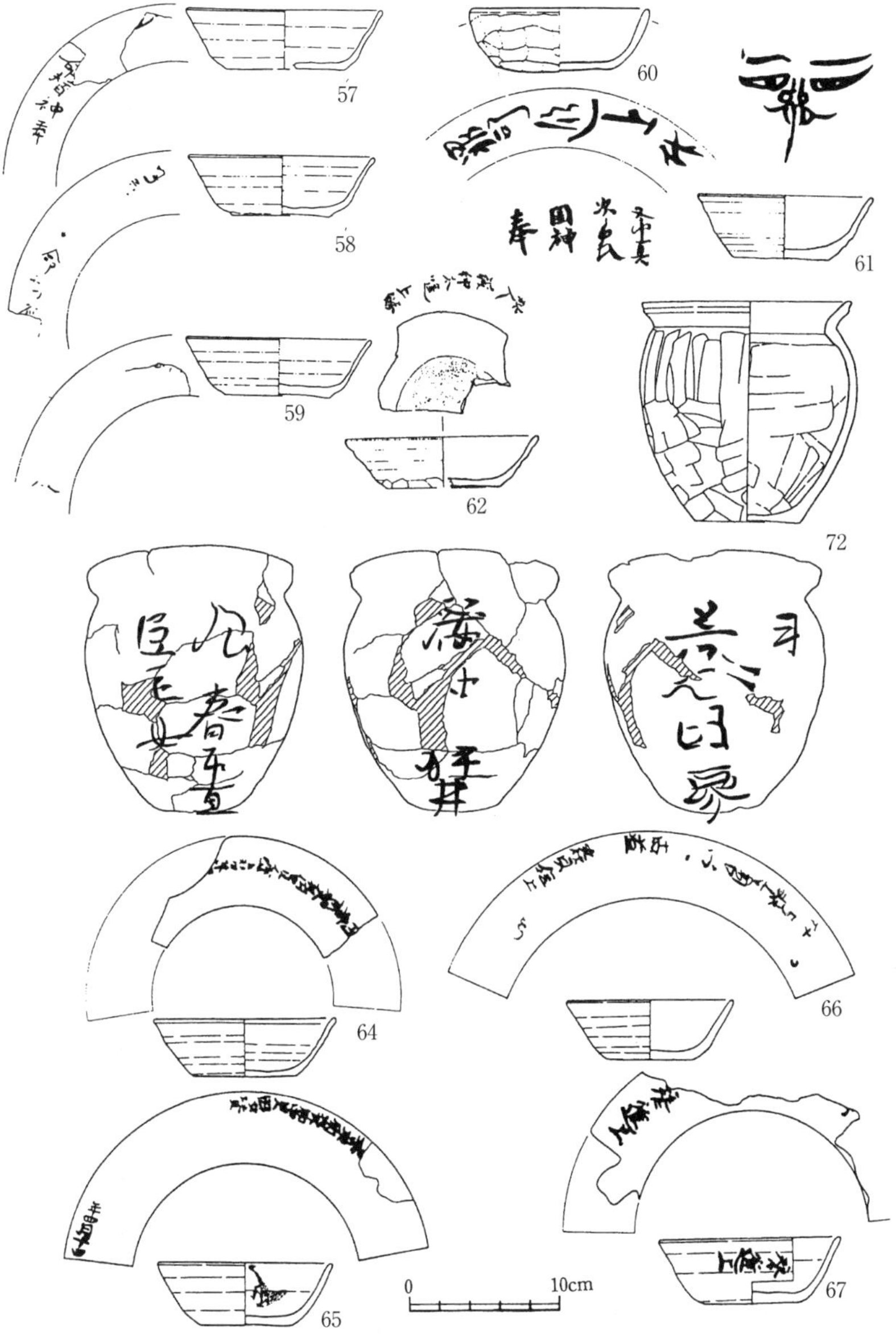

図 2—7　古代多文字墨書土器（7）

図 2—8　古代多文字墨書土器（8）

表2—1　各地出土の多文字墨書土器の例

番号	遺跡名	墨書土器名・部位・方向	釈文	文献
1	宮城県多賀城市市川橋遺跡 （多賀城周辺）	須恵器杯（8C後）体部外面正位～底部外面 底部外面	（人面） 「丈マ□□益女」 「田」	1
2	宮城県多賀城市市川橋遺跡	須恵器杯（9C）体部外面正位～底部外面 底部外面	（人面） 「□□□女」 「田」	1
3	宮城県多賀城市市川橋遺跡	土師器甕（9C前、818年）胴部外面正位	（人面）×弘仁九年六月 六日上×	1
4	宮城県多賀城市山王遺跡 （多賀城周辺）	須恵器杯（9C前）体部外面正位 体部外面横位	（人面）（人面） 「室子女代千相収」	2
5	宮城県多賀城市山王橋遺跡	須恵器杯（9C前）体部外面正位 体部外面横位	（人面）（人面） 「丈マ弟虫女代千相収」	2
6	宮城県多賀城市山王遺跡	土師器甕（9C）胴部外面正位	（人物像、菩薩形ヵ？） ×物マ古□［　×	2
7	山形県山形市今塚遺跡	土師器高台付椀（9C中）底部内面～体部内面倒位 体部内面横位 体部外面正位	×□等書生丈マ× ×佛［　× ×一等書生伴□□」 （横向き人物像2体）	3
8	福島県いわき市 荒田目条里遺跡 （陸奥国磐城郡家関連）	土師器杯（8C後）体部外面正位	（人面） 「磐城× 磐城郷 丈部手子麿 召　代×	4

9	福島県いわき市 荒田目条里遺跡	土師器杯（9C中）体部外面横位	「多臣永野麿身代」	4
10	群馬県富岡市 下高瀬上之原遺跡	土師器甕（8C中～後）口縁部内面 （焼成前刻書）	×□（上カ）野国甘楽郡瀬上郷 戸主物マ名万呂進×	5
11	群馬県高崎市 青梨子上屋敷遺跡	土師器杯（8C後）体部外面横位 底部外面	「長福二百年（則天文字）」 ×長麻呂×　×福× ×□× ×　」千乃「　× 「神男子 日奉□（部カ）千麻呂 身　道麻呂 麻　□女女 呂　」	6
12	茨城県石岡市北の谷遺跡	土師器甕（9C前）胴部外面正位	「（人面）馬飼部麿「　」	7
13	茨城県つくば市中原遺跡	土師器小型甕（9C）胴部外面正位	「常陸国河内郡真幡郷 戸主刑部歌人	8
14	千葉県我孫子市 新木東台遺跡	土師器甕（8C後）胴部外面正位	×泉久須波良部尼刀自女」	9
15	千葉県我孫子市西大作遺跡	土師器甕（9C前）胴部内面倒位 胴部外面横位	「久須部× 久須× 久須× 千カ× 負郷カ× ×意布郷久須部千依女 久須波良部千依女」	10

16	千葉県我孫子市羽黒前遺跡	土師器杯（8C後〜9C前）体部外面横位	「久須波良部廣主口羊」	10
17	千葉県我孫子市別当地遺跡	須恵器高台付椀（8C前）底部外面	「丈マ諸国」	10 11
18	千葉県印西市鳴神山遺跡	土師器杯（9C前）体部外面倒位 体部外面正位 体部外面横位	「丈尼」 「丈尼」 「丈部山城方代奉」	12
19	千葉県印西市鳴神山遺跡	土師器杯（9C前）体部外面横位	「同［　］丈部刀自女召 代進上」	12
20	千葉県印西市鳴神山遺跡	土師器甕（8C後）胴部外面正位	「国玉神 上奉 丈部鳥 万呂」	12
21	千葉県印西市鳴神山遺跡	土師器杯（9C前）体部外面横位	「大国玉罪×	12
22	千葉県印西市鳴神山遺跡	土師器杯（9C前、818年）体部外面横位 底部外面	×　］弘仁九年九月二 十日［　× ×□×	12
23	千葉県印西市鳴神山遺跡	土師器杯（9C前）体部外面横位焼成後刻書	×神×［　］×方代×	12
24	千葉県印西市鳴神山遺跡	土師器杯（9C前）体部外面横位	「馬牛子皮身體×	12
25	千葉県印西市鳴神山遺跡	土師器杯（9C前）底部外面焼成前刻書	「日下部吉人」	12

26	千葉県印西市白井谷奥遺跡	土師器甕(9C前)体部外面正位	×□(大カ)神麻呂× ×方代×	12
27	千葉県印西市西根遺跡	土師器杯(8C後)体部外面横位	「大生部直子猪形代」	13
28	千葉県印西市西根遺跡	土師器杯(9C前)体部外面正位~底部外面	「丈マ春女罪代立奉大神」	13
29	千葉県印西市西根遺跡	土師器杯(9C中)体部外面正位 底部外面 底部内面	「万(異体字)」 「万(異体字)」 「船穂郷生部直弟刀自女奉」	13
30	千葉県本埜村角田台遺跡	土師器甕(9C)体部外面正位	「匝瑳郡物部黒万呂方 □□(代奉カ) 女□□(神奉カ) □□□□□□□□□(公文申御益方代カ) □　□□□□□□□(麻　田部　官万呂方　代カ) □□□(无似道カ)	14
31	千葉県本埜村角田台遺跡	土師器杯(9C)体部外面正位~底部外面	×女願油杯奉×	14
32	千葉県本埜村角田台遺跡	土師器小型甕(9C)胴部外面正位	「丈部×	14
33	千葉県八千代市権現後遺跡	土師器杯(9C前)体部外面横位	「(人面) 村上郷丈部国依甘魚」	15

34	千葉県八千代市北海道遺跡	土師器杯（9C前）体部外面横位	「丈部乙刀自女形代」	16
35	千葉県八千代市白幡前遺跡	土師器杯（8C中）体部外面横位	「（人面） 丈部人足召代」	17
36	千葉県八千代市上谷遺跡	土師器杯（9C前、812年）体部外面横位 底部外面（刻書）	×廣友進召代 弘仁十 二年二月　（人面）× 「田」	18
37	千葉県八千代市上谷遺跡	土師器杯（9C前）体部外面横位	「□　丈部千総石女（召代カ） 進上」	18
38	千葉県八千代市上谷遺跡	土師器杯（9C前）体部外面横位	「丈マ申万」	18
39	千葉県八千代市上谷遺跡	土師器杯（9C前）体部外面横位	「丈マ角万呂」	18
40	千葉県八千代市上谷遺跡	土師器甕（8C末、791年） 胴部外面正位	「（人面） 下総国印播郡村神郷 丈マ廣刀自口羊召代 進上 延暦十年十月二十日	18
41	千葉県八千代市上谷遺跡	土師器甕（9C前）体部外面正位	「下総□× 村神□× □□× □□× （人面）× □×	18
42	千葉県八千代市上谷遺跡	土師器杯（9C前）体部外面横位	×□□□□□　下総国 ×	18

43	千葉県八千代市上谷遺跡	土師器杯（9C前、835年）体部外面横位	「承和二年十八日進　野家立馬子召代進」	18
44	千葉県八千代市上谷遺跡	土師器杯（9C前）体部外面横位	×村神郷［　］召×	18
45	千葉県八千代市上谷遺跡	土師器杯（9C前）体部外面横位	×□神郷□□	18
46	千葉県八千代市上谷遺跡	土師器杯（9C前）底部内面 体部外面正位 体部外面横位	「西」 「西」 「丈マ麻□女身召代二月十五日」	18
47	千葉県八千代市上谷遺跡	土師器杯（9C前）体部外面横位	「丈マ真里刀自女身召代二月十五日」	18
48	千葉県八千代市上谷遺跡	土師器杯（9C前）底部内面 体部外面正位 体部外面横位	「西」 「西」 「丈マ阿□□身召代二月」	18
49	千葉県八千代市上谷遺跡	土師器杯（9C前）体部外面横位	「丈マ稲依身召代二月十五日」	18
50	千葉県八千代市上谷遺跡	土師器杯（8C末、791年）体部外面横位	「延暦十年十一月七［×物マ真依［　×	18
51	千葉県八千代市上谷遺跡	土師器杯（9C前）体部外面横位	×□旛郡ヵ×	18
52	千葉県八千代市上谷遺跡	土師器杯（9C前）体部外面横位	×村神郷　召×	18
53	千葉県八千代市上谷遺跡	土師器杯（9C前）体部外面横位	×村神郷丈×	18

54	千葉県八千代市上谷遺跡	土師器甕(9C前)胴部外面正位	「下〔 □〔 」	18
55	千葉県八千代市上谷遺跡	土師器甕(9C前)胴部外面正位	(人面) 「下総× 進× ×延×	18
56	千葉県四街道市南作遺跡	土師器杯(9C)体部外面横位	×山梨郷□〔　×	19
57	千葉県酒々井町 長勝寺脇館遺跡	土師器杯(9C前)体部外面横位	×□□□□□命替神 奉」	20
58	千葉県酒々井町 長勝寺脇館遺跡	土師器杯(9C前)体部外面横位	×□□□□□命替神奉 ×	20
59	千葉県酒々井町 長勝寺脇館遺跡	土師器杯(9C前)体部外面横位	×□□□□□□□□奉 ×	20
60	千葉県富里市久能高野遺跡	土師器杯(9C前)体部外面横位	「罪司進上代」	21
61	千葉県芝山町庄作遺跡	土師器杯(9C前)底部内面体部外面正位	(人面) 「丈部真 次召代 国神 奉」	22
62	千葉県芝山町庄作遺跡	土師器杯(9C前)体部外面横位	「上総□(国カ)・・・・・(某郡某郷戸主〔　〕)秋 人歳神奉進」	22
63	千葉県多古町信濃台遺跡	土師器杯(9C)底部外面	×下総国匝瑳郡 玉作郷　」	23
64	千葉県香取市吉原三王遺跡	土師器杯(9C前)体部外面横位	×□香取郡大杯郷中臣 人成女之替　承□×	24

65	千葉県香取市吉原三王遺跡	土師器杯（9C前）体部外面横位	×□香取郡大杯郷中臣 人成女之替　承□□□ 四月十日」	24
66	千葉県香取市吉原三王遺跡	土師器杯（9C前）体部外面横位	×□□□□道女替進 上」	24
67	千葉県香取市吉原三王遺跡	土師器杯（9C中）体部外面横位	×□替進上×	24
68	千葉県香取市吉原三王遺跡	土師器杯（9C中）体部外面横位	（真） ×□髪部伊加万附進上 ×	24
69	千葉県成田市大袋腰巻遺跡	土師器杯（8C前～中）底部外面	「丈部直浄成」	25
70	千葉県市川市下総国分寺跡	土師器高台付皿（9C後）体部 外面正位 底部外面	「馬」「牛（牛の顔墨画）」 「判」「荷酒」「判」「□人 足馬荷」「杼杼」「遊女 杼」「荷酒」 「井上」	26
71	千葉県市原市稲荷台遺跡 （上総国府周辺）	土師器皿（9C後、875年）体部 外面正位 体部外面正位～底部外面 体部内面～底部外面	「謹以」「〔　〕」「謹□上」 ×水」「〔　〕」 「了」「〔　〕」×酒」「宜 名」「水鳥」×□」 ×〔　〕」 「貞観十七年十一月二 十四日」 「月月月月月月月月 月ヵ×（方向不定）	27

72	千葉県袖ヶ浦市上大城遺跡	土師器小型甕（9C前）胴部外面正位	（人面） 「司 □(益カ)□家 海□(上カ)×狭井 郷春部直 臣主女　」	28
73	千葉県富津市狐塚遺跡	土師器杯（8C後）体部内面正位9箇所 底部内面	「申□立」 「三上マ形［　］ 大生町万呂 大生マ［　　］」	29
74	神奈川県藤沢市 南鍛冶山遺跡	土師器瓶（9C前）体部外面正位	（人面） 「相模国大住郡三宅郷 ×	30
75	山梨県甲府市大坪遺跡	土師器皿（9C前）底部内面焼成前刻書	「甲斐国山梨郡表門×	31
76	長野県佐久市聖原遺跡	土師器仏鉢体部外面正位焼成後暗文様刻書 体部外面正位焼成後刻書 底部内面焼成後暗文様刻書	「甲斐国山梨郡大野郷 戸□ 乙作八千 此後与佛成為 八千作願 □三□ □□□□」 「□為」 「佛」	32
77	静岡県三島市箱根田遺跡 （伊豆国田方郡家関連）	土師器小型甕（9C前）体部外面正位	「刀自女身代」	33

78	静岡県三島市箱根田遺跡	土師器小型甕（9C前）体部外面正位	「新刀自女身代　」	33
79	静岡県三島市桶田遺跡	土師器杯（10C前）体部外面横位	「安長勾継申」	34
80	静岡県浜松市伊場遺跡	土師器杯（8C後）底部内面	（人面）「海マ粂子女形□×」	35
81（参考）	埼玉県本庄市南大通線内遺跡	蛇紋岩製紡錘車（9C前）上面	「武蔵国児玉郡草田郷戸主太田マ身万呂」	36
82（参考）	千葉県大網白里町南麦台遺跡	石製紡錘車（7C？）上面	「下総国千葉郡千葉郷」	37

（文献）

1　宮城県教育委員会編『市川橋遺跡の調査』二〇〇一
2　宮城県教育委員会編『山王遺跡』Ⅲ　一九九六
3　山形県埋蔵文化財調査センター編『今塚発掘調査報告書』一九九四
4　いわき市教育文化財団編『荒田目条里遺跡出土木簡略報』一九九六
5　群馬県埋蔵文化財調査事業団編『下高瀬上之原遺跡』一九九四
6　群馬県埋蔵文化財調査事業団編『青梨上屋敷遺跡・金古北十三町遺跡2』二〇〇三
7　吉澤悟「茨城県石岡市北の谷遺跡出土の人面墨書土器の検討」（『筑波大学先史学・考古学研究』一〇　一九九九）
8　茨城県教育財団編『中原遺跡』1〜3　二〇〇〇〜二〇〇一
9　石田守一「新木東台遺跡」（『千葉県の歴史　資料編　考古3　奈良・平安時代』一九九八）
10　辻史郎「『意布郷久須波良部』の墨書土器」（『日本歴史』六一五　一九九九）、同「我孫子市別当地遺跡出土の『丈部』墨書土器」（『史館』三二　二〇〇三）

11　我孫子市教育委員会編『別当地遺跡』二〇〇〇
12　千葉県文化財センター編『印西市鳴神山遺跡・白井谷奥遺跡』一九九九、同『印西市鳴神山遺跡Ⅲ・白井谷奥遺跡』Ⅲ　二〇〇〇
13　千葉県文化財センター編『印西市西根遺跡』二〇〇五
14　千葉県教育振興財団編『本埜村角田台遺跡（弥生時代以降）』二〇〇六
15　千葉県文化財センター編『八千代市権現後遺跡』一九八四
16　千葉県文化財センター編『八千代市北海道遺跡』一九八五
17　千葉県文化財センター編『八千代市白幡前遺跡』一九九一
18　八千代市遺跡調査会編『上谷遺跡』第1分冊～第5分冊　二〇〇一～二〇〇五
19　印旛郡市文化財センター編『南作遺跡』二〇〇七
20　印旛郡市文化財センター編『長勝寺脇館跡』一九九〇
21　印旛郡市文化財センター編『久能高野遺跡』一九八八
22　小原子遺跡群調査会編『小原子遺跡群』一九九〇
23　香取郡市文化財センター編『事業報告』Ⅳ　一九九五
24　千葉県文化財センター編『佐原市吉原三王遺跡』一九九〇
25　印旛郡市文化財センター『千葉県成田市大袋腰巻遺跡（第11次）』一九九八
26　市川市教育委員会編『下総国分寺跡発掘調査報告書』一九九四
27　君津郡市文化財センター編『千葉県袖ヶ浦市上大城遺跡』Ⅱ　二〇〇五
28　市原市文化財センター編『市原市稲荷台遺跡』二〇〇三
29　君津郡市文化財センター編『千葉県富津市狐塚遺跡発掘調査報告書』一九九五
30　藤沢市教育委員会編『南鍛冶山遺跡発掘調査報告書　第4巻　墨書・刻書資料』一九九七
31　甲府市教育委員会編『大坪遺跡』一九八四
32　佐久市教育委員会編『聖原』第2・5分冊　二〇〇三～二〇〇五

33　三島市教育委員会編『静岡県三島市箱根田遺跡』二〇〇三
34　三島市教育委員会編『桶田遺跡』一九九三
35　静岡県史編纂室編『静岡県史　資料編　4　古代』一九九三
36　本庄市教育委員会編『南大通り線内遺跡発掘調査報告書』一九八七
37　山武郡市文化財センター編『南麦台遺跡』一九九四

第三章　郡名記載墨書・刻書土器小考

はじめに—問題の所在と分析視角の設定—

墨書・刻書土器が、数少ない古代文字資料のなかで、新出の文字としてつとに注目されていることは周知の通りである。近年の研究により、その多くは村落内での祭祀や儀礼に当たって用いられたものであることが明確になってきた。これは、全国各地の遺跡から出土する膨大な量の墨書・刻書土器の文字にある程度の共通性が認められることや、特定の種類の文字や特殊な字形が頻繁に使用されていること、あるいは一遺跡における墨書・刻書土器の出土量が一〇〇〇点を越える例すらあるにもかかわらず、いかなる遺跡においても墨書・刻書土器の比率は、その遺跡から出土した土器全体の僅か数％程度にしか過ぎないこと、また、文字を記入するに当たって、特殊な材質・作り、もしくは器形の土器を意識的に選択した様子がないこと、などの特色から導き出された結果である（平川 二〇〇〇c・松村 一九九三a・b）。土器に文字を記入する行為とは、日常什器とは異なる非日常の標識を施すことであり、祭祀に用いる土器を日常什器と区別し、疫神・祟り神・悪霊・鬼等を含んだ意味においての神・仏に属する器であることを明記するためのものといえよう。

奈良・平安時代の集落遺跡出土の墨書・刻書土器は、とりわけ関東地方における出土例が非常に多い。これはその地域においてただ単に、発掘調査の件数が抜きん出て多いからという理由だけではなく、当該期の東国村落の特質である。それらは、一文字だけが記されたものがほとんどなので、文字の意味はいかようにも解釈できるものが多い。また、早く、八世紀初頭のものもあるが、村落内で本格的に広まっていくのは九世紀になってからである。九世紀から一〇世紀にかけて飛躍的展開を遂げ、早くも一〇世紀の内に急速に減少していってしまう。その一方、東海地方では、中世でもなお、土器に墨書することが行われ続けている様子が判明している。

墨書・刻書土器の使われ方は、それぞれの土器に文字を記した人びととそれぞれが果たしていた当時の社会的な役割と密接に関わるのだから、墨書・刻書土器がどのような使われ方をしたのかということを解き明かすことが、当時の社会のしくみやあり方を解明することにつながるわけである。つまり、それぞれの墨書・刻書土器の用途や機能を解明することによって、そうした人的関係の背後にある律令官司制のシステムや、村落構造を明らかにすることが可能であり、さらにはそのような諸関係の総体としての古代社会像の解明につながっていくのである。本章では、そうした各種多様な墨書・刻書土器のなかから、最近、群馬県内でも出土が相次いでいる郡名記載の墨書・刻書土器をとりあげて、それらの出土状況や、土器に郡名が記載される意味について検討を加えたい。

郡名が記載された墨書・刻書土器は、静岡県内の郡家遺跡からの出土がとくに顕著であるが、全国各地から出土しており、郡家や、郡家の出先機関などの存在、さらには郡家の構造や機能などを類推する上での手がかりとなっている。しかしながら、近年では、郡家やその関連の官衙あるいは施設、郡司層豪族の居宅などとは明らかに考えにくい場所から単独で郡名が記された土器が出土する事例も少なくなく、さしたる遺構が検出されていないケースにおいても、郡名が記された墨書・刻書土器が出土することによって、その場所が郡関係の官衙の出先機関や、郡関係の施設と解釈されるような、記載された郡名が一人歩きして遺跡の解釈を歪めてしまうようなケースさえ存在している。こうした弊害を少なくするためにも、その種の遺物を総体的に取り扱うことによって、それらの史料的特質を明確にすることが急務である。

本県では、これまでその種の資料の出土はあまり多くはなかったが、ここ数年の間に相次いで古代の郡名が記された墨書・刻書土器の出土が報じられるようになってきた。こうした類例を、本県外から出土した資料と比較しながら、郡名記載墨書・刻書土器の類型化を行い、資料的特性や歴史的意義について解明していきたい。

土器に郡名が記載されたことの意味やその背景を考えることで、古代在地社会における祭祀・儀礼行為の一端や、支配の拠点たる地方官衙と村落社会との関係などの一端を解明する手がかりが得られればと考える。

なお、以下では、郡名記載墨書・刻書土器のことを総称して郡名記載土器という用語を用いることにする。

一　郡名記載土器集成上の問題点と限界

執筆に当たって、青森県から新潟・長野・山梨・静岡の範囲で郡名記載土器を収集した。

従来、宮都を含む官衙遺跡から出土する国郡名等記載土器では、杯・皿・椀型の土器なら底部外面に、蓋型の土器なら蓋の内面に記されたものが圧倒的に多いといわれてきた（山口 一九九一ほか）。今回の集成でもその指摘を裏付けるように、そうした傾向は比較的顕著であった。ただ、郡名記載土器の四割以上を占める静岡県の郡家ないしその関連遺跡から出土した資料に、その傾向がとくに顕著であるためという要素も存在している。静岡県以外の資料では、底部外面ないし蓋内面への文字の記入が極端に集中しているという程ではなく、おおむねの傾向というに止まる範囲である。

とりあえず東日本地域に集成と検討を限定したのは、当該地域が、集落遺跡における墨書・刻書土器の出土事例が全国的にも抜きん出て多いことの半面、集落の対極に当たる官衙から出土した墨書・刻書土器ではいかなる展開であるかを、集落遺跡出土のそれらとの比較検討のなかで位置付けることが可能であり、かつ効果的であると考えたからである。集成に当たっては、当該遺跡所在および隣接・近接の郡名を構成する文字を一文字のみ記載した資料についても収録した。また、郡名と同じ名の郷が郡内に所在する例は全国的に多いが、それらの名称ないしその一部を記載した資料についても、すべて郡名が記された可能性を有する資料として検討の対象とした。

国郡里名は、周知の通り和銅六年（七一三）五月二日に出された詔によって「好字」が付けられた。この好字は、集落遺跡から一般的に出土する一文字のみ記載する墨書・刻書土器の大多数に記される所謂「吉祥的文字」とも共通するわけであり、例え郡家所在ないし隣接・近接郷からの出土とはいえ、一文字のみ記載されたものでは、郡名の一部なのか、郡名と共通する文字ではあるが、郡名ではなく郡名と同じ郷名なのか、あるいはさらに、ただ単に吉祥語を記載したものであるのか、分別は付きにくいところであるが、それらについても、その可能性を承知した上で、あえて集成に含めている。

また、郡名となった地名を負う在地豪族の氏名《うじな》として記された可能性も存在しないではない。それもあえて承知の上で取り上げている。そういった意味では、今回の集成は、かなり正確さに欠けるきらいはある。

二　東日本における郡名記載土器の出土傾向

東日本から出土した郡名ないしその一部が記載された土器は、岩手、宮城、秋田、福島、新潟、茨城、栃木、群馬、埼玉、東京、神奈川、千葉、山梨、静岡の一四都県から出土している。関東地方では出土遺跡数が多いが、東北地方や静岡県では、特定の官衙遺跡に郡名記載土器の出土が集中しているため出土した郡名記載土器の点数は多いものの、出土遺跡数では却って少なくみえる。

出土した全一二五遺跡のうち一〇〇遺跡が官衙・寺院ないしその周辺関連遺跡であり、この点は、郡名記載土器の出土状況としてはある意味当然の結果ともいえる。

東北地方では、ほぼ城柵官衙ないしその周辺関連遺跡からの出土に限られている。関東地方でも官衙ないしその周辺関連遺跡が多いが、唯一、千葉県では必ずしも官衙ないしその周辺遺跡からの出土とは限らないようである。よく知られているように、千葉県は古代の墨書土器の出土が抜きん出て多い地域であり（明治大学古代学研究所墨書土器データベース）、二万一〇五〇点の墨書土器が出土している。ちなみに宮城県約七五〇〇点、関東および周辺各県では、栃木県で二四四七点、群馬県で四六八七点、茨城県で一〇五八点、埼玉県で五〇五四点、東京都で四五〇三点、神奈川県で五五三六点、新潟県で四一二六点、山梨県で五〇六七点の墨書土器が出土しており、千葉県からの出土が抜きん出て多いことが知られるが、郡名記載土器に限っては、墨書・刻書土器の県ごとの出土総数の多寡とは余り関わりがないようである。

静岡県では、郡名記載土器は三七八点あって、東日本出土郡名記載土器の四三％を占めているが、現在までのところそれらの出土遺跡は一〇〇％官衙およびその関連遺跡に限られている。

三　東日本出土郡名記載土器の書式の傾向

静岡県内出土の郡名記載土器に関しては、郡名をフルで記した上に、官職名（「大・少領」・「主帳」・「主」など）や部署名（「厨」・「曹」など）の全部ないし一部や、「一」・「二」などの数を附したものがほとんどである。

静岡県内出土の郡名記載土器の分量が圧倒的に多いため、これまではあたかもそれらが郡名記載土器の書式の標準的なスタイルであるかのように理解されがちであったが、東日本全体の出土例からみると、郡名ないしその一部を示す文字にせいぜい部署名を示す「厨」あるいは「曹（司）」の文字が付される程度で、一般的には郡名ないしその一部の文字のみが記されたものが主流である。ただ、静岡県内の官衙遺跡から出土した郡名記載土器の分量が圧倒的であるため、単に点数のみをカウントすれば、静岡県内で出土したような書式のものが全国的にも圧倒的に多いようにみえてしまうわけである。

郡名の下に部署名が附されるものでは、「厨」が圧倒的に多く、全国各地から出土している。厨家は土器等食器類の保管元の部署であり、食器である土器に記された部署名として「厨」が多いのはある意味当然のことといえようが、それ以外の部署名で、例えば「曹」が付されるのは、現在までのところ、陸奥国安積郡家跡福島県郡山市清水台遺跡から出土した資料四点に限られており（郡山市教育委員会 一九七五・一九七六、郡山市埋蔵文化財事業団 一九九二）、他には神奈川県海老名市大谷向原遺跡から出土した「高坐官」と記された土器がある程度である（大谷向原遺跡発掘調査団 一九九二）。

「高坐官」の「官」の文字を「ミヤケ」と訓じれば、「タカクラノミヤケ」となり、高座郡家をのものを指すことになる。また「館」の字の省画とも解釈可能であり、そうであるならば「高坐館」という意味になり、郡家を構成する施設群のうちの宿泊・交通支援機能を有した「館」を意味するということになる。

同じ静岡県内の郡家遺跡であっても、駿河国益頭郡家跡藤枝市郡遺跡から出土した郡名記載墨書土器では郡名「益頭」の一文字「益」+「厨」という記載ばかりであるが（藤枝市教育委員会 一九八六）、同じく駿河国の志太郡家跡藤枝市秋合・御子ヶ谷両遺跡から出土した同種資料では（藤枝市教育委員会 一九八一）、同様に、郡名の一文字+「厨」で「志厨」と記されたものと、「志太」郡の郡名フルネームに「厨」の文字が加えられた「志太厨」の三文字が記された資料の双方がともに出土している。志太郡家跡では、現在のところ、郡名「志太」の「志」の一文字+厨の「志厨」

と記載されたものが一三点、「志太厨」と記載されたものが一三点と、郡名の一文字＋「厨」を記したものが多い。

また、遠江国引佐郡津跡と考えられている静岡県浜松市井通遺跡からは引佐郡の郡名記載墨書土器が二〇九点出土し、一遺跡から出土した郡名記載土器数の最多であるが（静岡県埋蔵文化財調査研究所　二〇〇七）、書式は基本的に「引佐」の郡名をフルネームに記し、それに数字の「一」か「二」が附されるか、あるいは「大」の字が付けられるかで、静岡県内の他の郡家遺跡から多く出土している郡名＋「厨」と記された器は一点も出土していない。ただ、まれに「引佐」の郡名のみが記されたものもある。圧倒的多数は郡名＋「一」・「二」の数字が付されたものである。

また、駿河国志太郡家跡藤枝市秋合・御子ヶ谷両遺跡から出土した郡名記載土器には、「志大領」・「志大」・「志太少領」など郡司職名が記載されたものが多量にみられるが、静岡県内の他の郡家遺跡出土の郡名記載土器にはあまりみることはできない。駿河国益頭郡家跡藤枝市郡遺跡から出土した「益大」と記された墨書土器と、同じく益頭郡家の館か郡司宅と考えられている藤枝市水守遺跡から出土した「益少領」と記された墨書土器があるが、志太郡家跡出土の資料群に比べれば極端に少量である。郡名に郡司職名が加えて記された土器は、志太郡家において特徴的な現象といえるだろう。

郡名に加えて郡司官職名が記載された例としては、東日本ではほかに、茨城県桜川市堀ノ内窯跡から「新大領」（常陸国新治郡大領の意）と刻書されたものが三点と（高井　一九九九）、埼玉県川越市五畑東遺跡から出土した「入主」（武蔵国入間郡主政ないし主帳の意か?）と記された墨書土器（川越市教育委員会　一九九一）、および相模国足上郡家関連神奈川県小田原市下曽我遺跡から出土した「上主帳」（相模国足上郡主政の意）と記された墨書土器などに限られている（小田原市教育委員会　二〇〇二）。

西日本でも、例えば、但馬国府・出石郡家関連兵庫県豊岡市袴狭遺跡出土の「出石領」（但馬国出石郡領の意、須恵器蓋外、兵庫県立歴史博物館　二〇〇二）と記された墨書土器、筑後国御原郡家関連福岡県小郡市井上薬師堂遺跡出土の「三原大」（御原郡大領の意か?、須恵器椀底外、小郡市教育委員会 二〇〇〇）と記された墨書土器、福岡県久留米市筑後国府跡出土の「□井少領」（筑後国御井郡少領の意、須恵杯底外、八前、久留米市 一九九四）と記された墨書土器、筑後国三潴郡家推定同市道蔵遺跡出土の「三万少領」（筑後国三潴郡少量の意、須恵器皿、底外、八末〜九初）及び「三万少□」（土師器杯、底外、8C、久留米市教育委員会 一九九一）と記された墨書土器と記された墨書土器、同じく筑後国三潴郡家推定同市野瀬塚遺跡出土「三万大領」（須恵器杯底外・須恵器蓋外二点、八中〜後）及び「三万少」（土師器杯底外・土師器蓋内二点、八中〜後、久留米市 一九九四）と記された墨書土器など、筑後国府周辺に纏まっているように、地域的な偏在が顕著である。

このようにしてみると、郡名に郡司職名を加えて記載するもの自体さほどに普遍的とはいいがたい。

このように郡名記載土器が多数出土した静岡県内の官衙遺跡においてさえ、書式はかなりまちまちである。各官衙ごとに書式の特徴があるように見受けられる。

四 移動する郡名記載土器

ところで、静岡県内の郡家及びその関連遺跡からは、遺跡出土の全郡名記載土器中に占める割合はきわめて少ないながらも、当該郡に隣接する郡の厨家を示す文字が記された資料が往々にして出土している（石毛 二〇〇三、山中 二〇〇二）。

例えば、駿河国有度郡家跡静岡市ケイセイ遺跡からは、有度郡の隣郡安倍郡を示すと考えられる「安」の文字が（静岡市教育委員会 二〇〇五）、駿河国益頭郡家跡藤枝市郡遺跡からは隣郡安倍郡家の厨家を意味する「安厨」の文字が（藤枝市教育委員会 一九八六）、志太郡家御子ヶ谷遺跡からはやはり隣郡益頭郡の厨家を意味する「益厨」の文字が（藤

枝市教育委員会 一九八一)、それぞれ記された墨書土器が各一点ずつ出土している。また、遠江国敷智郡家・栗原駅家跡と考えられる浜松市伊場遺跡からも、「布知厨」と記された墨書土器の他に、隣郡長下郡家の厨家を意味するとも解釈することが可能な「下厨南」と記された墨書土器が出土している(平川 二〇〇〇a)。

さらに、上総国分尼寺に隣接する集落遺跡である千葉県市原市坊作遺跡からは、所在郡市原郡家厨家を示す「市原厨」と記された墨書土器と共に、隣郡海上郡家厨家を示す「海上厨」と記された墨書土器が出土している(市原市教育委員会 一九八〇)。同遺跡は、全くの集落遺跡ながら、立地条件や出土遺物などから上総国分尼寺建立に関わる集落と考えられ、出土したのが官衙そのものの遺跡ではなくても、国の施設に関連する場所では、当該郡以外の郡厨家記載土器が出土するケースがあり得る。

郡名記載土器が郡境を越えて移動するケースがあることについては、まず、国府ないし郡家における恒例・臨時の行事に伴う饗宴に当たって、当該の国府・郡家の厨家にとどまらず、国府においてはその管轄下の某郡の厨家が、また郡家にあっては近隣郡の郡家の厨家が動員されたケースが想定できるところである。

周知のように儀制令元日国司条には、

凡元日。国司皆率二僚属郡司等一、向レ庁朝拝。訖長官受レ賀、設レ宴者聴。(其食以二当処官物及正倉一充。)

とあり、同集解に引く古記に、

受レ賀設レ宴者聴。謂、饌具用二官物一。兼受三郡司等相餉二食物一也。

とあるように、元日朝賀の饗宴に際しては、国司が国府の財政の中から経費を支出して郡司等に酒食を供することになっていた。なお、この元日朝賀の饗宴は、国庁で行われていたようである(山中 一九九四)。国府内においてはこの元日朝賀の儀式を筆頭に、郡司告朔の儀、吉祥悔過法会などの恒例行事及び臨時の行事に際しては様々な饗宴の場が設定されたわけであるから、国府の厨家たる国厨の職掌の第一は、こうした国府内で行われる儀礼に伴う公的な饗宴に際して食膳供給を行うことにあった。

また、国司館における饗宴にも、国厨が弁備した酒食が供されるケースも存在した。『万葉集』巻一九所収四二五〇番歌は、大伴家持が越中守離任時に詠んだ歌であるが、その詞書には、

便ち大帳使に附きて、八月五日を以ちて京師に入らむとす。此に因りて、四日を以ちて、国厨の饌を介内蔵伊美吉縄麿の館に設けて餞す（後略）。

とあることから、介の館で行われた国守家持の送別宴に、国厨で調製された酒食が供されたことが知られるのである（平川 二〇〇〇a）。

さらに国府外における饗宴に際しても「国厨之饌」が弁備される場合が想定できる。

例えば、平安時代後期の因幡守平時範の日記である『時範記』には、国守が任国に赴任する際の状況が詳細に書き留められているが（早川 一九九七）、その承徳三年（一〇九九）二月条には、

十日（中略）、申尅宿二摂州武庫郡河面御牧司宅一。摂津守送二馬酒肴等一。

十一日（中略）、申尅着二播磨明石駅家一。国司被レ儲二饗饌、菓子、秣等一。

十四日（中略）、未尅着二美作国境根仮屋一。国司被レ儲レ之、亦有二饗饌、秣秣等一。

などの記述があり、新任国守の赴任に際して、途次各国国司が新任国守の立寄先である牧司宅、駅家、仮屋などに酒食や秣などを送って饗応しているさまがうかがえる。こうした場合でも、当然、「国厨之饌」が供せられたであろうし、国司の部内巡幸に際して、出張先に「国厨之饌」が届けられるケースも想定されよう。

「郡厨」あるいは「（某）郡厨」と記された土器についても、およそ同様の機能を想定することが可能であろう。「国厨」・「（某）郡厨」と記された土器の意味するところは、平川南氏が指摘しておられるように、そこに盛られた酒食類が「国厨之饌」あるいは「（某）郡厨之饌」であることを表示したものと考えられるわけである。

諸官衙における厨家保管の食器は膨大な数にのぼると考えられるが、それにもかかわらず、出土土器全体の中で「厨」と表記された土器数があまりにも少ないことや、「国厨」・「(某)郡厨」、あるいは郡名が記された土器が、それぞれの国府や郡家からかけ離れた場所から出土することも少なくないことから考えるならば、「厨」あるいは郡名等を土器に記入することの意味を、従来いわれてきたように「厨施設がその食器を保管・管理する上で食器の所有・所属を明示するために記銘した」(津野　一九九〇・一九九三、石毛　二〇〇三、山中　二〇〇三)という点のみに集約しきれるものではない。

実際に、某国国府遺跡から管轄下某郡名もしくは管轄下某郡厨の文字が記された土器が出土するケースは枚挙に暇がない。

「厨」記載土器に限っても、栃木県栃木市下野国府跡出土「寒川厨」(管下寒川郡家厨家の意)墨書土器二点(栃木県文化振興事業団　一九八七)、群馬県前橋市上野国府関連元総社寺田遺跡出土「邑厨」(管下邑楽郡家厨家の意)墨書土器(群馬県埋蔵文化財事業団　一九九一)、茨城県石岡市常陸国府跡出土「茨厨」(国府所在郡茨城郡家厨家の意)墨書土器(石岡市教育委員会　二〇〇一)、神奈川県平塚市相模国府関連遺跡群出土「郡厨」・「大厨」(国府所在郡大住郡家厨家の意、平塚市遺跡調査会　一九九三、平塚市博物館　二〇〇一)墨書土器等の例が挙げられる。これらの遺跡では、いずれも「国厨」と記された墨書土器も出土している。

また、国厨や各郡厨からは、各官衙内外に酒食が供給されたわけであるから、「国厨」・「(某)郡厨」・郡名記載土器などが出土した場所が、それらの官衙、あるいは官衙内の厨施設そのものと即断することは出来ないのである。「国厨之饌」「(某)郡厨之饌」が供給され、酒食が消費された場、すなわち饗宴の場である可能性もあろうし、また、国府・郡家の出先機関や下部組織が置かれた場所であるとの想定も成立しよう。

国府跡から出土する管轄下郡の郡名ないし郡厨銘記載土器については、国府ないし郡家における恒例・臨時の行事の際の饗宴に当たって、当該国府・郡家の厨家にとどまらず、国府においては管轄下の某郡、郡家においては近隣郡の厨が動員された場合がまず想定できる。

例えば、前掲の儀制令元日国司条集解釈に引く古記に「兼受三郡司等相餉二食物一也」とあるように、元日朝賀の儀に際しては、国司が国費を用いて郡司らを饗応すると同時に、郡司らから国司に対して食物の供献が行われていたわけである。国司への食物供献の儀式に際して、各郡の厨家が動員され、食料や食器など供膳にかかわる物資を調達・運搬したり、調理・配膳などの労役を提供させられた際に、「(某)郡厨」と記された土器が、供給元を明示する目的で使用されたものと考えられる。

国府の遺跡から、「国厨」と記された土器に混じって「(某)郡厨」あるいは郡名のみ記された墨書土器が出土するケースについてはこのような背景が想定できる。

さらに、国府に上番、あるいは労働徴発された傜丁等に対して、各出身郡厨家が食料を供給することがあったか、あるいは傜丁たちが出身郡単位に編成されて、これに関わる厨家が「某郡厨」という形で国府内に設置されていたことに因る可能性も平川南氏によって提示されている(平川 二〇〇〇ａ)。

一方、郡家遺跡において、当該郡厨家名を記した土器と共に近隣郡厨家名を記した土器が出土するような事例については、まず、国司の部内巡行の際の接待など郡家における大きな饗宴に当たって、当該郡厨家が弁備できる労働力や食材・食器だけでは間に合わずに、近隣郡厨家の労働力と食器等が臨時的に動員されるような場合や、他郡厨家から食膳や食器そのものが運び込まれた場合、などが想定できる。

また、郡家が伝馬を利用した官人の交通支援機能、宿泊・給食・供給にあたった施設でもあったことからみれば、国司や伝使の移動、あるいは郡司相互の通交に伴って、他郡郡家厨家で調達した食事や食器が携行され、持ち込まれた場合なども考えられる。

千葉県市原市坊作遺跡から隣郡厨家を示す墨書土器が出土した事例に関しては、国分尼寺造営という郡を越えた国レヴェルの事業に際して、食膳供給等の面で、他郡厨家が動員されるような場合があったことを物語っているといえよう（市原市教育委員会　一九八〇）。

このように某郡厨記載土器の出土には様々なケースが考えられるわけであるが、「厨」の文字が無いただ単に郡名ないし郡名の一部が記された土器についても、「某郡厨」の省略表記である例も存在しているのではないだろうか。某郡名表記土器の解釈の一つの可能性として提示しておきたい。

いずれにしても「某郡厨」表記土器が表記郡の境を越えて出土すれことは当時の様々な状況から充分に説明の付くことであり、不自然な事態ではないということが判明するのである。さらに、そこから敷延すれば、郡名ないしその一部の文字が記された土器が、郡境を越えて当該郡以外の場所や、あるいは郡内であっても明らかに郡家ないしその間連官衙のある場所とは考えにくい場所から出土するケースについては、やはり同様に、郡名記載土器の移動が想定可能なさまざまなケースの中で解釈することが可能である。

なお、静岡県の郡家およびその関連遺跡である藤枝市御子ヶ谷・秋合領遺跡や、浜松市伊場遺跡、同市井通遺跡などにおける大溝からの大量の土器出土状況からは、祭祀・儀礼における郡名記載土器の使用の可能性も想定できるところである。

その際に、それら「国厨之饌」・「（某）郡厨之饌」が供された先は、現実世界の貴顕に止まらず、神仏などに対するケースも考えられる。さらにいうなれば、実際には、「国厨之饌」・「（某）郡厨之饌」でなくとも、そのような「ブランド」を騙って国・（某）郡厨銘、あるいは郡名記載土器が供えられたケースさえ存在していた可能性が考えられるのではないだろうか。

五　群馬県内出土の郡名記載土器

「新田」・「山田」郡名土器については次節で述べるので、以下では、それ以外の特徴的な例について述べる。

1　「勢多」郡名記載土器

勢多郡は『和名抄』では深田・田邑・芳賀・桂萱・真壁・深渠・深澤・時沢の九郷からなる中郡である。前橋市堤町の堤沼上遺跡で検出された三七号竪穴建物跡から須恵器椀の体部外面に横位で「勢多」と墨書された土器が一点出土している。九世紀第4四半期の年代観が与えられている土器である。

この土器は一見すると「勢」という文字を一文字、須恵器高台付椀の体部外面に、横向きで縦長に記したように見えなくもないが、「勢」の文字の「力」の部分が右脇に非常に小振りに記され、それに続けて斜めに流れるかのような筆致で「多」の文字が草書体風に記されているものと解釈できるので、「勢多」の二文字を組み合わせて、あたかも一文字のように記したものと理解すべきであろう。この資料のように、勢多の文字をあたかも組み合わせ一文字のようにした字形が記された類例が、上野国分寺跡出土墨書瓦にもみられる（杉山・高井　二〇〇八）。二文字を合体させて一文字のように記す例は、墨書土器に限らず、文書等を含め古代には一般的な表記法であり、類例も多い（平川　二〇〇〇c）。筆致は達筆で、文字を日常使いこなしていた階層が記したものと考えられる。

本資料は、勢多郡の郡名を記したものとしては現在のところ唯一の墨書・刻書土器である。勢多郡の郡名が記された古代の出土文字資料には、瓦の焼成前に勢多郡の「勢」の文字一文字をスタンプで押して、勢多郡から貢進されたことを示した瓦が、高崎市の国分寺跡や前橋市の上西原遺跡などで多数出土しているが（群馬県教育委員会　一九八九、

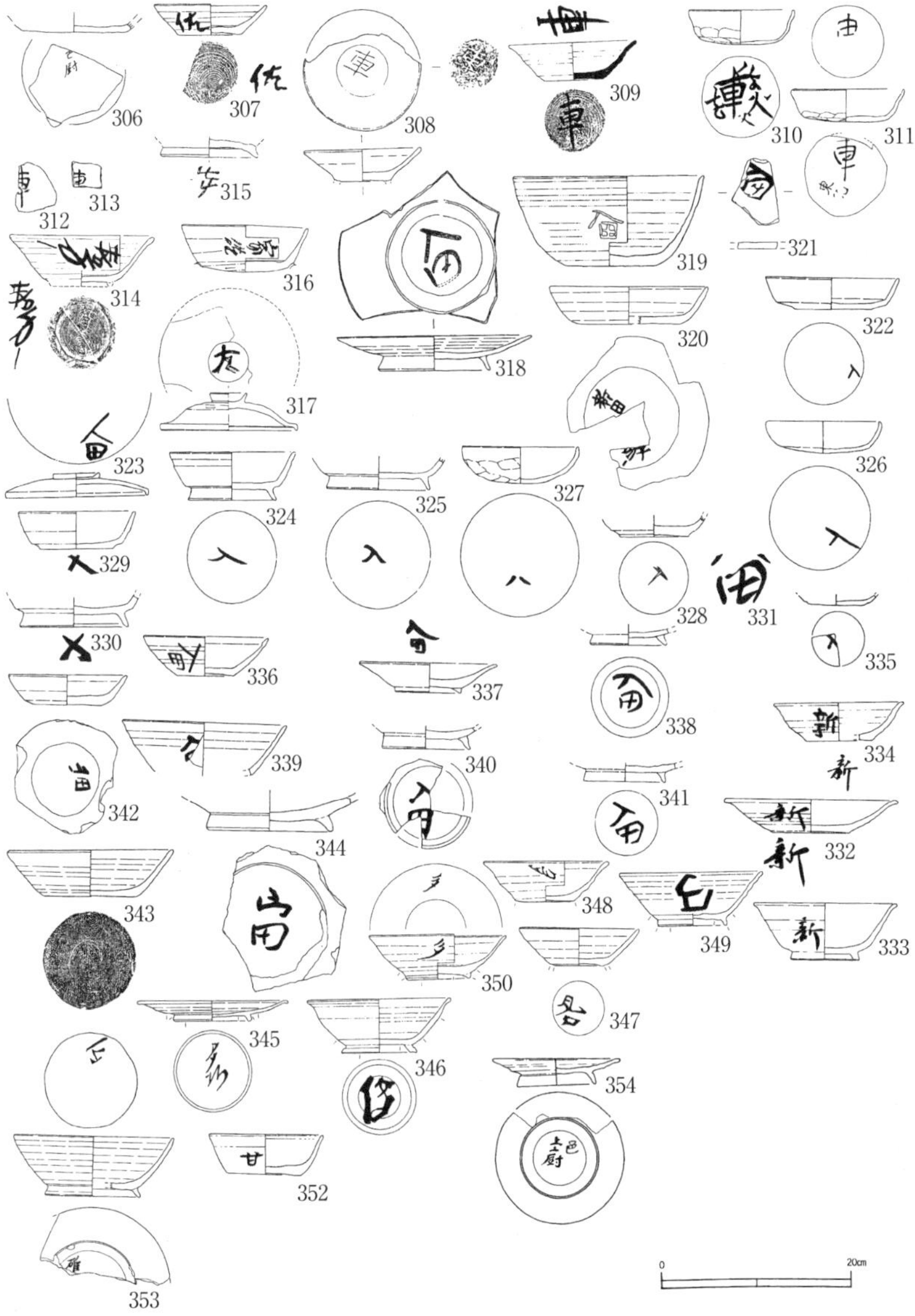

図 3—1　群馬県内出土の郡名記載土器

同　一九九九、松田　一九八六、高井　一九九九、杉山・高井　二〇〇八など）、それらはいずれも「勢」の一文字のみである。本資料のように「勢多」の郡名二文字を記した例として、また、その文字を土器に墨で記した例としてはじめて発見された資料である。これまでよく知られている、寺院の造営や修理に際して瓦の貢進元を示すために押捺されたスタンプの文字とは根本的に意味や背景が異なる。

出土遺跡の西約四キロ程の位置にある前橋市下大屋町の上西原遺跡から検出された、柵列で長方形に区画された大型の建物跡群を勢多郡家と想定する考え方がある（群馬県教育委員会　一九九九、松田　一九八六）。しかしながら、方形の基壇建物跡を中心とした一角は、基壇建物とそれを長方形状に取り囲む回廊状の遺構の状況からみて寺院と考えるのが妥当であり、それらの遺構は、寺院伽藍中枢部とそれに附属する管理施設とみるべきであろう。

2　その他の例

このように群馬県内出土の郡名記載土器が出土した遺跡には、郡家からやや離れた場所から出土した例であっても、いずれにしても郡家との密接な関連を想定しなければならない場所である例がある半面、発掘調査で得られた限りの遺構検出・遺物出土の状況からは郡家との直接の関係をあまり想定しにくい遺跡からも同種の土器が出土している。

藤岡市上栗須寺前遺跡（群馬県埋蔵文化財調査事業団　一九九六b）からは「多胡」の郡名を灰釉陶器皿の底部外面に墨書したものが一点と、「多」の一文字を須恵器杯・椀の底部・体部に記したものが六点の計九点出土している。遺構の検出状況から見れば、発掘調査された範囲では官衙的な様相は示していないが、郡名及びその一部が記された墨書土器がまとまって出土していることの意味を考え直す必要があろう。なお、六二号竪穴建物跡から出土した灰釉陶器皿底部外面に記された文字は、報告書では「多得」と釈読しているが、再釈読により「多胡」と読めることが確認できたため、「多」の一文字のみ記されたものに関しても、単なる吉祥句的な用語ではなく、郡名の一部である可能性が高くなった。

伊勢崎市十三宝塚遺跡（群馬県埋蔵文化財事業団　一九九二）は、かって佐位郡家と考えられたことがあった遺跡であるが、遺構の状況からみれば寺院の遺跡であり、かつ、三軒屋遺跡が発見され、所謂『上野国交替実録帳』諸郡官舎佐位郡項と記述と検出遺構の状況との合致から、三軒屋遺跡が佐位郡家跡に相違ないことが判明した。佐位郡家に関連する寺院としては、近接して上植木廃寺があり、十三宝塚遺跡は寺院規模や構造からみても、郡家に直接関連する寺院とは考えにくく、そのレベルよりはやや低いクラスの寺院であると考えられる。ただ、そうはいっても、郡領クラス豪族の発願による寺院である可能性は充分に考えられることであり、郡家と全く無関係の寺院とは必ずしもいいがたいところである。

郡名佐位に通じる「佐」の一文字に関連する文言が記された墨書土器が三点出土している。

前橋市の青梨子金古遺跡（県央第一水道遺跡調査会　一九九五）、荒子小学校遺跡（前橋市埋文調査団　一九九〇ｂ）、前山Ⅱ遺跡（前橋市埋蔵文化財発掘調査団　一九九〇ａ）からは、群馬郡の郡名の古い表記である「車」の文字が記された墨書・刻書土器が出土している。前橋市荒子町の荒子小学校校庭遺跡と同市泉沢町の前山Ⅱ遺跡とは比較的近い距離にある遺跡であるが、この二遺跡は古代の群馬郡の領域からは大きく外れており、勢多郡内に位置している。とくに前山Ⅱ遺跡からは「車」の文字が記された墨書土器が四点まとまって出土している点も注目される。これらの土器の年代観からは、明らかに、すでに郡名が好字二字「群馬」の表記に変更された後の時期のものであり、群馬郡外からの出土であることを考え併せるとこれらの土器に表記された「車」の文字は、「群馬」の郡名を表記したものではなく、車持氏などの氏族名や他の意味を有する可能性の方を想定した方がよさそうである。

六　上野国新田郡と山田郡関係の墨書・刻書土器から

先にみたように、郡名記載土器の絶対的な僅少さからいえば、官衙遺跡出土の墨書土器については、従来いわれてきたような、食器の保管・管理のための文字記入とは考え難く、平川南氏がいわれるような食菜供膳元の明示機能（平川 二〇〇〇 a）、さらにはそれに止まらず祭祀・儀礼などの際における使用という特殊な、非日常の用途を想定するべきで、その意味においては、集落遺跡出土の墨書・刻書土器の用途および機能に共通する部分が大きいと位置付けることが可能という結論に至った。

「国厨」・「（某）郡厨」と記載された土器を、そこに盛られた酒食が「国厨之饌」・「郡厨之饌」であることを明示したものと説かれた平川南氏の説はまことに説得力に富んだ魅力的な仮説である。さらにそれを発展させて考えるならば、「国厨之饌」・「郡厨之饌」が国司・郡司らといった現実世界の人間に対して供されたに限らず、それらが神仏に対する儀礼の中でそれらに対して供された可能性や、さらにある文字が記載された土器が、郡境を越えて隣郡から出土する例が往々にしてみられることを指摘した。後述するように、その多くは、静岡県内における郡家遺跡でみられる現象であり、国司の部内巡行などに伴う郡家における饗宴などの際に、隣郡郡家の厨家が動員された結果、その郡名が記された器が遺されたものと考えた。

しかしながら、群馬県内から出土した郡名記載土器の中には、出土遺跡が所在する当該郡の郡名よりも隣郡の郡名が記載された土器の方が多く出土する事例が存在しており、そこでは、静岡県内の郡家遺跡からの出土例のような背景を考えるには無理があるように思われた。

群馬県内では現在までのところ、佐位郡家正倉院の遺構が発見された三軒屋遺跡と、新田郡家郡庁院及び正倉院跡が検出された天良七堂遺跡の二箇所しか確実な郡家遺跡は発見されておらず、三軒屋遺跡では郡名に関わる文字が記された土器は今のところは出土していない。

周知のように古代の上野国には和銅四年（七一一）に甘楽・緑野・片岡の三郡から六郷三〇〇戸を割いて新設された多胡郡を含めて一四郡が存在していたが、県内の遺跡から出土した郡名記載土器にみえる郡は、このうちで、群馬・勢多・佐位・新田・山田・邑楽・甘楽・多胡・碓氷の九郡にかかわるものであったが、具体的にいえば、最近、古代上野国山田郡の平野部に所在する集落遺跡において、当該郡山田郡の郡名が記された墨書土器とともに隣郡新田郡の郡名が記された墨書土器が複数点ずつ出土しており、当該郡山田郡の郡名が記された土器よりも、隣郡新田郡の郡名が記された土器の方が多く出土しているというような事例が存在することが明らかになった。これらの遺跡そのものの様相からは両郡を統轄するような国レベルの官衙・施設とは考えがたく、隣郡名が記された土器の方が、当該郡名が記された土器よりも多く出土する理由は簡単には説明がつかないように思われる。

ゆえに、ここでは、その理由の探求から発して、出土文字資料の出土状況や動向の検討から、古代の郡間関係の一側面を明らかにしていきたいと考える。

さらに、土器に郡名が記載されたことの意味やその背景を考えることで、古代在地社会における支配の拠点たる地方官衙と村落社会との関係などの一端を解明する手がかりが得られればと考える。

なお、以下では、郡名記載墨書・刻書土器のことを総称して郡名記載土器という用語を用いることにする。

1　上野国新田郡・山田郡周辺の歴史的環境

先にも述べたように、今回、郡名記載土器の出土状況や動向から、古代の郡間関係のあり方を究明していこうと考えた発端は、古代上野国山田郡の郡域内に所在する現・群馬県太田市東今泉町東部に位置する楽前遺跡（群馬県埋蔵

文化財調査事業団 二〇〇九a・二〇一〇b、二〇〇四～二〇〇五年度調査）・鹿島浦遺跡（群馬県埋蔵文化財調査事業団 二〇一〇a、二〇〇三～二〇〇五年度調査）・東今泉鹿島遺跡（群馬県埋蔵文化財事業団 二〇〇七、二〇〇三～二〇〇五年度調査）など北関東自動車道太田・桐生ICの建設工事に先立って発掘調査された一連の遺跡で、当該郡の郡名である山田郡の郡名が記された土器とともに、隣郡新田郡の郡名が記された土器が出土し、当該郡山田郡の郡名ないしその一部が記された土器よりも、隣郡新田郡の郡名ないしその一部が記された土器の方が多かったことが明らかできたことである。

そこで、郡名記載土器そのものの検討の前提として、まず、上野国山田郡・新田郡周辺の遺跡の分布状況や歴史的環境について簡単にみておくことにしたい。

①古墳時代の遺跡

古代の上野国新田郡の地域は、東毛地域においても屈指の古墳密集地帯であり、古墳時代集落遺跡と併せ、古墳時代の遺跡は枚挙に暇がないほどである。

金山丘陵西北の突端部丘陵上に立地する中強戸の寺山古墳は、北関東自動車道の建設に伴って発掘調査が行われた峯山遺跡の南約一〇〇メートルに位置する全長五五メートルの前方後方墳で、初期古墳として著名である（太田市 一九九五）。また、二〇〇三～二〇〇四年度に群馬県埋蔵文化財調査事業団が調査した成塚向山古墳群では、一辺約二〇メートルの四世紀古墳時代前期に築造された方墳が検出されている。調査の結果、竪穴式の埋葬施設が二基検出され、銅製重圏文鏡、銅鏃、鉄鏃、鉄剣、鉄製工具、翡翠製勾玉、蛇紋岩製管玉、ガラス製小玉などが出土した（群馬県埋蔵文化財調査事業団 二〇〇八）。

五世紀後半の大型古墳としては、鳥山町鶴山古墳が特筆できる。大間々扇状地末端の低台地上に立地する全長一〇二メートルの前方後円墳で、後円部墳頂には竪穴式石室を有し、鉄製甲冑類、石製模造品などが多数出土した（石川・

右島 一九八六〜一九九一）。

一方、八王子丘陵南西から南東に至る尾根上には、ほかに四一基の後期古墳から形成される北金井の北金井御嶽山古墳群や、三六基の後期古墳からなる同じく北金井の大鷲古墳群、一四基の後期古墳からなる上強戸古墳群など、後期古墳が群集している。

緑町から東今泉町にかけては菅ノ沢古墳群・市場古墳群・内並木古墳群・寺ヶ入古墳群など多くの古墳群が形成されている。周辺一帯に広がる古墳群の一角を占めていた様子が判明する。

東今泉町の金山丘陵東北端に延びる支丘陵の南斜面には、四基からなる後・終末期古墳群と、それに隣接して古墳時代後期の大規模な須恵器窯跡と製鉄遺跡群からなる生産遺跡である菅ノ沢遺跡がある（駒澤大学考古学研究室 二〇〇九）。金山丘陵には、古墳時代後期から平安時代に至る須恵器窯跡が多数存在しており、この地域における一大窯業生産地帯であったことが知られているが、菅ノ沢須恵器窯跡は、金山丘陵窯跡群の中における現時点で調査された窯跡の中でも中核的な窯跡である。

東今泉町大道西遺跡のすぐ北側には、一辺約三〇メートルの方墳、大型の横穴式石室を主体部とする東毛地域唯一の終末期方墳である巌穴山古墳が所在している。二段築成の墳丘の高さは約六メートル、周囲には上幅約七メートル・下幅約五・五メートル・深さ約一メートルの周溝が巡るが、現状では周溝は埋没している。時期は七世紀中葉とみられる（駒澤大学考古学研究室 二〇〇九）。

先述したように古墳群が存在する菅ノ沢遺跡群には、古墳時代の須恵器窯跡群と製鉄遺跡が発見されている。

金山丘陵の北東端部には、緑町の強戸口須恵器窯跡群と諏訪ヶ入須恵器窯跡が、また金山丘陵の東端部には、東今泉町の金井口埴輪窯跡・母衣埴輪窯跡・亀山須恵器窯跡などの遺跡がある。埴輪窯・須恵器窯跡は金山丘陵の北側に対峙する八王子丘陵からも多く発見されており、一帯が古墳時代後期から平安時代にかけての一大窯業地帯であったことが判明している。

また、これまでも寺中遺跡、菅ノ沢遺跡群、八ヶ入遺跡、今泉口遺跡などにおいて製鉄遺跡が発見されており、窯業生産と並んで鉄生産も行われていた場所であったことが判明している。

さらに近年の北関東自動車道の建設に並行して旧藪塚本町藪塚の西野原で建設された調整池の工事に先立って群馬県埋蔵文化財調査事業団によって調査された西野原遺跡では、東日本最大級と見られる七世紀後半代の巨大な製鉄遺跡も発見されており（群馬県埋蔵文化財調査事業団 二〇一〇c）、北関東自動車道の建設に先立って当事業団が調査した上強戸の峯山遺跡でも製鉄遺跡が発見されるなど（群馬県埋蔵文化財調査事業団 二〇一〇d）、従来より知られてきた埴輪・須恵器窯の集中地域に加えて、八王子・金山丘陵一帯が一大製鉄地域であることも明らかにされつつある。こうした、古墳時代後・終末期から平安時代にかけての生産遺跡の集中は、八王子・金山丘陵と、その間を北西から南東方向に流れるいくつもの渡良瀬川支流の小河川によって形成された地形、それに両丘陵から足尾山地にかけての豊富な木材資源の存在などの要因によるものであろう。

このように新田郡東部から山田郡の領域跡周辺一帯では、主に古墳時代後期にかけて、古墳が多数造営され、さらに同時代の集落と窯業及び鉄の生産が盛行した地域であった。

②古代の新田郡

新田郡の郡名「新田」は、中世の『万葉集』の写本では「爾比多」、平安時代の『延喜式』や『和名抄』では「尓布多」と読みが振られており、「ニヒタ」とか「ニフタ」などと発音されていたと考えられる。

旧新田町内の遺跡では、「入田」と記載した墨書土器が多く出土しており、「ニフタ」と発音されていたことを裏付ける。

新田郡は、西側を佐位郡と、北東から東側にかけては山田郡と、北側を勢多郡と接し、南側は利根川を隔てて武蔵国と接している。

『和名抄』では、郡内に新田・滓野・石西・祝人・淡甘・駅家の六郷があったとされている。郡名を負う新田郷と駅家郷は郡家や駅家が設置された官衙地区の周辺である郡域中央東部一帯、滓野郷は旧尾島町粕川周辺、石西郷は太田市街地南部の岩瀬川町周辺、祝人郷は八王子丘陵西麓の平坦地一帯などがそれぞれ有力な比定地と考えられており、淡甘郷の位置だけが諸説あって定見をみていない。

正倉院蔵の調布に、「（表）上野国新田郡淡甘郷戸主矢田部根麻呂調黄壹返長六丈廣一尺九寸（裏）天平勝寶四年十月主當國司正六位上行介阿部朝臣息道郡司擬少領无位他田部君足人」とあり、天平勝宝四（七五二）年段階における郡司の氏名がわかる稀有な史料といえる（松嶋　一九七八）。また『東大寺要録』には、天平一九（七四七）年に勅命によって東大寺に一〇〇〇戸の食封が施入されたことを示す記事があり、その中に上野国新田郡内の五〇戸が含まれている。

なお、『万葉集』の東歌の中の上野国歌には、新田郡の地に関わるものが二首含まれている（土屋　一九四四）。

新田山　ねにはつかなな　吾によそりはしなる児らに　あやにかなしも　（三四〇八）

しらとほふ　小新田山のもる山の　うら枯れせなな　とこはにもがも　（三四三六）

前者の歌にみえる「新田山」は金山丘陵、後者の歌にみえる「小新田山」とは、丸山町に所在する独立丘陵である丸山のことを指すとする説があるが、確証はない。ただ、「新田山」と称されたのは、新田郡内で独立する大型の丘陵としてランド・マークにもなる金山丘陵を指すと考えることは、まず穏当な見解であり、後者の「小新田山」が丸山を指すかどうかの是非は別としても、これらの歌が、当該地域の情景を元に作歌されたものであることには違いない。

律令制下の新田郡家は、旧新田町と太田市との市町境に位置した、太田市天良町天良七堂遺跡である。一九五五年に行われた発掘調査で、南北一六メートル・東西七メートル、六間×三間の南北棟総柱大型礎石建物跡が検出され、付近から炭化米が多数出土した。この大型総柱礎石建物跡は、新田郡家正倉院を形成する倉庫群のうちの一棟と考えられ、この遺跡が新田郡家の遺跡である可能性が指摘された。二〇〇七年五月の発掘調査によっても正倉院の一角を構成していたと考えられる大規模な総柱建物跡が発見され（小宮 二〇〇〇・二〇〇二）、さらに同年六月には主要地方道伊勢崎・足利線の北側から巨大な郡庁院の遺構が検出され、天良七堂遺跡が新田郡家の遺跡であることは確実となった（太田市教育委員会 二〇〇八・二〇一〇）。

③東山道駅路と新田駅家・駅家郷

『延喜式』兵部省諸国駅伝馬条によれば、新田郡内には東山道駅路が東西に貫通し、上野・下野両国から武蔵国への分岐点となった陸上交通上の要衝であり、官人の公務通行を支援すべく設けられた施設である新田駅家が置かれていた。古代において、官衙はそれぞれが比較的近辺にまとまって配置されていた様子が判明しているので、新田駅家も新田郡家からさほど遠くない場所に設置されていたものと考えるのが自然である。新田駅家の所在地としては、太田市新田村田から寺井にかけての場所に想定する意見が強い（新田町 一九九〇）。

周知のように、宝亀二（七七一）年、武蔵国が東海道に所管換えとなり、新田駅家から南へと分岐して武蔵国府に至っていた東山道駅路武蔵路は駅路としての扱いを受けなくなった（『続日本紀』宝亀二年一〇月己卯条）。これによって、制度的には、新田駅家は駅路分岐点としての重要拠点から駅路路線上の一般的な駅家と同じになるわけで、官衙としての性格に大きな変更が生じたように感じられるが、新田駅家と武蔵国府とを結ぶ道路自体が実際に廃止されたわけではない。東山道駅路武蔵路が、道路そのものの若干の位置の変更はあるにせよ、ルートとして中世の鎌倉街道にほぼ踏襲されていることからみても、そのことは明白である。東山道駅路武蔵路は、あくまでも駅路ではなくなったというだけのことで、上野・下野両国間にわたる東山道駅路と武蔵国府・東海道駅路とを結ぶ連絡路的な官道として機能し続けたものと考えられる。それによって、駅路分岐点ではなくなったものの、東山道駅路と東海道駅路とを連絡する官道との分岐点として、古代陸上交通上の要衝としての重要性は、決して変わるものではなかったとみるべきであろう。

新田郡家天良七堂遺跡の西南西約一キロの地点、新田村田から新田小金井にかけて所在する入谷遺跡では、方約一八〇メートルの範囲を溝によって区画した中に、五×三間の南北棟瓦葺礎石建物跡が二棟並列した施設の跡が発見されている。七世紀後半頃に造営され、八世紀中葉頃まで存続していたと考えられる。東北東約一キロの場所に新田郡家天良七堂遺跡が所在するため、この入谷遺跡で検出された瓦葺の官衙風の施設を新田駅家とみる考え方が強い（新田町 一九九〇、太田市 一九九五、小宮 二〇〇二）。ただ、現在までのところ、方約一八〇メートルの区画の中に、五×三間の南北棟瓦葺総柱礎石建物跡が二棟しか検出されていないので、兵庫県などで検出されている山陽道駅路上の駅家遺跡の様相とはたいぶ異なっており、その確証に欠ける。

旧新田町内では、牛堀・矢ノ原ルートと称される高崎市南部の平地から玉村町を経て旧境町にかけて東西に貫く幅約一二メートルの古代道路遺構に続く道路遺構と、その南側数百メートルの位置を、牛堀・矢ノ原ルートに並行して東西に貫く幅約一〇メートルの下新田ルートの二系統の駅路遺構が検出されている。また、北関東自動車道の建設に関わる調査では、さらに東に寄った金山丘陵の東麓地域である太田市東今泉町の地域で、約一キロにわたって幅約一二メートルの古代道路遺構が検出され、これは牛堀・矢ノ原ルートにつながる道路遺構であると考えられている（古代交通研究会 二〇〇五）。

群馬県高崎市南部から玉村町、旧境町、旧新田町南部にかけて検出されている牛堀・矢ノ原ルートと、その延長上の道路と考えられる太田市東今泉町付近で検出された幅一二メートルの古代道路遺構は、いずれも八世紀中葉から後半にかけて廃絶していることが調査の結果明らかになっており、牛堀・矢ノ原ルート、下新田ルートいずれも『延喜式』兵部省諸国駅伝馬条に記載のある段階の東山道駅路とは異なる段階の駅路の跡とみられ、むしろ『延喜式』段階における東山道駅路は、牛堀・矢ノ原ルートや下新田ルートよりはかなり北側に位置する榛名山東麓から赤城山南麓の台地上を通っていたものと考えられる。平安時代の東山道駅路は、本遺跡の北方、旧藪塚本町域内を通っていたと想定できるが、旧藪塚本町域や太田市北部地域では、現在までのところ、古代の道路遺構が検出された遺跡はない。

新田郡家に近接する古代寺院跡である寺井廃寺は、石橋町から天良町にかけて太田市立強戸小学校と同中学校を中心とする一帯に所在したものと考えられ、七世紀後半から一〇世紀に及ぶ瓦が多数出土している。しかしながら建物基壇や礎石が地表に露出しているわけではなく、また一九八〇年代に太田市立強戸小学校と同中学校との中間において太田市教育委員会が発掘調査を実施しているが、寺院に関わる遺構は全く検出されなかった。伽藍配置等は現段階では全く不明である。しかしながら、創建年代が七世紀後半にさかのぼることや、八世紀段階には上野国分寺と同じ瓦が使用されていたとみられること、あるいは郡家天良七堂遺跡との位置関係などからみて、新田郡領となった在地豪族による造営であり、新田郡家と密接な関係を有していた寺院と考えられる。

④古代の山田郡

上野国山田郡の史料上の初見は、『日本後紀』延暦一五(七九六)年八月一六日条に、「上野国山田郡賀茂神・美和神」とあるのがそうである。この両社は『延喜式』神名帳にも掲載されている。

山田郡の東側は渡良瀬川を境に下野国足利郡との国境となり、南側は邑楽郡に接している。西側、新田郡との境界については、八王子丘陵の頂部の現太田市・桐生市境から南の金山丘陵西麓ラインが郡境であったと考えられる。

周知の通り、浄御原令制下の評、大宝・養老令制下の郡及びその下位の地方行政機構である五〇戸、後の里・郷は、元来が支配のための単位として人間集団を編成して構成されたものである。とくに五〇戸、後の里・郷は、人為的かつ機械的に人間集団を編成したものである。ただ、評、後の郡に関しては、大化前代から各地の地域社会を支配した在地豪族の支配領域に負うところが大きかったとされ、自ずと、評督、後の郡領層に取り立てられた在地豪族の支配権が及ぶ範囲が、ほぼ評・郡の領域として継承されたと考えられ、当初から評・郡境も存在したものと考えるのが自然であろう（川原 二〇〇五）。

『和名抄』古活字本には、郡名の山田には「夜末太」の訓が付されている。『和名抄』古活字本によれば、管下の郷は、山田・大野（於保乃）・園田（曽乃）・真張（万波利）の四郷である。高山寺本では、これに小山・三島の二郷が加わり六郷と記載されているが、これら二郷は下野国都賀郡の二郷が書写の過程で錯簡し紛れ込んだのであろう。『続日本後紀』承和二（八三五）年七月二一日条には上野国山田郡の空閑地八〇町を道康親王（後の文徳天皇）に与えたとする記事がみえる。

山田郡各郷のうち、山田・大野の二郷については桐生市・みどり市に比定されており、園田・真張の二郷が太田市域に比定されている。吉田東伍『大日本地名辞書』で、園田郷を「今相生村、広沢村、毛里田村にあたる」、また真張郷を「今韮川村、休泊村、矢場村等にあたるか」と、また村岡良弼『日本地理志料』では、これらの二郷の比定に若干異動はあるものの、毛里田村、すなわち北関東自動車道太田・桐生ＩＣの建設に先立って発掘調査が行われた一連の遺跡群が所在する毛里田地区については律令制下の園田郷の故地の一部とみることで一致している。

近年の『太田市史 通史編 原始・古代』では、現在の桐生市域にあたる広沢・相生を大野郷に比定し、園田郷の故地を太田市北部の吉沢町から矢田堀・緑町を経て東今泉町、さらにその南東の東金井町・東長岡町・安良岡町・台之郷・石原町・下小林町に至る北西〜南東に及ぶ細長い地域に比定している。

山田郡南部には東山道駅路が東西に通ると以前から予測されていたが、北関東自動車道の建設に先立つ調査によって、緑町の八ヶ入遺跡、東今泉町の大道西遺跡から大道東遺跡を経て鹿島浦遺跡（群馬県埋蔵文化財調査事業団 二〇一〇ａ）に至る総計約一キロに及ぶ範囲で幅約一二メートルに及ぶ東山道駅路の遺構が検出されている。とくに今回、大道東遺跡の調査において、七世紀代の竪穴建物跡と道路遺構との重複関係を検出でき、重複する遺構の新旧関係から、ある程度明確な道路の造営と廃絶の時期を特定できる成果が得られたことは、今後の全国的な意味における古代駅路研究に重要な資料を提供するものであった。

緑町から東今泉町にかけて約一キロにわたって検出された東山道駅路跡は、金山丘陵の西側で検出されていた東山道駅路の二つのルートのうち、牛堀・矢ノ原ルートに接続するものと考えられる。並行して複数のルートが想定できる上野国平野部における東山道駅路の展開については、その要因が各ルートの時期差か否かという問題を含めて、その解明は今後の課題であろう。

先述のように、北関東自動車道太田・桐生ＩＣ建設に先立って調査された場所は、古代の園田郷の地域に含まれるものと考えられる。

園田郷の地には、前橋市の総社古墳群以外で唯一の七世紀代の方墳である巌穴山古墳が造営されている。この古墳の終末の時期に、唯一、造営されたこの古墳から、七世紀代にこの地域を支配した豪族が、周辺の豪族達を圧して卓越した地位にあったことをうかがうことができよう。園田郷の地は、律令制成立以前からの埴輪生産と須恵器生産の専業的な生産地として発達し、律令制下に至ってからはそれまでの須恵器生産に加え、北側の八王子丘陵よりで瓦生産が盛んになってくる。金山丘陵東・北麓では、引き続き須恵器生産が行われている。

金山丘陵の最北西端の張り出しに位置する緑町の古氷地区に「ふるごおり」の地名が残り、古くから山田郡の郡家の比定地と考えられてきている（尾崎　一九七六）。まだ、郡家の存在を立証する具体的な遺構・遺物は発見されてはいないものの、地名を根拠とする仮説が正しいとすれば、山田郡の郡家は園田郷に所在したことになる。「古氷」の地名が遺るのは、金山丘陵の北東麓の台地上で、すぐ東側に展開する水田地帯は「古氷条里制水田跡」という周知の埋蔵文化財包蔵地とされ、古くから条里遺構が遺る地として知られていた。また、遺跡内を北関東自動車道が東西に横断することになり、建設に先立って群馬県埋蔵文化財調査事業団が二〇〇三年一一月から二〇〇五年三月末まで断続的に調査し、水田遺跡が検出されている（群馬県埋蔵文化財調査事業団　二〇〇九ｂ）。古代郡家の故地に「古氷」の文字で表記される地名が遺る例は全国的にはあまり類例はないが、群馬県内では邑楽郡大泉町の北西端に同じ文字を書く「古氷」の地名が遺っており、同様に、古くから邑楽郡家の故地と考えられている（尾崎　一九七六）。

⑤周辺の巨大製鉄遺跡と窯業遺跡

旧藪塚本町域で、群馬県埋蔵文化財調査事業団が調査した西野原遺跡の石田川調整池部分において、これまでに発見された中では東日本最大級ともいえる七世紀後半から操業されたとみられる巨大な製鉄遺構が検出されており（群馬県埋蔵文化財調査事業団　二〇一〇c）、また、同じく群馬県埋蔵文化財調査事業団が北関東自動車道の建設に伴って発掘調査した強戸町から緑町にかけて所在する峯山遺跡でも、八世紀前半頃の製鉄炉一基と新旧二時期の鍛冶遺構・竪穴建物跡五棟・土坑跡などからなる製鉄遺構が検出されており、炉体や多数の流動滓、鉄滓などが出土している（群馬県埋蔵文化財調査事業団　二〇一〇d）。

また、独立丘陵丸山の、主要地方道足利・伊勢崎線を挟んだすぐ南東側には、一九六九年に駒澤大学考古学研究室の調査によって平安時代の楕円形ないし長方形状の石組炉跡が検出された寺中遺跡がある（『太田市史』通史編　原始・古代）。

先述した古墳時代六世紀後半頃から操業される菅ノ沢窯跡群とほぼ重なる形で、一九六九年の駒澤大学考古学研究室の調査によって半地下式の煙突状炉体を有する三基の製鉄炉跡が検出されている。金山丘陵北東部の東今泉町菅ノ沢から金山丘陵北西部の長手地区にかけては、原料とする砂鉄を含む地層があり、また丘陵には燃料として好適な楢林も豊富で製鉄には適した自然環境であった。とくに菅ノ沢は、古墳時代後期から須恵器生産が専業的形態を取って発達しており、鉄生産が発展するための下地は存在していた。専業的な須恵器生産が行われた地域社会こそ製鉄工人を進出させるのに好適であった。

現在までに明らかになっている須恵器生産が行われた窯跡は金山丘陵南東麓から東麓、八王子丘陵南東麓地域に分布し、瓦窯は八王子丘陵南東麓に集中する傾向がある。奈良時代から平安時代にかけての瓦窯は、石橋町の寺井廃寺や新田田村の入谷遺跡から出土している瓦を生産した萩原窯跡や国分寺瓦を生産する落内窯跡などが存在する。七世紀末から八世紀代を操業の主体とする窯跡には、金山丘陵の北東部に張り出した支丘の突端に近い南斜面上に立地する東今泉・八幡窯跡がある。

いずれにしても、古墳時代後期以来、八王子丘陵南西麓から金山丘陵北麓一帯にかけて、広く須恵器・瓦生産の窯業と製鉄・鍛冶の作業が行われていた、地域社会における重要な生産地域であることがうかがえる。

そうした生産を担っていたのは、古墳時代には地元の豪族層で、おそらくは七世紀末には大道西遺跡の北側に隣接する当該地域唯一の終末期古墳である巌穴山古墳を造営したような豪族の管理下に操業されたものだろう。律令制の成立によって、国評制、のちに国郡制が施行され、この地も評、後に郡に編成されると在地の有力豪族の中から評督、後の郡司が選任され、郡の主導の元に窯業・製鉄生産が行われたものと考えられる。七世紀後半からの中国・朝鮮半島諸国とわが国のヤマト王権との間での軍事的緊張の高まりに加えて、八世紀になると律令国家による東北地方軍事侵攻の影響を受けて、武器武具生産の必要性が高まり、それらを供給するための鉄生産はひときわ重要視されたであろう。山田郡の領域が不自然なほどに南北に細長く、現桐生市・みどり市の山間部をその領域に取り込んでいるのは、郡南部の金山丘陵北部及び八王子丘陵東部で展開した鉄及び須恵器・瓦生産のための燃料を確保するためであったと考えることが出来る。

当該期集落遺跡から検出された竪穴建物跡は、北関東自動車道太田・桐生ＩＣ建設地周辺で群馬県埋蔵文化財調査事業団が調査した範囲の中だけでも、大道西遺跡で一七棟、大道東遺跡で三〇五棟、楽前遺跡で二〇〇棟、鹿島浦遺跡で一二九棟、東今泉鹿島遺跡で九二棟と、膨大な量が検出されている。渡良瀬川支流によって形作られた西北―南東方向に樹枝状の低地を縫って、台地上に大集落が連綿と形成されていた。

2　出土した墨書土器の記載内容から

楽前遺跡及び東今泉鹿島遺跡から出土した土器に記載された「山田」・「山」（表2―37・44～46・54）の文字は、これら両遺跡が所在する古代の郡名である。北関東自動車道太田・桐生ICの建設に先立って発掘調査された大道東・楽前・鹿島浦・東今泉鹿島の遺跡群から約一・五～二キロ西に位置する太田市緑町の、金山丘陵北東麓の台地上に「古氷」の大字名が遺っており、古くから山田郡家の故地に比定されている。郡家の存在を立証するような遺構・遺物は現在のところ全く確認されていないものの、「堂上」「堂下」「石倉」などの郡家及び関連寺院の施設を連想させるような小字名が遺っており、有力な比定地である。

楽前遺跡一区三一三号竪穴建物跡及び一区一〇二一号土坑跡から出土した「入田」の墨書土器（表2―40・43）及び一区三三二号竪穴建物跡から出土した「丹」としるされた墨書土器（発掘調査報告書では「井」と釈読しているが、現物に当たって再確認した結果、「丹」と読むのが妥当であると考える。表2―41）、一区三五七号竪穴建物跡から出土した「入多ヵ」の墨書土器（表2―42）などは、ともに新田郡の郡名の表記と考えられる。

新田郡の郡名を「入田」あるいは「入」一文字で記した例は、これまでも太田市境ヶ谷戸遺跡（表2―17～25）、新田郡家郡庁院跡天良七堂遺跡（表2―31～36）など新田郡家関連の遺跡から出土しており、類例はあるが、「入多」及び「丹」の表記ははじめての出土である。

先述したように、これらの北関東道太田・桐生IC建設に先立って調査された一連の遺跡は、明らかに古代の山田郡の「領域」内にある。その山田郡「領域」内から隣郡・新田郡の郡名が記された土器が多数出土していることの意味をいかに考えるかが問題となる。

楽前遺跡四区では、一号溝跡から出土した「田人」の二文字が記された墨書土器二点（表2―48・49）と、一区二一八号竪穴建物跡から出土した「人」の一文字が須恵器蓋外面に記されたものや（表2―38）、四区一一号竪穴建物跡から出土した、上部が欠損していて不明ながらも下の文字は「人」と判読できる墨書土器（表2―47）とが、同じ内容である可能性が高いと考えられる。楽前遺跡一区二三五号竪穴建物跡では、「人田」と、四区一号溝跡出土の墨書土器の文字順を逆にした文言が記された須恵器杯が出土しており（表2―39）、関連を印象づける。

ただ、楽前遺跡一区二三五号竪穴建物跡出土の「人田」と記された墨書土器（表2―39）は、字形からみれば間違いなく「人田」という表記であるが、同じく一区三一三号竪穴建物跡及び一区一〇二一号土坑跡から「入田」と記された墨書土器（表2―42）が出土していることと考え合わせれば、「入田」の意をもって、結果的には「人田」と判読できる字形によって記された可能性をも想定できるのではないだろうか。また、そのように考えて良いとすれば、一区二一八号竪穴建物跡から出土した須恵器蓋に墨書された「人」の一文字（表2―38）も、新田郡の郡名を意とする「入」の文字として記入された可能性も否定できない。

なお、楽前遺跡四区の南側に隣接する鹿島浦遺跡においても七区八号竪穴建物跡埋土から須恵器椀の底部と体部の各外面に新田郡の郡名の一部である「入」の文字が記された墨書土器（表2―51）と、一・二区五〇号竪穴建物跡埋土から須恵器椀の底部外面に、字形からみれば明らかに「人」と記された墨書されたもの出土している（表2―50）。楽前遺跡出土の「人」と記された墨書土器と同様に、実際には新田郡の郡名の一部である「入」の文字として記された可能性があろう。

また楽前遺跡四区一号溝跡出土の「田人」と記された墨書土器二点（表2―48・49）も、「入田」という表記の新田郡名との関連で考える必要も生じよう。新潟県長岡市八幡林官衙遺跡出土郡司符木簡（新潟県三島郡和島村（当時）教育委員会　一九九二～一九九四）には、

・郡司符　青海郷事少丁高志君大虫　右人其正身率〔

・虫大郡向参朔告司身ヵ率申賜　符到奉行　火急使高志君五百嶋

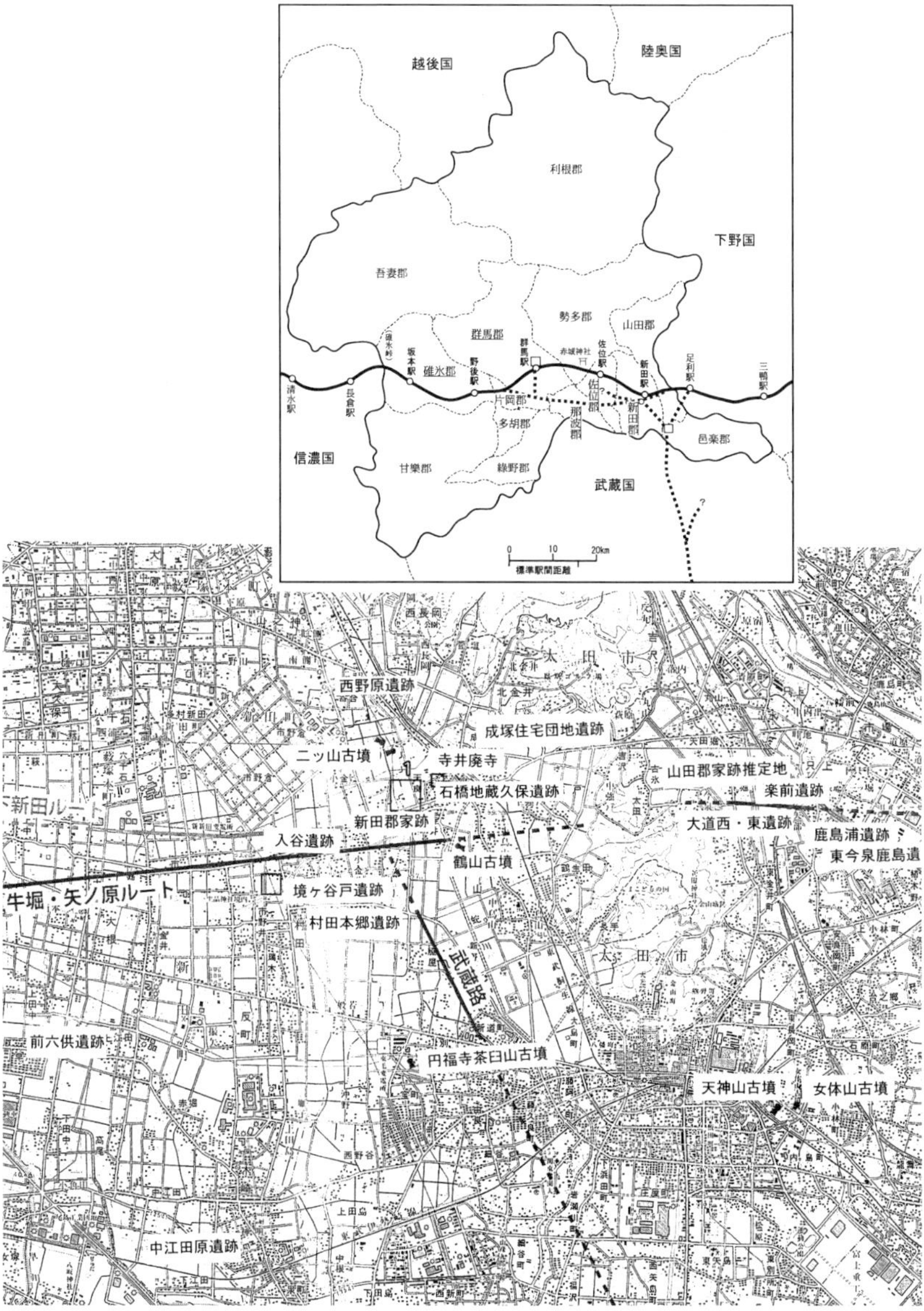

図 3—2　群馬県太田市 新田・山田両郡家跡周辺の主な遺跡

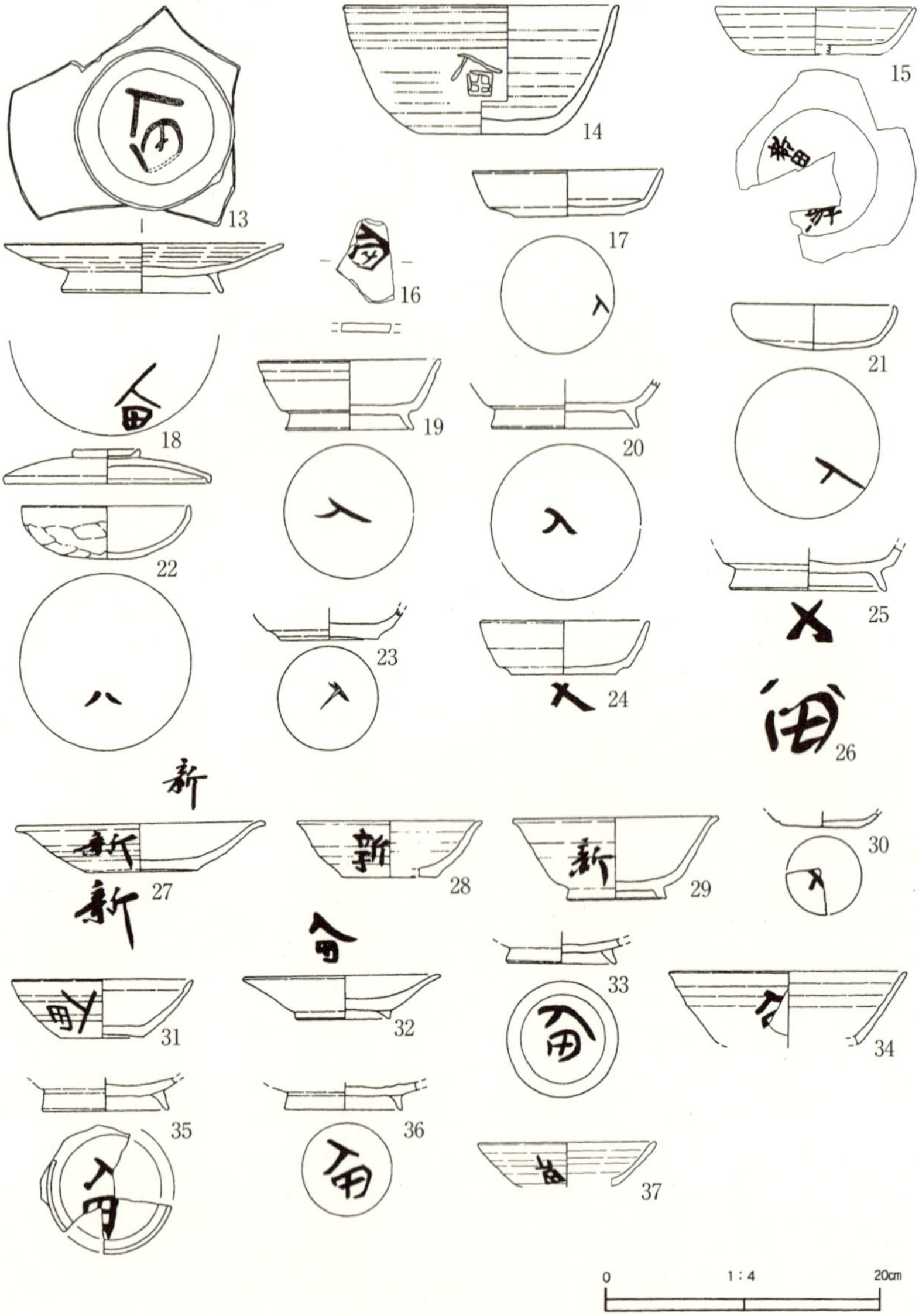

図 3—3　新田群・山田郡にかかわる文字が記された墨書・刻書土器（1）

図 3-4　新田群・山田郡にかかわる文字が記された墨書・刻書土器（2）

表面に記された「高志君大虫」の「大虫」という名前を、裏面では「虫大」と記したり、あるいは同じく裏面で、本来「参向」と書くべきところを「向参」、「告朔」と書くべきところを「朔告」と、文字順を逆にして書いている部分がある。このように、単語を構成する文字順を入れ替えて表記することが、古代社会においては往々にして行われており、「入田」の郡名を「田入」（実際には「田人」と記載されているが）と文字順を入れ替えて記すことがあったとしても、あながち荒唐無稽な想定とはいいがたい。

そのようにみれば、楽前遺跡出土の判読可能な墨書・刻書土器一六点のうち、一三点が郡名関連、そのうちの四点が遺跡地が所在する山田郡、九点が隣郡・新田郡の郡名関連ということになる。

鹿島浦遺跡からは、判読可能な墨書・刻書土器二五点のうち、先に掲げた七区八号竪穴建物跡より「入」の文字が記されたもの（表3―2―51）と、「入」の文字として記された可能性が高い一・二区五〇号竪穴建物跡出土の「人」と二カ所に記されたもの（表3―2―50）の二例の他に、「田」と記された墨書土器が、四区九号竪穴建物跡及び八区五号竪穴建物跡から出土している（表3―2―52・53）。

「田」一文字のみの記載では「山田」「新田」両郡名いずれにも通じ、文字を記入したところで両郡の区別にはなりえず、また、「田」一文字が記された墨書・刻書土器の類例は全国的にもきわめて多いので、郡名の一部として記入されたわけではない可能性も高いところである。しかしながら関連する文字が記された事例として、一応、考慮しておきたい。東今泉鹿島遺跡では、出土した判読可能な墨書・刻書土器二五点のうち、郡名記載時は一点のみである。遺跡が所在郡の郡名「山田」と記された土器（表3―2―54）が五〇号溝跡から出土している。

3　群馬県内出土の郡名記載墨書・刻書土器の全般的様相

北関東自動車道太田・桐生ＩＣ建設に先立って発掘調査された、太田市東今泉町楽前遺跡出土の判読可能な墨書・刻書土器一六点のうちの一三点の記載内容が郡名を関連とすると、現在のところ、群馬県内では一遺跡で最も多く郡名記載土器が出土した例になる。南側に隣接する鹿島浦遺跡や東今泉鹿島遺跡においても山田・新田両郡の郡名ないしその一部の文字が記された墨書土器が計五点出土していることを考え合わせれば、その傾向は一段と顕著である。また、これらの遺跡が古代山田郡の地にありながらも、隣郡の郡名に関わる墨書土器が半数以上を占めており、むしろ当該郡名を記載したものの倍以上の量が出土していることも、全国における郡名記載土器の出土状況からみればきわめて特異である。

郡名が記載された墨書・刻書土器は、静岡県の郡家遺跡からの出土がとくに顕著であるが、全国各地から出土しており、郡家や、郡家の出先機関などの存在、さらには郡家の構造や機能などを類推する上での手がかりとなっている。しかしながら、近年では、郡家やその関連の官衙あるいは施設、郡司層豪族の居宅などとは明らかに考えにくい場所から単独で郡名が記された土器が出土する事例も少なくなく、さしたる遺構が検出されていないケースにおいても、郡名が記された墨書・刻書土器が出土することによって、その場所が郡関係の官衙の出先機関などの施設と直ちに解釈されるような、記載された郡名が一人歩きして遺跡の解釈を歪めてしまうようなケースさえ存在している。

県内では、これまでその種の資料の出土はあまり多くはなかったが、ここ数年の間に相次いで古代の郡名が記された墨書・刻書土器の出土が報じられるようになってきた。

県内出土の郡名記載墨書・刻書土器六五点の内、刻書土器は三点のみであり、他は全て墨書土器である。

4 「新田」郡名記載土器

県内からこれまでに出土した郡名記載土器で最も数量的に多いのは、新田郡に関わるものである。

新田郡は、『和名抄』では、新田・滓野・石西・祝人・淡甘・駅家の六郷からなる中郡とされている。

新田郡の郡名に関わる文言が記された墨書・刻書土器は、太田市楽前遺跡出土の「人田」（表3—2—39）・「人」（表2—38・47）・「田人」（表3—2—48・49）・「丹」（表3—2—41）などと記された墨書土器を含めて、県内から出土した郡名記載土器六五点の内、その半数以上の三六点になる。そのうち刻書土器は、郡家に程近い太田市成塚住宅団地遺跡から出土した土師器椀体部外面に正位で「入田」と記されたものと（表3—2—14、太田市教育委員会 一九九〇）、同市市野井境ヶ谷戸遺跡から出土した須恵器杯の底部外面に「入」と記載されたもの（表3—2—23、新田町〔当時〕教育委員会 一九九四）の二点のみであった。

「入田」の文字が刻書された土師器椀が出土した太田市成塚町の成塚住宅団地遺跡（太田市教育委員会 一九九〇、表3—2—14）及び「新田」の文字が記された須恵器杯と「入田」の文字が記された土師器杯が出土した石橋地蔵久保遺跡（群馬県埋蔵文化財調査事業団 二〇〇八b、表3—2—15・16）は郡家跡天良七堂遺跡の東側にごく近接する郡家周辺集落遺跡であり、位置的にみても郡名記載土器が出土して自然な場所ではある。

また、先述した「入」の文字が刻書された須恵器杯が出土した太田市市野井境ヶ谷戸遺跡（新田町〔当時〕教育委員会 一九九四、表3—2—17～25）は、小規模な範囲にわたる調査であり遺跡の性格は明確にできておらず、郡家跡天良七堂遺跡の西南西約二キロと郡家からもやや離れるが、集落遺跡からは出土することがあり得ない唐三彩陶枕片が出土しており、郡家との密接な関連を想定できる。須恵器蓋の内面に「入田」と記されたものが一点（表3—2—18）、ほかに「入」の一文字が記された資料が八点（17・19～25）、計九点の郡名記載墨書・刻書土器が出土している。

それら郡家周辺近接遺跡から出土した郡名記載土器に比して、「新」一文字が墨書された土器が三点出土した太田市上田中の前六供遺跡（新田町〔当時〕教育委員会 二〇〇〇、表3―2―27〜29）と「入」の一文字が底部外面に墨書された須恵器杯が出土した太田市中江田の中江田原遺跡（群馬県埋蔵文化財調査事業団 一九九六c、表3―2―30）は、ともに郡家の南西にやや離れた所に位置している。しかしながら、前六供遺跡からは郡家ないし荘所における物資の検収に関わる記録木簡がこれら郡名記載墨書土器と共伴して同じ井戸跡から出土している。また、この井戸跡の構造は堅固精緻であり、およそ一般集落のものとはみなしがたい。

このように、新田郡の郡名記載土器は、みどり市宮久保遺跡三号竪穴建物跡から出土した「入田」と底部外面に墨書された須恵器皿と（笠懸村教育委員会 一九八九、表3―2―13）、太田市東今泉町の太田・桐生ＩＣ関連遺跡群出土の一連の資料（表3―2―37〜54）以外、郡庁・正倉院跡天良七堂遺跡から比較的近い範囲の遺跡か、あるいは郡家と関連する官衙の出先機関等と考えられる遺跡からの出土に限られている。

記載された文字は、太田市東今泉町の太田・桐生ＩＣ関連遺跡群から出土した「入田」「人」「田人」「入多ヵ」などと記された墨書土器を含めて、「入田」ないしその一文字「入」が、新田郡名記載土器全三五点のうちの三〇点を占めている。『延喜式』や『和名抄』の現存する写本では、いずれも「新田」と表記し、近代に至るまで「新田」の語が使用されているが、『万葉集』の写本では「爾比多」、平安時代の『延喜式』や『和名抄』では「尓布多」と読みが振られており、「ニヒタ」「ニフタ」と発音されていたようである。郡内所在遺跡から出土している「入田（多）」と記された墨書・刻書土器が多く出土していることは、「ニフタ」と発音されていたことを裏付ける。

「入田」「新田」の郡名ないしその一部が記載された墨書・刻書土器三五点のうち二一点が底部外面への記入であり、一般的にいわれてきた官衙遺跡出土墨書・刻書土器の全般的な文字記入部位傾向によく合致している。また、八割強という須恵器の占有率の高さは、新田・山田両郡が一大窯業生産地域であることから考えれば当然のことといえよう。

5 「山田」郡名記載土器

山田郡の郡名が記されたものは、現在のところ全て墨書土器で、「山」一文字が底部外面に記された楽前遺跡四区一号竪穴建物跡出土の須恵器杯（表3—2—46）と、「山田」の郡名がフルに記された楽前遺跡一区出土の須恵器杯二点（表3—2—37・44）・三区一号溝跡出土の椀一点（表3—2—45）の計四点に、楽前遺跡四区の南側に隣接する鹿島浦遺跡のさらに南東側に隣接する東今泉鹿島遺跡から出土した須恵器杯の底部外面に「山田」の郡名が墨書されたものが一点（表3—2—54）の計五点ある。

この両遺跡における遺構の検出状況からみれば、営まれた建物群を官衙ないしその関連遺跡とみることは到底考えにくい。しかしながら東今泉鹿島遺跡では郡の下級官人から郡家に宛てられた文書が漆紙として出土しており、約一・五キロ西方の太田市緑町古氷地区に所在が想定される山田郡家から漆容器の蓋紙として払い下げられた文書の反故がもたらされていることからも、郡家との密接な関連がうかがえるところである。

6 郡を越えて出土する郡名記載土器

ところで、静岡県内の郡家遺跡からは、遺跡出土の全郡名記載土器中に占める割合はきわめて少ないながらも、当該郡に隣接する郡の厨家を示す文字が記された資料が往々にして出土している（石毛 二〇〇三、山中 二〇〇三）。

例えば、駿河国有度郡家跡（静岡市ケイセイ遺跡）からは、隣郡・安倍郡を示す「安」の文字（静岡市教育委員会 二〇〇六）、駿河国益頭郡家跡（藤枝市郡遺跡）からも隣郡・安倍郡家厨家を意味する「安厨」の文字（藤枝市教育委員会 一九八六）、同じく志太郡家跡御子ヶ谷遺跡からはやはり隣郡・益頭郡家厨家を意味する「益厨」の文字（藤枝市教育委員会 一九八一）、などがそれぞれ記された墨書土器が各一点ずつ出土している。また、遠江国敷智郡家・栗原駅家跡と考えられている浜松市伊場遺跡からも、「布知厨」と記された墨書土器の他に、隣郡・長下郡家厨家を意味する「下厨南」と記された墨書土器が出土している（平川 二〇〇〇a）。
さらに、上総国分尼寺に隣接する集落遺跡である千葉県市原市坊作遺跡からは、所在郡「市原厨」と記された墨書土器と共に、隣郡・海上郡家厨家を示す「海上厨」と記された墨書土器が出土している（市原市教育委員会 一九八〇）。同遺跡は、全くの集落遺跡ながら、立地条件や出土遺物などから上総国分尼寺建立に関わる集落と考えられ、出土したのが官衙そのものの遺跡ではなくとも、国の施設に関連する場所では、当該郡以外の郡厨家記載土器が出土するケースがあり得るということを示している。

郡名記載土器が郡境を越えて移動するケースがあることについては、まず、国府ないし郡家における恒例・臨時の行事に伴う饗宴に当たって、当該官衙にとどまらず、国府においてはその管轄郡厨家が、また郡家にあっては近隣郡家厨家が動員されたケースが想定できる。儀制令元日国司条にみえるように、元日朝賀の饗宴に際しては、国司が国府の財政の中から経費を支出して郡司等に酒食を供することになっており、さらに、郡司告朔の儀、吉祥悔過法会などの恒例行事及び臨時の行事に際してはさまざまな饗宴の場が設定されていた。国厨の職掌の第一は、こうした国府内で行われる儀礼に伴う公的な饗宴に際して食膳供給を行うことにあった。

また、さまざまな史料から、国司館やあるいは国府外における饗宴や、部内巡行・赴任等の国司の公務旅行に際して、出張先に「国厨之饌」が届けられるケースも想定することができ、「郡厨」あるいは「（某）郡厨」と記された土器についても、およそ同様の機能を想定することが可能である。

「国厨」・「（某）郡厨」と記された土器の意味は、平川南氏が指摘しておられるように、そこに盛られた酒食類が「国厨之饌」あるいは「（某）郡厨之饌」であることを表示したものである（平川 二〇〇〇a）。

諸官衙における厨家保管の食器は、元来が膨大な数量にのぼるものと考えられるが、それにもかかわらず、出土土器全体の中における「厨」の文字が記されたものの数があまりにも少ないことや、「国厨」・「（某）郡厨」、あるいは郡名が記された土器が、それぞれの国府や郡家からかけ離れた場所から出土することも少なくないことから考えるならば、「厨」あるいは郡名等を土器に記入することの意味を、従来いわれてきたように「厨施設がその食器を保管・管理する上で食器の所有・所属を明示するために記銘した」という点（津野 一九九〇・一九九三、石毛 二〇〇三、山中 二〇〇三）のみに集約しきれるものではない。

また、国厨や各郡厨からは、各官衙内外に酒食が供給されたわけであるから、「国厨」・「（某）郡厨」・郡名記載土器などが出土した場所が、それらの官衙、あるいは官衙内の厨施設そのものと即断することは出来ない。「国厨之饌」「（某）郡厨之饌」が供給され、酒食が消費された饗宴の場であった可能性もあろうし、また、国府・郡家の出先機関や下部組織が置かれた場所であるとの想定も成立しよう。

さらに、国府に上番、あるいは労働徴発された徭丁等に対して、各出身郡厨家が食料を供給することがあったか、あるいは徭丁たちが出身郡単位に編成されて、これに関わる厨家が「某郡厨」という形で国府内に設置されていたことに因る可能性も平川南氏によって提示されている（平川 二〇〇〇a）。

一方、郡家遺跡において、当該郡厨家名を記した土器と共に近隣郡厨家名を記した土器が出土するような事例については、まず、国司の部内巡行の際の接待など郡家における大きな饗宴に当たって、当該郡厨家が弁備できる労働力や食材・食器だけでは間に合わずに、近隣郡厨家の労働力と食器等が臨時的に動員されるような場合や、他郡厨家から食膳や食器そのものが運び込まれた場合、などが想定できる。

また、郡家が伝馬を利用した官人の交通支援機能、宿泊・給食・供給に当たった施設でもあったことからみれば、国司や伝使の移動、あるいは郡司相互の通交に伴って、他郡郡家厨家で調達した食事や食器が携行され、もち込まれた場合なども考えられる。

上総国分尼寺造営に関わる集落である千葉県市原市坊作遺跡から隣郡厨家を示す墨書土器が出土した事例は、国分尼寺造営という郡を越えた国レヴェルの事業に際して、食膳供給等の面で、他郡厨家が動員されるような場合があったことを物語っている。

このように某郡厨記載土器の出土にはさまざまなケースが考えられる。ただ単に郡名、ないし郡名の一部が記された土器の中には、「某郡厨」の省略表記も存在していたであろう。某郡名表記土器の解釈の一つの可能性として提示しておきたい。

いずれにしても「某郡厨」表記土器が表記郡の境を越えて出土することは当時のさまざまな状況から充分に説明の付くことであり、不自然な事態ではないことが判明するのである。さらに、そこから敷延すれば、郡名ないしその一部の文字が記された土器が、郡境を越えて当該郡以外の場所や、あるいは郡内であっても明らかに郡家ないしその関連官衙のある場所とは考えにくい場所から出土するケースについては、やはり同様に、郡名記載土器の移動が想定可能なさまざまなケースの中で解釈することが可能である。

なお、静岡県内の郡家遺跡である藤枝市御子ヶ谷・秋合両遺跡や、浜松市伊場遺跡、同市井通遺跡などにおける大溝からの大量の土器出土状況からは、祭祀・儀礼における郡名記載土器の使用の可能性も想定できるところである。その際に、それら「国厨之饌」・「(某)郡厨之饌」が供された先は、現実世界の貴顕に止まらず、神仏などに対するケースも考えられる。さらにいうなれば、実際には、「国厨之饌」・「(某)郡厨之饌」でなくとも、そのようなブランドを騙って国・(某)郡厨銘、あるいは郡名記載土器が供えられたケースさえ存在していた可能性が考えられる。

7　太田市東今泉町北関東自動車道太田・桐生ＩＣ関連遺跡群における郡名記載土器の出土の意味

山田郡の領域にかかる一部の遺跡、とくに北関東自動車道太田・桐生ＩＣ建設に先立って発掘調査された遺跡群から山田・新田両郡に関係する墨書土器が出土していることの意味や理由については、上述してきたような、さまざまなケースが想定できるところである。

しかしながら、先述したように、静岡県内における郡家遺跡などから当該郡隣郡の郡名が記された土器が一〜二点、当該郡名記載土器に混じって出土するケースはこれまでもあったが、本県太田市東今泉町の北関東自動車道太田・桐生ＩＣに関わる遺跡群のように、当該郡名記載土器よりも隣郡名記載土器の方が多く出土しているようなケースは、これまでのところ全国的にも類例が全くない。その特異性こそが、それらの遺跡の特質の一つとさえいえるだろう。これは、国司の部内巡行などに伴って、隣郡郡家から人員ないし食器、あるいは供食の動員がなされたためとみるにはいささか多過ぎる隣郡名記載土器の量であろう。

これら北関東自動車道太田・桐生ＩＣ関連遺跡群からは、楽前遺跡において二点、鹿島浦遺跡において一点、脚付きの円面硯が出土しており、それ以外にも墨痕が明瞭な転用硯の出土例が多くみられる。墨痕及び摩耗痕の顕著な硯の存在は、当地における識字層の存在を示唆するところである。

また、四区の南側に隣接する鹿島浦遺跡からは、一般集落では使用されたとはおよそ考えがたい獣足付円面硯の優品が出土していたり、さらにその南東に隣接する東今泉鹿島遺跡からは漆紙文書が出土し、郡家で廃棄された反故紙が容易に入手できる環境としての郡家との密接な関連が想定される。しかしながら、その反面、検出された遺構の状況からみれば官衙的な様相は全く見出しがたい。

出土した当該郡名記載土器よりも隣郡名表記墨書土器の数の方が上回って出土している点からみれば、まず第一には、上野国一国レベルの官衙関連施設か、国司の巡行先とみるのがまず自然なところであろうが、先述したように、遺構の検出状況からみれば、本遺跡はもちろん、西に隣接する大道東・大道西遺跡、南側に隣接する鹿島浦遺跡・東今泉鹿島遺跡とも、全くそのような性格の遺跡とはみなしがたく、また、当然、郡家の出先機関等とも考えにくい。また、国内複数郡の郡名が記された土器がいくつも出土しているというような状況はなく、さらに、山間部を隔てて山田郡の北側に隣接する勢多郡の郡名に関わる文字が記された土器はもとより、南側の平野部に隣接し、通交が容易なはずな邑楽郡の郡名が記された土器すら全く出土していない。出土しているのはあくまでも当該山田郡とその西側に隣接する新田郡の郡名に関わる文字が記された土器に限られている。

このような墨書・刻書土器の出土状況だけをみても、この地に上野国一国レベルの官衙ないし施設が存在したとは想定しがたいところである。

楽前遺跡一・三・四区及び鹿島浦遺跡・東今泉鹿島遺跡では、竈を軸として縦長の長方形状を呈する所謂工房型と称される竪穴建物跡がいくつも検出されている。それらの竪穴建物跡は、規則的に整然と配置され、いかにも官衙工房的な配置をされているわけではないが、一般的な住居とは考えにくい、特色有る形状を呈する竪穴建物跡が多いことは特筆できる。

また、楽前遺跡一・二区では計八基の粘土採掘坑跡が検出されており、鹿島浦遺跡においても報告書では粘土採掘坑跡とはしていないが、形状や土層の堆積状況からみて、明らかに粘土採掘坑跡とみられる遺構が一基検出されている（群馬県埋蔵文化財調査事業団 二〇一〇ａ：三七一頁、八区九四号土坑跡）。

多数の須恵器・瓦窯跡が発見され、古代の一大窯業・製鉄業集積地として著名な金山丘陵から至近の位置にあるこれらの遺跡でも、土器生産の一翼が担われていたことが判明している。今回、発掘調査された範囲においては、あまり明瞭な手工業生産の痕跡を見出すことは出来なかったが、本遺跡及び周辺の地において、大規模な手工業生産が展開されていた可能性は強いといえよう。

さらに、楽前遺跡四区の南側に隣接する鹿島浦遺跡や、さらにその南東に隣接する東今泉鹿島遺跡などから漆紙文書が出土していることからみれば、漆塗り作業工房の存在も示唆されるところである。

北関東自動車道太田・桐生ＩＣ関連遺跡群遺跡及び周辺遺跡からの郡名記載土器の出土は、本遺跡及び周辺の地に展開した手工業生産の経営主体としての郡の存在が想定できるのではないだろうか。

ただ、当該郡のみならず隣郡名記載の土器が、当該郡名記載土器を上回って出土していることの理由については、そのように想定してもなお、整合的に解釈することは難しい。

山田郡の郡家所在地は、現・桐生市北部の山間部まで範囲としていた山田郡の領域からみれば、郡域の南西端に非常に偏った位置にある。また、それに対応するかのように、新田郡家天良七道遺跡も、新田郡の領域の中では、多分に東に寄った位置にあり、仮に、山田郡家の推定地である太田市緑町古氷地区を山田郡家所在地とみなすと、両郡郡家間は、直線距離にして僅かに三・五キロほどに過ぎない近接した位置にあることになる。

窯業生産と製鉄という手工業生産を基軸産業として成立したであろう山田郡の郡家所在地は、郡域全体からみれば非常に偏った位置になるわけで、そのような場所に郡家が設置された背景には、多分に地域首長同士の、あるいはさらにその上のレベルである上野国ないし中央政府などとの間のパワーバランスによる政治的な要素が強く想定できるところである。

また、七世紀中葉には造営されたであろう、八ヶ入～大道東・西～鹿島浦遺跡で検出された初期東山道駅路の路線設定とも絡んでくる問題でもあろう（川原 二〇〇五）。

もちろん、現存する史料上からは全く確認することは出来ないのではあるが、想像を逞しくするならば、例えば、山田評・郡の地は、元来「ニフタ」の領域（例えば国造国のような）に包括されていたものから、「山田」評の前身となる地域が分離「独立」されて設定された可能性が想定出来るかもしれない。ただ、そのような事態は、既存の史料では全く確認することはできないので、新田「領域」から山田「領域」の分割が行われたとすれば、それは評制施行以前のことということになろう。

いずれにせよ両郡の郡家の位置関係からみても、新田・山田両郡には、上野国内において、他の郡間にはみられないうような密接な関連を想定することが可能であり、山田郡内にある楽前・鹿島浦・東今泉鹿島遺跡からの新田・山田両郡関連文字記載墨書・刻書土器の出土は、その両郡の密接な関連をさらに裏付けることになろう。

金山丘陵北麓で展開された窯業・鉄生産が、あるいは山田郡一郡のレベルではなく、隣郡・新田郡をも巻き込んだ二郡体制で操業された可能性をも積極的に想定するべきではないだろうか。同様のことは、八王子丘陵で操業された窯業生産、さらには旧藪塚町西野原地区で操業された巨大な製鉄事業についてもいえることかもしれない。いずれにせよ、各郡の上位に位置する上野国一国レベルに経営はもちろん、二郡ないし複数郡による共同経営の産業構造を示唆するように思われる。楽前遺跡はじめ北関東自動車道太田・桐生ＩＣ建設に伴って発掘調査された遺跡群から出土した山田・新田両郡の郡名記載土器は、そのことを示す一つの歴史的な根拠となるであろう。

また、このような隣接する郡同士の密接な関係や、一国レベルにまでは達しない、二郡あるいはそれ以上の複数郡の連携による生産拠点ないし経営施設の存在は、上野国南東部のこの地域にとどまらず、さらに広い範囲で行われていたであろうことを、より積極的に想定すべきではないだろうか。

今後、具体的な事例を積み重ねていくことによって、古代における手工業生産経営の実態を解明することに繋がっていくものと考える。

土器の消費地において記入された文字資料の出土を根拠にしたこのような想定は、複数郡から貢進される瓦を、各郡からの発注によって一括して生産した瓦窯の遺跡から出土する複数郡名・郷名・人名などが生産段階で記入された文字瓦とはまた異なる次元において高い意義を有するものと考える。

おわりに

群馬県内出土の郡名記載土器を中心に、東日本各地出土の郡名記載土器を集成し、その傾向をみてきたが、先述したように、郷名を記した土器の例も、また、郡名と同じ名の郷が郡内に所在する例も、また、郡名を名に負う氏族名も、それぞれ全国的に多く存在している。そこに記されているのが郡名に通じる文字であっても、実際には郡名なのか、郡名と同じ郷名なのか、郡名と通じる氏族名として記されたのか、資料そのものからでは分別が付きがたい。また、郡名及び郷名には「好字」が付けられたわけであるから、集落遺跡から一般的に出土する墨書・刻書土器の大多数に記される所謂「吉祥文字」とも共通するわけであり、「吉祥文字」は人名とも通じるから、解釈はいかようにも可能になる。そのような意味では、ここで集成した中には、郡名記載土器と厳密に判別するには難しい資料が混在していることもまた事実である。上述してきたことは、そうした史料的な限界を踏まえての検討結果である。

これまでは、圧倒的に資料数・量が多い静岡県内の郡家および関連遺跡出土の郡名記載土器、とりわけ駿河国志太郡家跡静岡県藤枝市秋合・御子ヶ谷両遺跡と、遠江国引佐郡津の遺跡と考えられる同県浜松市井通遺跡出土の計三六〇点の資料が、郡名記載土器の基本形のように考えられてきたが、確かに数量こそ多いものの、郡名ないしその一部＋「大・少領」、あるいは郡名ないしその一部＋「一」・「二」といったような書式のものは東日本全体でみれば、これらの遺跡以外ではあまりみることが出来ない書式であることが判明した。

郡名記載土器の基本的な書式とは、郡名のみあるいはその一文字のみを記すか、あるいは郡名ないし郡名のうちの一文字に「厨」の文字が附され、某郡厨の土器であることを示すかである。

これまで述べてきたように、記銘土器の絶対的な僅少さからいえば、官衙遺跡出土の墨書土器については、従来いわれてきたような、食器の保管・管理のための文字記入とは考え難く、平川南氏がいわれるような食菜供膳元の明示機能、さらにはそれに止まらず祭祀・儀礼などの際の使用という特殊な、非日常の用途を想定するべきであると考える。その意味においては、集落遺跡出土の墨書・刻書土器の用途および機能に共通する部分が大きいと位置付けることが可能であろう。

静岡県の郡家およびその関連遺跡では、低湿地や大溝などから膨大な量の墨書。刻書土器が出土しており、それら大量の墨書・刻書土器が、祭祀・儀礼に伴って投じられた可能性を示唆するかのような出土状況である。この点も、官衙遺跡出土墨書・刻書土器の祭祀用途を裏付けているように思われる。

ただし、大溝に流す、あるいは投じる行為自体が祭祀であるのか、あるいは祭祀・儀礼等の行為の終了後の土器の廃棄なのかは、現時点では不明といわざるを得ない。出土状況からはいずれにも解釈することが可能である。

こうした静岡県内の郡家及びその関連遺跡から大量に出土した郡名記載土器に比べて、ほかの地域の遺跡では、例えば陸奥国安積郡家跡福島県郡山市清水台遺跡や同国白河郡家跡同県泉崎村関和久官衙遺跡などで郡名ないしその一部が記された土器がまとまって出土しているが、出土遺構はまちまちであり、また、郡名記載土器の量はそれぞれの遺跡から出土した土器全体の量からみてきわめて僅少である。さらに、これら両郡家遺跡からは、食器の保管管理を担当した厨の文字が記された郡名土器が一点も出土していない。保管管理のための記銘であるならば、共通する用途機能の下、書式にも各地域や個々の官衙を越えた斉一性がある程度指摘できて然るべきであり、これらの点も、官衙における食器の保管管理に伴って郡名が記されたとは考えにくい理由の一つである。

食器である土器の保管場所として厨家は最もそれにふさわしい場所であり、郡名に「厨」の文字が附されて記された土器が多いこともまことに自然である。郡名ないしその一部の文字が記された土器の中には、当然、本来は「某郡厨」と記されるべきものが略されて、郡名ないしその一文字のみが記されたものも存在するであろう。

「国厨」・「(某) 郡厨」と記載された土器を、そこに盛られた酒食が「国厨之饌」・「郡厨之饌」であることを明示したものと説かれた平川南氏の説はまことに説得力に富んだ魅力的な仮説である。さらにそれを発展させて考えるならば、「国厨之饌」・「郡厨之饌」が国司・郡司らといった現実世界の人間に対して供されたに限らず、それらが神仏に対する儀礼の中でそれらに対して供された可能性や、さらには神仏の供献に対して、仮に実際はそうでなくてもあたかもそのブランド名ゆえに「国厨之饌」・「郡厨之饌」を仮冒してそのように記載されるケースをも想定することが可能であろう。そしてさらに敷延するならば、郡名ないしその一部の文字が記された土器の大方は、祭祀・儀礼関連で記されたものが占めるであろうことを想定できるのではないだろうか。

また、群馬県太田市東今泉町の、北関東自動車道太田桐生ＩＣの建設に伴って発掘調査が行われた楽前・鹿島浦・東今泉鹿島群馬県内出土の郡名記載土器について、記名当該郡の郡外から郡名が記された土器がまとまって出土することの意味や、歴史的な背景に関する仮説を提示した。

郡境を越えて隣郡ないし近接郡の郡名が記された土器が出土するような事例に関しては、これまでは、圧倒的に資料数・量が多い静岡県内の郡家および関連遺跡出土の郡名記載土器、とりわけ駿河国益頭郡家跡静岡県藤枝市郡遺跡、同国志太郡家跡静岡県藤枝市秋合・御子ヶ谷両遺跡、遠江国敷智郡家及び郡津の遺跡と考えられる同県浜松市伊場遺跡などにおける資料の中で、当該遺跡所在郡隣郡名が記された土器が僅かに混在することが知られる程度に過ぎなかったが、群馬県太田市東今泉町における北関東自動車道太田・桐生ＩＣ建設に先立って発掘調査された楽前・鹿島浦・東今泉鹿島遺跡の調査成果によって、遺跡が所在する郡の郡名よりも、隣郡の郡名が記された墨書・刻書土器が多く出土するような事例があることが判明した。

全国的にみても、このような事例はきわめて特異であるため、本章では、そうした事象が起こった背景や、歴史的な所以について考察してみた。その結果、両郡の特殊な地勢や、既存の史料ではうかがい得ないような両郡の密接な関連を想定することが出来た。

以前から指摘されているように、史料に乏しい古代地域史の解明に際しては、木簡、漆紙文書、文字瓦、墨書・刻書土器などをはじめとする出土文字資料の活用が有効であることは言を待たない。一文字ないし二文字のみの記載という、表面的にはきわめて断片的な文字情報しか有しない資料であっても、出土状況や出土分布を考慮しながら、資料を集積することによって地域の古代史の実態を明らかに出来ることを、この貧弱な小稿であってさえも明確にし得たのではないかと、ひそかに自負するところである。

また、食器の保管管理のための記銘であるならば、共通する用途機能の下、書式にも各地域や個々の官衙を越えた斉一性がある程度指摘できて然るべきであり、これらの点も、官衙における食器の保管管理に伴って郡名が記されたとは考えにくい理由の一つである。郡名ないしその一部の文字が記された土器の大方は、郡ないし郡司層豪族たちが執り行った祭祀・儀礼関連で記されたものが占めるであろう。それ故にこそ、郡名記載土器が郡域を超えて混在して出土していることに重要な意味が存在するように思われる。

意を尽くせなかったところも多々あるが、不備な点は後考に期することととして、とりあえず、今は以上を仮説として提示して、この雑駁な小稿を擱筆する。

補註

(1)　土器焼成後に文字が記される墨書土器と、土器焼成過程において文字が記入される刻書土器とは、文字が記入された段階が異なり、両者は分別して考えるべきであるとの考えが強かったが、近年、集落等の遺跡から出土する、土器焼成段階に記入された須恵器刻書と焼成後土器消費地段階で記入されたとみられる墨書文字とが共通するケースが相次いでおり、背景として、土器消費地から、土器の生産段階に対して、土器焼成前に特定の文字を刻書するよう発注していたことが考えられる。本章で取り上げた静岡県藤枝市郡遺跡においても、須恵器生産段階で刻書された「益」の郡名の一部の文字と、土器消費段階である益頭郡家で墨書された「益」「益頭」の郡名の文字とが一致している。故に、最近の研究では、刻書土器と墨書土器とでは、確かに文字記入の具体的段階こそ違うものの、両者の間には密接な関係が存在した場合も多く、一概に分別して考えるべきではないという見方が主流である。

引用・参考文献

青森県 二〇〇八『青森県史 資料古代2 出土文字資料』
秋田城跡調査事務所 二〇〇〇『秋田城出土文字資料集』Ⅲ
荒井秀規 二〇〇二「神奈川県出土の墨書土器」『神奈川県立歴史博物館総合研究報告―さがみの国と都の文化交流―』（神奈川県立歴史博物館、六五―一〇〇頁）
荒井秀規・志村佳名子「神奈川県出土墨書・刻書土器集成」（『明治大学古代学研究所紀要』10、明治大学古代学研究所、五七―一五四頁）
安中市埋蔵文化財発掘調査団 二〇〇五『西裏遺跡』
石岡市教育委員会 二〇〇一『常陸国衙跡―石岡小学校温水プール建設に伴う調査―』
石川正之助・右島和夫 一九八六―一九九一「鶴山古墳出土遺物の基礎調査」1～6（『群馬県立歴史博物館調査報告書』2～7）
石毛彩子 二〇〇三「駿河国志太郡衙・益頭郡衙と墨書土器」（奈良文化財研究所編『古代官衙・集落と墨書土器―墨書土器の機能と性格をめぐって―』七九―一〇二頁）
伊勢崎市教育委員会 二〇〇八『三軒屋遺跡』Ⅰ
同 二〇一〇『三軒屋遺跡』Ⅱ
市原市教育委員会 一九七七『上総国分寺台発掘調査概報』Ⅶ
同 一九八〇『上総国分寺台調査概報』
茨城県考古学協会 二〇〇五『古代地方官衙周辺における集落の様相』
江口 桂 二〇〇二「武蔵国府関連遺跡出土墨書土器の基礎的検討」（『府中市郷土の森博物館紀要』15、府中市郷土の森博物館、五―四二頁）

大川原竜一　二〇〇七ａ「東京都出土墨書・刻書土器集成」（吉村武彦編『文字瓦・墨書土器のデータベース構築と地域社会の研究』、六一―一三一頁）
同　二〇〇七ｂ「埼玉県出土墨書・刻書土器集成」（『明治大学古代学研究所紀要』６、明治大学古代学研究所、四七―一二九頁）
太田市　一九九五『太田市史　通史編　原始・古代』
太田市教育委員会　一九九〇『成塚住宅団地遺跡』
太田市教育委員会　二〇〇八『天良七堂遺跡』
同　二〇一〇『天良七堂遺跡』
大谷向原遺跡発掘調査団　一九九二『大谷向原遺跡』
小郡市教育委員会　二〇〇〇『上岩田遺跡発掘調査概報』
尾崎喜左雄　一九七六『群馬の地名』上・下、上毛新聞社
小田原市教育委員会　二〇〇二『下曽我遺跡・永塚下り畑遺跡第Ⅳ地点』
笠懸村教育委員会　一九八九『笠懸村宮久保遺跡』
川井正一ほか　二〇〇〇―二〇〇九「茨城県域における文字資料集成」１～10（『研究ノート』９・11・12、『年報』23～28、茨城県教育財団）
川越市教育委員会　一九九一『五畑東遺跡調査報告書』
川原秀夫　二〇〇五「古代上野国の国府及び郡・郷に関する基礎的考察」（『ぐんま史料研究』23、群馬県立文書館、一一一―一二四頁）
黒済玉恵　二〇〇九「武蔵国出土『厨』墨書土器集成」（『明治大学古代学研究所紀要』明治大学古代学研究所、三五―五五頁）
久留米市教育委員会　一九九一『道蔵遺跡』
久留米市　一九九四『久留米市史12　資料編（考古）』
群馬県教育委員会　一九八九『史跡上野国分寺跡発掘調査報告書』
同　一九九九『上西原遺跡』
群馬県埋蔵文化財調査事業団　一九九一『元総社寺田遺跡』Ⅰ

同　一九九二『史跡十三宝塚遺跡』
同　一九九三『多胡蛇黒遺跡』
同　一九九六a『元総社寺田遺跡』Ⅲ
同　一九九六b『上栗須寺前遺跡群』Ⅲ
同　一九九六c『中江田八ッ縄遺跡』
同　二〇〇七『東今泉鹿島遺跡』
同　二〇〇八a『堤沼上遺跡』
同　二〇〇八b『石橋地蔵久保遺跡』
同　二〇〇八c『成塚向山古墳群』
同　二〇〇九a『楽前遺跡』(1)
同　二〇〇九b『古氷条里制水田跡・二の宮遺跡』
同　二〇一〇a『鹿島浦遺跡』
同　二〇一〇b『楽前遺跡』(2)
同　二〇一〇c『西野原遺跡』(5)(7)
同　二〇一〇d『峯山遺跡』Ⅱ
県央第一水道遺跡調査会　一九九五『青梨子金古境遺跡』
郡山市教育委員会　一九七五『清水台遺跡第2次発掘調査概報』
同　一九七六『清水台遺跡第3次発掘調査概報』
郡山市埋蔵文化財発掘調査事業団　一九九二『郡山埋文ニュース』65
古代交通研究会　二〇〇五『古代道路事典』八木書店
駒澤大学考古学研究室　二〇〇九『群馬・金山丘陵窯跡群』Ⅱ
小宮俊久　二〇〇〇「古代新田郡の様相—新田郡衙を中心として—」(『群馬文化』261、群馬県地域文化研究協議会、一—二二頁)
同　二〇〇二「上(毛)野国の古代交通網と官衙」(『埼玉考古学会シンポジウム　坂東の古代官衙と人々の交流』埼玉考古学

会、五〇—六六頁）
静岡県埋蔵文化財調査研究所　二〇〇七『井通遺跡』
静岡市教育委員会　二〇〇五『ケイセイ遺跡—第5次発掘調査報告書—』
清水みき　一九九一「食料供給官司名を記す墨書土器に関する一考察」（『京都考古』59、京都考古刊行会、一—五頁）
杉山秀宏・高井佳弘　二〇〇八「住谷コレクション瓦類資料の基礎調査の成果について」（『群馬県立歴史博物館紀要』29、群馬県立歴史博物館、二五—四二頁）
関本寿雄・高島英之・川原秀夫　二〇〇六「大泉町出土の墨書土器について—邑楽郡家推定地とその周辺—」（『館林市史研究おはらき』2、館林市、四五—七二頁）
高井佳弘　一九九九「上野国分寺跡出土の郡郷名押印文字瓦について」（『古代』107、早稲田大学考古学会、三五—四八頁）
高島英之　二〇〇〇「群馬県前橋市元総社寺田遺跡出土の墨書土器・墨書木製品」（同『古代出土文字資料の研究』東京堂出版、二二七—二四七頁）
高橋　学　二〇〇三「城柵官衙と墨書土器—出羽国北半の事例を中心に—」（奈良文化財研究所編『古代官衙・集落と墨書土器—墨書土器の機能と性格をめぐって—』一三七—一五八頁）
巽淳一郎　二〇〇三「都城出土墨書土器の性格」（奈良文化財研究所編『古代官衙・集落と墨書土器—墨書土器の機能と性格をめぐって—』一五九—二〇四頁）
谷　旬　二〇〇八「千葉の出土文字、その後」（『白門考古論叢』Ⅱ、中央考古会、三〇一—三五一頁）
千葉県　一九九六『出土文字資料集成』
土屋文明　一九四四『萬葉集上野國歌私注』煥乎堂、三四—三五頁、五九—六二頁
津野　仁　一九九〇「地方官衙遺跡の墨書土器」（『古代』89、早稲田大学考古学会、一四—二一頁）
同　一九九三「地方官衙の墨書土器」（『月刊文化財』362、第一法規出版、三〇—三四頁）
栃木県教育委員会　一九八六『下野国府跡資料集』Ⅱ（墨書土器・硯）
栃木県文化振興事業団　一九八七『下野国府跡』Ⅳ
奈良文化財研究所　二〇〇四『古代の官衙遺跡』Ⅱ遺物編

新潟県三島郡和島村（当時）教育委員会 一九九二―一九九四『八幡林遺跡』1―3
新潟県墨書土器検討会 二〇〇四『新潟県内出土古代文字資料集成』
新田町（当時） 一九九〇『新田町誌』通史編1
新田町教育委員会 一九九四『境ヶ谷戸・原宿・上野井Ⅱ遺跡』
同 二〇〇〇『前六供遺跡・後谷遺跡・西田遺跡』
同 二〇〇四『天良七堂遺跡』Ⅱ
浜松市教育委員会 二〇〇八『伊場遺跡総括編（文字資料・時代別総括）』
早川庄八 一九九七『日本古代の文書と典籍』吉川弘文館
兵庫県立歴史博物館 二〇〇二『古代兵庫への旅―奈良・平安時代の寺院と役所―』
平川 南 二〇〇〇a「『厨』墨書土器論」（同『墨書土器の研究』吉川弘文館、一〇二―一三九頁、初出一九九三年）
同 二〇〇〇b「墨書土器からみた役所と古代村落」（同『墨書土器の研究』吉川弘文館、一五八―二〇一頁、初出一九八八―二〇〇〇年）
同 二〇〇〇c「墨書土器とその字形」（同『墨書土器の研究』吉川弘文館、二五九―三二四頁、初出一九九一年）
平塚市遺跡調査会 一九九三『山王B・稲荷前A遺跡』
平塚市博物館 二〇〇一『平塚市内出土の墨書・刻書土器』
藤枝市教育委員会 一九八一『志太郡衙跡（御子ヶ谷遺跡・秋合遺跡）』
同 一九八六『静岡県藤枝市郡遺跡発掘調査概報』Ⅲ
前橋市埋蔵文化財発掘調査団 一九九〇a『前山Ⅱ遺跡』
同 一九九〇b『荒子小学校校庭Ⅱ・Ⅲ遺跡』
松尾昌彦 一九九四「『厨』銘墨書土器考―松戸市坂花遺跡出土例をめぐって―」（『松戸市立博物館紀要』1、松戸市立博物館、二六―五三頁）
松嶋順正 一九七八『正倉院宝物銘文集成』吉川弘文館
松田 猛 一九八六「群馬県における文字瓦と墨書土器―前橋市上西原遺跡の文字資料―」（『信濃』38-11、二一―四五頁）

松村恵司　一九九三ａ「古代集落と墨書土器」（『駿台史学会第2回日本古代史シンポジウム律令国家の成立と東国』駿台史学会）
同　一九九三ｂ「特集『墨書土器の世界』から」（『月刊文化財』363、二四―二五頁）
三浦茂三郎　二〇一〇「群馬県における後・終末期古墳からみた律令制郡領域の研究」（『群馬県立歴史博物館紀要』31、群馬県立歴史博物館、四九―六四頁）
山口英男　一九九一「官衙遺跡出土の墨書土器」（『藤沢市史研究』24、藤沢市、三八―四二頁）
山中敏史　一九九四『古代地方官衙遺跡の研究』塙書房
同　二〇〇三「郡衙における食器管理と供給」（奈良文化財研究所編『古代官衙・集落と墨書土器―墨書土器の機能と性格をめぐって―』一〇三―一三六頁）
山梨県　二〇〇一『山梨県史　資料編3原始・古代3文献・文字資料』

表3―1　東日本出土郡名記載土器

番号	出土遺跡所在地	出土遺跡名	出土遺構	釈文	器種	記載場所・方向	土器の年代
1	岩手県奥州市	胆沢城跡	井戸SE1050埋土	斯波	赤焼・台付鉢	体外横	10前
2	〃	〃	井戸SE1067埋土	刺	須恵・杯	底外	9前
3	〃	〃	〃　裏込土	志安	須恵・椀	体外倒	9前
4	宮城県多賀城市	市川橋遺跡（多賀城周辺都市遺跡）	河川SD5021埋土	日理□	土師・杯	底外	8
5	〃	〃	〃	日□〔理ヵ〕	土師・杯	体外横	8
6	〃	〃	〃	宮木　宮木	土師・杯	底外	8
7	〃	〃	〃	日□〔官ヵ〕	須恵・杯	体外横	8
8	〃	〃	〃	日理郡□□〔濱ヵ　驛家　厨　三由丸	須恵・杯	底外	8
9	〃	〃	〃	菊多／徳	須恵・杯	体外横／底外	8
10	〃	〃	〃	□／日理	須恵・杯	底外	8
11	〃	〃	〃	信夫	須恵・杯	底外	8
12	〃	〃	〃	柴田（焼成後刻書）	土師・杯	底外	8
13	〃	〃	〃	□〔胆ヵ〕	須恵・杯	底外	8

14	〃	〃	〃	日理吉	土師・杯	体外横	8
15	〃	〃	〃	□□　名取（焼成後刻書）	土師・椀	底外	8
16	〃	〃	〃	名取	土師・椀	底外	8
17	〃	〃	河川 SD5055 埋土	日理	須恵・杯	底外	8
18	〃	〃	竪穴 SI5324 埋土	信夫	土師・杯	底外	8後～9前
19	〃	〃	溝 SD1515 埋土	名取	須恵・杯	体外正	8後～10前
20	〃	〃	土坑 SK1518 埋土	名取	土師・杯	底外	8後～10前
21	〃	〃	河川 SX1351D 埋土	苅田	須恵・杯	体外正	9初～中
22	〃	〃	溝 SD1317 埋土	□〔苅ヵ〕田	須恵・杯	体外	8後～10前
23	〃	〃	溝 SD1522 埋土	和足	須恵・杯	体外倒	9初～中
24	〃	〃	井戸 SE1285 埋土	□〔苅ヵ〕田	土師・杯	体外倒	9後
25	〃	〃	検出面	鞠	須恵・杯	底外	奈良・平安
26	〃	山王遺跡（多賀城	溝 SD5050 埋土	今山 行方	須恵・蓋	摘内	8後
27	〃	周辺都市遺跡）	溝 SD399 埋土	新田（焼成前刻書）	須恵・壷	底外	8～9
28	〃	〃	井戸 SE611B	□□□〔江刺郡ヵ〕（焼成前刻書）	須恵・甕	頸外正	
29	〃	〃	道路 SX5824A 北側溝埋土	柴田	須恵・杯	底外	9前～中
30	〃	〃	道路 SX10C 西側溝埋土	宮郡	須恵・杯	底外	8中～後
31	〃	〃	溝 SD1020C 埋土	賀□〔美ヵ〕	須恵・杯	底外	8後～10前
32	〃	〃	溝 SD1020A 埋土	宮城	須恵・椀	底外	9前
33	〃	〃	河川 SD1602B 埋土	宇多	須恵・杯	体外正	9
34	〃	〃	〃	□□〔宇多ヵ〕	土師・杯	体外横	9～10
35	〃	〃	〃	宇多長	土師・杯	体外横	9中～後
36	〃	〃	〃	宇多□〔田ヵ〕	土師・杯	底外	9～10
37	〃	〃	〃	宇多□〔田ヵ〕	須恵・杯	体外正	9後
38	〃	〃	〃	□〔宇ヵ〕多女	土師・杯	体外横	9中～後
39	〃	〃	〃	□〔宇ヵ〕多□	土師・杯	体外～底外	9後～10前
40	〃	〃	〃	宇多	土師・杯	体外横	9～10

41	〃	〃	道路SX3461B南側溝埋土	宇多□	土師・杯	底外	10前
42	〃	〃	〃	□〔宇ヵ〕	土師・杯	体外	10前
43	〃	〃	河川SD2000埋土	宇多□	土師・杯	体外	10前～中
44	〃	〃	〃	宇多□□〔東丸ヵ〕	土師・杯	体外～底外	8後～10前
45	〃	〃	〃	小田	須恵・杯	体外正	9後
46	〃	〃	〃	宇多田	土師・杯	体外横	9後
47	〃	〃	〃	宇多田	土師・杯	体外～底外	9後
48	〃	〃	〃	宇多□	土師・杯	底外	9後
49	〃	〃	〃	宇多田	土師・杯	底外	9
50	〃	〃	〃	宇多利／宇多利	土師・杯	体外正／底外	9中～後
51	〃	〃	〃	□／□〔宇ヵ〕多	須恵・杯	体外正／底外	8中～後
52	〃	〃	伏石地区埋土	日理	須恵・杯	底外	8～9
53	〃	多賀城跡	郭内埋土	小田郡工知□／日下マ人（焼成前刻書）	須恵・甕	体外	9
54	〃	〃	大溝SD1221B埋土	名取	土師・椀	体外横	不明
55	〃	〃	〃	名取	須恵・杯	底外	不明
56	〃	〃	井戸SE2101B埋土	石□〔團ヵ〕	須恵・杯	底外	9中
57	〃	〃	〃	名大首	須恵・椀	底外	9中
58	〃	〃	土坑SK2106底面	信夫	須恵・杯	体外横	9中
59	〃	多賀城廃寺	不明	黒川	須恵・杯	底外	8後
60	宮城県栗原市	伊治城跡	遺物包含層	栗□〔原ヵ〕	須恵・杯	体外	8後
61	〃	〃	溝SD227埋土	伊	須恵・杯	底外	8後
62	宮城県東松島市	赤井遺跡（牡鹿柵・郡家推定地）	溝SD460埋土	牡舎人	須恵・椀	底外	8前
63	宮城県大崎市	名生館遺跡（丹取郡家・玉造柵）	竪穴SI04Pit埋土	富／玉厨	土師・杯	体外横／底外	9後
64	宮城県蔵王町	二屋敷遺跡	竪穴2埋土	玉　玉	土師・杯	体外正	9中
65	宮城県加美町	壇の越遺跡（賀美郡家隣接都市）	土坑SK 895埋土	上寺	須恵・杯	体外倒	9後
66	〃		遺構確認面	上（焼成前刻書）	須恵・椀	底外	8中
67	〃	〃	〃	上（焼成前刻書）	須恵・杯	底外	8中

68	〃	〃	河川 SD1841C	□〔上カ〕	土師・杯	体外正	不明
69	〃	〃	表土	上（焼成前刻書）	須恵・甕	体外横	8～9
70	〃	〃	竪穴 SI2222B 埋土	上	土師・杯	体外倒	10前
71	〃	〃	竪穴 SI2234 竈	上	須恵・杯	底外	9後
72	〃	〃	竪穴 SI2234 竈	□〔上カ〕	須恵・杯	底外	9後
73	〃	〃	竪穴 SI2462 確認面	上（焼成前刻書）	須恵・椀	底外	8前～中
74	宮城県加美町	東山遺跡（賀美郡家跡）	土坑 SK364 埋土	上厨	須恵・杯	底外	9前～中
75	〃		土坑 SK369 埋土	□□〔上厨カ〕	土師・杯	体外正	10前
76	〃	〃	工房 SX525 床面	上人	須恵・椀	底外	8後
77	〃	〃	〃	上	須恵・椀	底外	8後
78	〃	〃	表土	上	須恵・杯	底外	8前～中
79	宮城県美里町	一本柳遺跡	周溝状遺構 SD924 埋土	小田丈□〔部カ〕	須恵・杯	底外	8中
80	秋田県秋田市	秋田城跡	竪穴 SI214 床面	秋田	須恵・蓋	外面	9前
81	〃	〃	遺物包含層	秋田	須恵・杯	底外	奈良・平安
82	〃	〃	〃	秋田	須恵・蓋	外面	9前
83	〃	〃	〃	河郡	赤焼・杯	体外正	90
84	〃	〃	竪穴 SI846 埋土	秋田	赤焼・杯	底外	9後
85	〃	〃	竪穴 SI846 埋土	□田	赤焼・杯	底外	9後
86	〃	〃	遺物包含層	秋田	須恵・杯	底外	9
87	〃	〃	竪穴 SI11051 埋土	秋	赤焼・杯	底外	9前
88	〃	〃	池 SG1031 埋土	秋田	須恵・杯	底外	8後
89	〃	〃	〃	秋田	須恵・杯	底外	8後
90	〃	〃	表土	□〔最カ〕／上／最上	赤焼・杯	体外正／底外	9前
91	〃	〃	遺物包含層	雄□〔城カ〕	須恵・杯	底外	9後
92	〃	〃	〃	雄城	須恵・杯	底外	9後
93	〃	〃	〃	雄城	須恵・杯	底外	9後
94	〃	〃	土坑 SK1027 埋土	雄	赤焼・杯	体外正	9中

95	〃	〃	表採	秋田	赤焼・杯	底外	9中
96	〃	〃	表採	長岡	須恵・蓋	外	9中
97	〃	〃	遺物包含層	飽	須恵・杯	体外正	9前
98	〃	〃	池 SG1031 埋土	山本（刻書）	須恵・円面硯	脚部正	8後
99	〃	〃	遺物包含層	田川	赤焼・杯	底外	9前
100	〃	〃	池 SG1031 埋土	田川	須恵・杯	体外横	8後
101	〃	〃	竪穴 SI1377 埋土	田川	須恵・蓋	摘	奈良・平安
102	秋田県大仙市	払田柵跡	遺物包含層	□□□〔小勝借ヵ〕	須恵・杯	底外	9後
103	〃	〃	〃	小勝借	須恵・杯	底外～体外	9後
104	〃	〃	河川 SL1035 埋土	小勝／□	須恵・杯	体外倒／底外	9後
105	〃	〃	土坑 SK1033 埋土	秋	須恵・長頸壺	底外	9中
106	〃	〃	竪穴 SI1114 埋土	小勝	須恵・杯	底外	9後
107	〃	〃	竪穴 SI1148 埋土	小勝／官	須恵・杯	体外倒／底外	9後
108	〃	〃	〃	小勝／官	須恵・杯	体外倒／底外	9後
109	〃	〃	〃	小勝／官	須恵・杯	体外倒／底外	9後
110	〃	〃	整地層	出羽／郡□男賀／凡酒杯	須恵・杯	底外	8中～後
111	秋田県男鹿市	小谷地遺跡	遺物包含層	酒／雄	須恵・椀	底外	8中～後
112	〃	〃	〃	秋田	赤焼・杯	底外	9後
113	〃	〃	〃	雄	須恵・杯	底外	9後
114	〃	〃	〃	雄	須恵・杯	底外	9後
115	〃	〃	〃	雄	須恵・杯	底外	9後
116	〃	〃	〃	雄	須恵・杯	底外	9後
117	〃	〃	〃	雄	須恵・杯	体外倒	9後
118	〃	〃	〃	雄	須恵・杯	体外倒	9後
119	〃	〃	〃	雄	須恵・杯	体外倒	9後
120	〃	〃	〃	雄	須恵・杯	底外	9後
121	〃	〃	〃	雄	須恵・杯	底外	9後

122	〃	〃	〃	雄	須恵・杯	体外倒	9後
123	〃	〃	〃	雄	須恵・椀	底外	9後
124	〃	〃	〃	雄	須恵・椀	底外	9後
125	〃	〃	〃	雄	須恵・蓋	外	9後
126	〃	〃	〃	里雄	須恵・椀	底外	9後
127	〃	〃	〃	秋田	須恵・杯	底外	9後
128	〃	〃	〃	雄	須恵・杯	体外倒	9後
129	〃	〃	〃	雄	須恵・杯	底外	9後
130	福島県福島市	南諏訪原遺跡	水田	信夫山南	土師・杯	体外正	9前
131	〃	〃	〃	信夫山／□	土師・杯	体外正	9前
132	福島県郡山市	肩張遺跡	25号土坑埋土	苅田	土師・杯	底外	9前
133	〃	〃	60号土坑埋土	苅田	須恵・蓋	外	9前
134	〃	〃	40号土坑埋土	苅田	須恵・椀	底外	9前
135	〃	〃	25号土坑埋土	苅	須恵・椀	底外	9前
136	福島県郡山市	咲田遺跡	15号土坑埋土	在厨	土師・杯	体外正	9前
137	福島県郡山市	清水台遺跡（安積郡家跡）	表採	在曹	土師・杯	底外	9前
138	〃	〃	瓦溜	在□〔曹ヵ〕	土師・杯	体外倒	9前
139	〃	〃	表土	在曹	土師・杯	体外倒	9前
140	〃	〃	〃	在	土師・杯	底外	9
141	〃	〃	攪乱	在（焼成後刻書）	土師・杯	底外	8後
142	〃	〃	溝 SD509 埋土	ウ郡	土師・杯	体外正	9
143	〃	〃	表土	在	土師・杯	底外	9前
144	〃	〃	掘立 SB1540 柱穴掘方埋土	在曹	土師・杯	体外正	9前
145	〃	〃	土坑 SK1601 埋土	大在	土師・杯	体外横	10前
146	〃	〃	〃	大在	土師・杯	体外横	10前
147	〃	〃	〃	在	土師・杯	体外横	10前
148	〃	〃	〃	大在	土師・杯	体外横	10前

149	〃	〃	〃	在	土師・杯	体外横	10前
150	〃	〃	〃	在	土師・杯	体外正	10前
151	〃	〃	〃	在	土師・杯	体外横	10前
152	〃	〃	〃	大在	赤焼・杯	体外横	10前
153	〃	〃	〃	在	土師・杯	体外横	10前
154	〃	〃	〃	□〔在ヵ〕	土師・杯	体外横	10前
155	〃	〃	〃	大□〔在ヵ〕	土師・杯	体外横	10前
156	〃	〃	〃	在	土師・杯	体外正	9
157	〃	〃	〃	大在	土師・杯	体外正	9後
158	〃	〃	〃	□〔在ヵ〕	赤焼・杯	体外横	10前
159	〃	〃	〃	在	土師・杯	底外	9前
160	〃	〃	〃	在	土師・杯	体外正	9前
161	〃	〃 〃	〃	在	土師・杯	体外背	9前
162	福島県郡山市	古亀田遺跡	Bトレンチ竪穴床面	信夫	土師・杯	底外	9前
163	福島県いわき市	大猿田遺跡	溝 SD16 埋土	玉□	須恵・杯	底外	8中~後
164	〃	〃	遺構外	玉□	須恵・杯	体外正	8後
165	〃	〃	〃	玉造	須恵・杯	底外	8中~9後
166	〃	〃	〃	玉□	土師・杯	底外	8中~9後
167	福島県泉崎村	関和久官衙遺跡(白河郡家)	不定形 pit	白/白 □/白	土師・杯	体外正/体外倒/底外	9
168	〃	〃	〃	白/白	土師・杯	体外倒/底外	9
169	〃	〃	〃	白/白	土師・杯	体外正/底外	9
170	〃	〃	掘立 SB105 柱穴掘方埋土	□〔白ヵ〕	土師・杯	体外	9前
171	〃	〃	掘立 SB126 柱穴掘方埋土	白	土師・杯	体外正	9後
172	〃	〃	〃	自	土師・杯	体外正	9
173	〃	〃	掘立 SB104 柱穴掘方埋土	□〔白ヵ〕	土師・杯	底外	9
174	〃	〃	溝 SD101 埋土	白	土師・杯	体外	9
175	〃	〃	〃	白	土師・杯	底外	9前

176	〃	〃	〃	白	土師・杯	底外	9前
177	〃	〃	〃	白	土師・杯	不明	9
178	〃	〃	〃	白	土師・杯	体外	9
179	〃	〃	〃	白	土師・杯	底外	9
180	〃	〃	〃	白／白／□／□　守／守／守／白	土師・杯	体外／底外	9
181	〃	〃	溝SD107埋土	白	土師・杯	体外	9
182	〃	〃	溝SD134埋土	白	土師・杯	体外倒	9
183	〃	〃	溝SD109埋土	白	土師・杯	底外	9前
184	〃	〃	〃	白	土師・杯	体外正	9前
185	〃	〃	〃	白	土師・杯	底外	9前
186	〃	〃	〃	白	土師・杯	底外	9前
187	〃	〃	〃	白	土師・杯	底外	9前
188	〃	〃	〃	白	土師・杯	底外	9前
189	〃	〃	〃	白	土師・杯	底外	9
190	〃	〃	〃	白／白	土師・杯	体外正	9前
191	〃	〃	遺構外	白	土師・杯	底外	9前
192	〃	〃	〃	白	土師・杯	底外	9後
193	〃	〃	〃	白／白　白／白	土師・杯	体外正／体外倒／底外	9前
194	〃	〃	〃	白	土師・杯	底外	9前
195	〃	〃	〃	白	土師・杯	底外	9前
196	〃	〃	〃	白	土師・杯	底外	9前
197	〃	〃	〃	白	土師・杯	底外	9前
198	〃	〃	〃	白／入	土師・杯	体外	9前
199	〃	〃	〃	白	土師・杯	体外正	9前
200	〃	〃	〃	白	土師・杯	底外	9
201	〃	〃	〃	白	土師・杯	体外	9
202	〃	〃	〃	白	土師・杯	底外	9

203	〃	〃	〃	白	土師・杯	底外	9
204	〃	〃	〃	白	土師・杯	体外	9
205	新潟県長岡市	八幡林官衙遺跡	H地区溝SD1	古志	須恵・杯	底外	8中頃
206	栃木県栃木市	下野国府跡	溝SD111採集	安	須恵・椀	底外	古代
207	〃	〃	〃	寒川厨	須恵・杯	底外	〃
208	〃	〃	〃	寒	須恵・杯	底外	〃
209	〃	〃	〃	阿	土師・盤	底外	〃
210	〃	〃	〃	×(寒)川厨	須恵・椀	底外	〃
211	〃	〃	土坑SK023埋土	塩屋	須恵・蓋	外	〃
212	栃木県小山市	千駄塚浅間遺跡	不明	寒川	須恵・杯	底外	9
213	〃	(寒川郡家)		寒厨	土師・杯	体外正	9
214	栃木県那珂川町	小松原遺跡	不明	寒川	土師・杯	体外正	9
215	栃木県下野市	落内遺跡	不明	寒川	土師・杯	体外正	9
216	茨城県桜川市	東友部遺跡	墓壙	新太田	須恵・蓋	外	古代
217	茨城県桜川市	堀ノ内窯跡	A1地点	新大領(焼成前刻書)	須恵・盤	底内	8
218	〃	〃	〃	□〔新ヵ〕大領(焼成前刻書)	須恵・盤	底内	8
219	〃	〃	1号窯	□〔新ヵ〕大領(焼成前刻書)	須恵・蓋	内	8
220	〃	〃	東支群	新厨	須恵・椀	底外	8
221	茨城県つくば市	中原遺跡	140号竪穴埋土	川ヵ	土師・椀	体外正	9後
222	〃	〃	298号竪穴埋土	川ヵ	須恵・杯	体外正	8後
223	〃	〃	357号竪穴埋土	川	土製紡錘車	側面	9後
224	〃	〃	447号竪穴埋土	川	須恵・杯	底外	9前
225	〃	〃	〃	川	須恵・杯	底外	9前
226	〃	〃	443号土坑埋土	川(焼成前刻書)	須恵・盤	底外	8後
227	茨城県つくばみらい市	鎌田遺跡	14号竪穴埋土	川	土師・杯	体外正	9後
228	〃	〃	〃	川	土師・杯	体外正	9後
229	〃	〃	〃	川	土師・椀	体外倒	9後

230	〃	〃	〃	川	須恵・杯	体外正	9後
231	〃	〃	30号竪穴埋土	川	土師・杯	体外正	9中
232	〃	〃	6号掘立柱穴埋土	川	須恵・杯	底外	9前
233	茨城県土浦市	烏山遺跡	D56号竪穴埋土	志太	土師・杯	底外	不明
234	茨城県石岡市	常陸国分僧寺	I3号竪穴埋土	真	土師・杯	体外横	古代
235	〃	〃	I1号竪穴埋土	真	土師・杯	体部	古代
236	茨城県石岡市	鹿の子A(国府工房関連)	35号A竪穴埋土	□〔新ヵ〕	土師・椀	体外横	古代
237	〃	〃	36号竪穴埋土	中	土師・杯	体外正	9中
238	茨城県石岡市	鹿の子C(国府工房)	5号竪穴埋土	中ヵ	須恵・杯	底外	9前
239	〃	〃	11号竪穴埋土	中上	須恵・蓋	内	8後
240	〃	〃	18号竪穴埋土	久	須恵・蓋	内	古代
241	〃	〃	23号竪穴埋土	中人	須恵・杯	底外	9前
242	〃	〃	24号竪穴埋土	□〔賀ヵ〕	土師・椀	底外	古代
243	〃	〃	36号竪穴埋土	新	須恵・杯	底外	9前
244	〃	〃	37号竪穴埋土	新里	須恵・杯	底外	8後
245	〃	〃	43号竪穴埋土	鹿ヵ	土師・杯	底外	古代
246	〃	〃	62号竪穴埋土	鹿百	土師・杯	底外	9前
247	〃	〃	73号竪穴埋土	新	須恵・杯	底外	古代
248	〃	〃	86号竪穴埋土	川/□□	須恵・杯	底外	8後
249	〃	〃	〃	新ヵ	須恵・杯	底外	古代
250	〃	〃	103号竪穴埋土	信太家	須恵・杯	底外	古代
251	〃	〃	108号竪穴埋土	真髪	須恵・椀	底外	9中
252	〃	〃	32号工房埋土	鹿盃ヵ	須恵・杯	底外	9前
253	〃	〃	A地区	石井	土師・椀	底外	古代
254	〃	〃	市27号竪穴埋土	川ヵ	土師・杯	体外横	古代
255	茨城県石岡市	市内遺跡	採集	茨ヵ文春	土師・椀	底外	古代
256	茨城県石岡市	常陸国府跡	西区	茨厨ヵ	須恵・盤	底外	8後

257	茨城県鹿嶋市	神野向遺跡（鹿島郡家跡）	1115号土坑跡埋土	鹿島郡厨	須恵・杯	底外	古代
258	〃		1041回廊柱穴埋土	鹿厨	土師・椀	底外	古代
259	〃	〃	不明	鹿厨	土師・椀	底外	古代
260	〃	〃	1365号竪穴埋土	鹿厨酒カ	土師・杯	体～底外	古代
261	〃	〃	〃	鹿厨□	土師・椀	底外	古代
262	〃	〃	〃	鹿厨	土師・杯	底外	古代
263	〃	〃	〃	鹿厨	土師・杯	底外	古代
264	〃	〃	〃	鹿厨	土師・杯	底外	古代
265	〃	〃	〃	鹿厨	土師・杯	底外	古代
266	〃	〃	〃	鹿厨	土師・椀	底外	古代
267	〃	〃	〃	鹿厨	土師・椀	底外	古代
268	〃	〃	〃	鹿厨	土師・椀	底外	古代
269	〃	〃	〃	鹿厨	土師・椀	底外	古代
270	〃	〃	〃	鹿厨	土師・杯	底外	古代
271	〃	〃	〃	鹿厨	土師・杯	底外	古代
272	〃	〃	〃	鹿厨	土師・椀	底外	古代
273	〃	〃	〃	鹿厨	土師・杯	底外	古代
274	〃	〃	〃	鹿厨	土師・椀	底外	古代
275	〃	〃	〃	鹿厨カ	土師・杯	底外	古代
276	〃	〃	〃	鹿厨	土師・椀	底外	古代
277	〃	〃	〃	鹿・鞆□	土師・蓋	内	古代
278	〃	〃	〃	鹿	土師・椀	体外	古代
279	〃	〃	〃	鹿	土師・杯	底外	古代
280	〃	〃	〃	鹿	土師・杯	底外	古代
281	〃	〃	〃	鹿	土師・杯	底外	古代
282	〃	〃	〃	鹿	土師・杯	底外	古代
283	〃	〃	〃	鹿	土師・椀	底外	古代

284	〃	〃	〃	鹿	土師・杯	底外	古代
285	〃	〃	〃	鹿	土師・椀	底外	古代
286	〃	〃	〃	鹿	土師・椀	底外	古代
287	〃	〃	〃	鹿	土師・杯	底外	古代
288	〃	〃	〃	鹿	土師・皿	体外	古代
289	〃	〃	〃	鹿	土師・椀	体外	古代
290	〃	〃	〃	鹿	土師・杯	底外	古代
291	〃	〃	〃	鹿	土師・杯	底外	古代
292	〃	〃	〃	鹿	土師・杯	底外	古代
293	〃	〃	〃	□鹿□	土師・椀	底外	古代
294	〃	〃	〃	鹿□	土師・杯	底外	古代
295	〃	〃	〃	鹿□	土師・椀	底外	古代
296	〃	〃	〃	鹿□	土師・杯	底外	古代
297	〃	〃	〃	鹿□	土師・椀	底外	古代
298	〃	〃	〃	鹿□	土師・杯	底外	古代
299	〃	〃	1380号竪穴埋土	鹿□	土師・椀	底外	古代
300	〃	〃	Ⅱ区包含層	鹿厨	土師・椀	底外	古代
301	〃	〃	〃	鹿	土師・杯	底外	古代
302	〃	〃	〃	鹿ヵ	土師・杯	底外	古代
303	茨城県鹿嶋市	厨台遺跡	掘立SB319柱穴埋土	鹿ヵ厨ヵ	土師・杯	体外	9後
304	〃	〃	掘立SB344柱穴埋土	□嶋郡	須恵・蓋	内	8前
305	茨城県水戸市	掘遺跡	1号竪穴埋土	行方家ヵ	土師・杯	体外横	9前
306	群馬県前橋市	元総社寺田遺跡	Ⅵ区6溝埋土	邑厨	須恵・杯	底外	古代
307	〃	(国府関連)	Ⅵ区河道埋土	佐	須恵・杯	体外正	古代
308	群馬県前橋市	青梨子金古境遺跡	2号竪穴埋土	車(焼成後刻書)	土師・杯	底内	古代
309	群馬県前橋市	荒子小学校校庭遺跡	14号竪穴埋土	車／車	須恵・杯	底外／体内横	古代
310	群馬県前橋市	前山Ⅱ遺跡	2号竪穴埋土	車車火火	土師・杯	底外	古代

311	〃	〃	〃	車 東院／車	土師・杯	底内／底外	古代
312	〃	〃	3号竪穴埋土	車	土師・杯	底外	古代
313	〃	〃	3号竪穴埋土	車／車	土師・杯	底内／底外	古代
314	群馬県前橋市	堤沼上遺跡	37号竪穴埋土	勢多	須恵・椀	体外横	9末
315	群馬県伊勢崎市	十三宝塚遺跡	32号竪穴埋土	佐／佐	須恵・椀	底内外	古代
316	〃	〃	37号竪穴埋土	家佐	須恵・杯	体外横	古代
317	〃	〃	02溝埋土	左	須恵・蓋	摘	古代
318	群馬県みどり市	宮久保遺跡	3号竪穴埋土	入田	須恵・皿	底外	9
319	群馬県太田市	成塚住宅団地遺跡（新田郡家関連）	E151号竪穴埋土	入田（焼成前刻書）	土師・椀	体外正	9
320	群馬県太田市	石橋地蔵久保遺跡（新田郡家関連）	4区2号竪穴埋土	新田 梔ヵ	須恵・杯	底外	8
321	〃		4区5号竪穴埋土	入田	土師・杯	底外	8
322	群馬県太田市	境ヶ谷戸遺跡（新田郡家関連）	1次2号竪穴埋土	入	須恵・杯	底外	8
323	〃		〃	入田	須恵・蓋	内	8
324	〃	〃	1次9号竪穴埋土	入	須恵・椀	底外	8
325	〃	〃	〃	入	須恵・杯	底外	8
326	〃	〃	〃	入	土師・杯	底内	8
327	〃	〃	〃	入ヵ	土師・杯	底内	8
328	〃	〃	1次1号土坑埋土	入（焼成前刻書）	須恵・杯	底外	8
329	〃	〃	4次1号竪穴埋土	入	須恵・杯	底外	8
330	〃	〃	〃	入	須恵・椀	底外	8
331	群馬県太田市	村田本郷Ⅲ遺跡（新田郡家関連）	1号溝埋土	入ヵ田	須恵・杯	底外	8
332	群馬県太田市	前六供遺跡（新田郡家関連）	3号井戸埋土	新 新	須恵・皿	体内外正	9後
333	〃		〃	新	須恵・椀	体外正	9後
334	〃	〃	〃	新	須恵・杯	体外正	9後
335	群馬県太田市	中江田原遺跡（新田郡家関連）	E6号溝埋土	入	須恵・杯	底外	8
336	群馬県太田市	天良七堂遺跡（新田郡家跡）	2次1号溝埋土	入田	須恵・杯	体外横	9
337	〃		〃	入田	須恵・皿	底外	9

338	〃	〃	〃	入田	須恵・椀	底外	9
339	〃	〃	2次3号溝埋土	入田ヵ	須恵・杯	体外正	9
340	〃	〃	〃	入田	須恵・皿	底外	9
341	〃	〃	2次14号竪穴埋土	入田	須恵・皿	底外	9
342	群馬県太田市	東今泉鹿島遺跡	50号溝埋土	山田	須恵・杯	底外	8
343	群馬県太田市	楽前遺跡	3区1号溝埋土	山田	須恵・皿	底外	9後
344	〃	〃	4区1号竪穴埋土	山	須恵・杯	底外	9初
345	群馬県藤岡市	上栗須寺前遺跡	62号竪穴埋土	多胡	灰釉・皿	底外	9後
346	〃	〃	〃	多	須恵・椀	底外	9後
347	〃	〃	73号竪穴埋土	多	須恵・杯	底外	9後
348	〃	〃	93号竪穴埋土	多	須恵・杯	体外横	9後
349	〃	〃	118号竪穴埋土	多	須恵・椀	体外倒	9後
350	〃	〃	163号竪穴埋土	多	須恵・椀	体内	9後
351	〃	〃	5255号土坑埋土	多	須恵・椀	体内外正	9後
352	群馬県高崎市	多胡蛇黒遺跡	39号竪穴埋土	甘	須恵・杯	体外正	8後
353	群馬県安中市	西裏遺跡	H2号竪穴埋土	碓×	須恵・椀	底外	9前
354	群馬県大泉町	専光寺付近遺跡	10号墳周溝埋土	上邑厨	須恵・高台皿	底外	9後
355	埼玉県上里町	檜下遺跡南部地区	H249号竪穴埋土	□秩父	須恵・杯	体内	古代
356	埼玉県上里町	熊野太神南遺跡A	大溝埋土	□入ヵ間郡 □ □	土師・杯	底外	古代
357	埼玉県上里町	中堀遺跡	145号竪穴埋土	加／加	灰釉・皿	体外正／底外	9後
358	〃	〃	Q土坑	加	灰釉・皿	底外	9後
359	埼玉県坂戸市	稲荷前遺跡	1号井戸埋土	□〔大ヵ〕里郡 多磨郡 □尺本 男川 □〔郡ヵ〕	須恵・蓋	内	8
360	埼玉県深谷市	下郷遺跡（幡羅郡家隣接）		坡	須恵・皿	底外	9
361	〃			婆羅	須恵・杯	底外	8
362	埼玉県東松山市	西浦遺跡	56・57号溝跡	企（朱書）	須恵・椀	体外正	8
363	〃	〃	〃	比（焼成前刻書）	須恵・椀	底外	8
364	埼玉県坂戸市	稲荷森遺跡	1号竪穴埋土	企□〔比ヵ〕／□（焼成前刻書）	須恵・杯	体外横／底外	8

365	埼玉県鳩山町	小谷遺跡	27号竪穴埋土	父瓦（焼成前刻書）	須恵・杯	底外	8
366	埼玉県鳩山町	広町遺跡	7号窯埋土	大里（焼成前刻書）	須恵・杯	底外	8
367	〃	〃	〃	大里（焼成前刻書）	須恵・杯	底外	8
368	埼玉県入間市	新久窯跡	1号窯跡埋土	入間（焼成前刻書）	須恵・杯	底外	9
369	〃	谷久保窯跡	A4グリッド	入（焼成前刻書）	須恵・甕	底外	8
370	埼玉県川越市	霞ヶ関遺跡（入間郡家関連）	16号竪穴埋土	入	須恵・椀	底外	8初
371	〃		5号溝埋土	入厨	須恵・椀	体外横	9
372	〃	〃	3号掘立柱穴埋土	入厨	須恵・杯	底外	9
373	埼玉県川越市	会下遺跡（入間郡家関連）	8号竪穴埋土	入間	須恵・杯	底外	古代
374	埼玉県川越市	古海道東遺跡（入間郡家関連）	2号竪穴埋土	入厨	須恵・杯	底外	古代
375	埼玉県川越市	五畑東遺跡（入間郡家関連）	2号竪穴床面	入主	須恵・杯	底外	8後
376	埼玉県川越市	八幡前・若宮遺跡（入間郡家関連）	1号井戸埋土	入卌／入卌	須恵・杯	体外正／底外	9後
377	〃		〃	入（焼成前刻書）	須恵・杯	底外	9
378	〃	〃	9世紀包含層	入卌	須恵・杯	底内	9後
379	〃	〃	〃	入ないし平	須恵・杯	底外	9中
380	〃	〃	〃	□〔入カ〕	須恵・杯	底内	9中
381	埼玉県狭山市	宮地遺跡	不明	高	須恵・杯	底外	古代
382	東京都八王子市	多摩ニュータウンNo.107遺跡	調査区83河道	□〔比カ〕企	須恵・杯	底内	古代
383	〃	〃	調査区89S河道	多	須恵・杯	底外	古代
384	東京都府中市	武蔵国府関連遺跡	第四中学校旧蔵資料	玉	須恵・杯	体内横	古代
385	〃	〃	DOLCE 地区竪穴SI14埋土	玉	須恵・杯	底外	古代
386	〃	〃	府中高木ビル地区表土	都筑郡塊カ□（焼成前刻書）	須恵・杯	底内	9～10
387	〃	〃	花とうビル地区竪穴SI49	賀	土師・杯	体外	古代
388	〃	〃	パチンコギャラリー地区竪穴SI104・105埋土	多カ	須恵・皿	体外	9末
389	〃	〃	高倉遺跡1次竪穴埋土	高	須恵・杯	体外正	古代
390	〃	〃	府中駅南口再開発B地区竪穴SI67埋土	多研（朱書）	須恵・円面硯	硯裏	8後
391	〃	〃	府中東芝ビル地区2次竪穴SI25埋土	多磨カ	須恵・杯	底外	10前

392	〃	〃	府中フラワーハイホーム地区掘立SB11柱穴埋土	豊ヵ	須恵・皿	口外	古代
393	〃	〃	北岡利夫氏宅地区竪穴SI55埋土	高	須恵・杯	体外正	10後
394	〃	〃	ヴェノス府中地区第2次掘立SB19柱穴埋土	立ヵ（焼成前刻書）	須恵・杯	底内	古代
395	〃	〃	（仮）府中寮地区竪穴SI56y床面	多麻　多麻（焼成後刻書）	土師・甕	体外正	8前
396	〃	〃	都計道7・5・4線地区竪穴SI56埋土	男	須恵・杯	底内	古代
397	〃	〃	〃	男	須恵・杯	底外	古代
398	〃	〃	片町遺跡1次8号竪穴埋土	企	須恵・杯	体外横	9初～後
399	〃	〃	（有）原組地区SI11埋土	中	須恵・蓋	外	古代
400	〃	〃	都道3・4・22号線地区竪穴SI250埋土	新	土師質・杯	体外正	古代
401	東京都府中市	武蔵台遺跡（国分寺関連）	86号竪穴埋土	玉	須恵・杯	体外正	古代
402	〃		55号竪穴埋土	原	須恵・杯	体外正	古代
403	東京都府中市	下布田遺跡	水路埋土	立	不明	不明	古代
404	東京都日野市	神明上遺跡	52次調査11号土坑埋土	高倉（相模国高座郡ヵ？）	土師・杯	体外正	古代
405	東京都国分寺市	武蔵国分僧寺跡	土坑SL21埋土	多	須恵・杯	体外正	8
406	〃	〃	竪穴建物跡SI413埋土	豊	須恵・蓋	外	8
407	〃	〃	No.3地区	□／父	土師・椀	体内外正	8
408	東京都清瀬市	下宿内山遺跡	竪穴H18埋土	玉	須恵・杯	体外正	古代
409	〃	〃	竪穴H20埋土	□〔玉ヵ〕	土師・皿	底内	古代
410	〃	〃	R28埋土	玉／玉	須恵・杯	体外正／底内	古代
411	〃	〃	〃	玉	須恵・杯	底外	古代
412	〃	〃	〃	玉／□	須恵・杯	体外正／底外	古代
413	〃	〃	〃	玉／玉	須恵・杯	体外正／底外	古代
414	〃	〃	〃	玉	須恵・杯	底内	古代
415	〃	〃	〃	玉／玉	須恵・杯	体外正／底内	古代
416	〃	〃	〃	玉	須恵・杯	底内	古代
417	〃	〃	〃	玉　□〔玉ヵ〕／玉	須恵・杯	体外正／底内	古代
418	〃	〃	〃	□〔玉ヵ〕	須恵・杯	体外正	古代

419	〃	〃	〃	玉	須恵・杯	体外正	古代
420	神奈川県横浜市	藪根不動原遺跡	11号竪穴埋土	原　入杯	土師・杯	体外正	古代
421	神奈川県横浜市	長者原遺跡(武蔵国都筑郡家)	不明	□(都ヵ)	不明	不明	古代
422	〃	〃	〃	都	土師・杯	体外正	古代
423	神奈川県茅ヶ崎市	香川・下寺尾遺跡(高座郡家)	1号遺物集中区	大住ヵ	土師・杯	底外	古代
424	〃	〃	〃	□(高ヵ)	土師・杯	体外正	古代
425	〃	〃	〃	埋病精横真力／□／力　高ヵ	土師・杯	体内外横／底外	古代
426	〃	〃	〃	□(住ヵ)	土師・杯	体外正	古代
427	〃	〃	〃	□(住ヵ)	土師・皿	体外横	古代
428	〃	〃	〃	□(高ヵ鳥ヵ)	須恵・杯	体外横	古代
429	〃	〃	〃	高ヵ	須恵・杯	体外正	古代
430	神奈川県茅ヶ崎市	下寺尾廃寺(高座郡家関連寺院)	遺物包含層	高	須恵・蓋	体内正	古代
431	神奈川県綾瀬市	宮久保遺跡	井戸P3区埋土	高坐	須恵・杯	底外	9
432	神奈川県綾瀬市	早川城山遺跡群No.13遺跡	掘立H12柱穴埋土	倉	土師・杯	底内	9
433	神奈川県海老名市	大谷向原遺跡	133号竪穴埋土	高坐官	土師・杯	底外	9
434	神奈川県平塚市	四之宮高林寺遺跡(国府・大住郡家関連)	竪穴SI07埋土	住ヵ	土師・杯	底外	9
435	〃		竪穴SI08埋土	高	土師・杯	体外正	9
436	〃	〃	第4地区4号竪穴埋土	大住	土師・杯	底外	9
437	〃	〃	〃	大住	土師・杯	底外	9
438	〃	〃	第4地区15号竪穴埋土	□(大ヵ)住	土師・杯	底外	9
439	〃	〃	第4地区遺構外	□(大ヵ)住	土師・杯	底外	9
440	〃	〃	第5地区7号溝状遺構埋土	住ヵ	土師・杯	底外	9
441	〃	〃	第5地区遺構外	大住ヵ	土師・椀	底外	9
442	〃	四之宮下之郷廃寺(国府・郡家関連)	不明	大住	土師・杯	底外	8
443	〃	真土六の域遺跡(国府・郡家関連)	遺構外	住	土師・皿	底外	古代
444	〃	四之宮天神前遺跡(国府・郡家関連)	第8地点22号竪穴埋土	大住	土師・杯	底外	9中
445	〃		第8地点29号竪穴埋土	住	土師・杯	底外	9前

446	〃		第1地点3号竪穴埋土	大住厨	土師・杯	底外	8前
447	〃	四之宮稲荷前A遺跡(国府・郡家関連)	〃	大厨	土師・杯	底外	8前
448	〃		第2地点2号竪穴埋土	大住	土師・皿	底外	9後
449	〃	〃	第3地点4号竪穴埋土	大住	土師・杯	底外	9
450	〃	四之宮山王A遺跡(国府・郡家関連)	第5地点1号竪穴状遺構	高ヵ	土師・杯	体外	9
451	〃		第4地点306号pit埋土	大住	土師・杯	底外	9
452	神奈川県平塚市	厚木道遺跡	1区水場遺構SC004埋土	高大長	須恵・杯	底外	8中~9
453	〃	真田・北金目遺跡群	4区水場遺構SC001埋土	高大長	須恵・杯	底外	8中~9
454	〃		6区竪穴SI001埋土	高	灰釉・椀	底外	8中~9
455	〃		18区遺構外	高	土師・杯	底外	8中~9
456	神奈川県小田原市	下曽我遺跡(足上郡家関連)	2号井戸埋土	上主帳	須恵・蓋	内	
457	千葉県袖ケ浦市	雷塚遺跡	63号竪穴埋土	海上	須恵・杯	底外	8後
458	〃	〃	20号竪穴埋土	上	土師・杯	体外倒	9後
459	千葉県大網白里町	砂田中台遺跡	71号竪穴埋土	山邊□〔之ヵ〕	土師・杯	底外	9前
460	〃	〃	74A号竪穴埋土	山邊	土師・杯	底外	9中
461	〃	〃	88A号竪穴埋土	山□〔辺ヵ〕	土師・杯	底外	9中
462	〃	〃	98号竪穴埋土	山邊家／□	土師・杯	底外／体外正	9前
463	〃	〃	〃 床面	□邊□〔家ヵ〕	土師・杯	底外	9前
464	千葉県大網白里町	南麦台遺跡	14号竪穴埋土	葛	土師・皿	体外横	9中
465	〃	〃	〃	□〔葛ヵ〕	土師・杯	体外	9中
466	〃	〃	〃	葛	土師・杯	底外	古代
467	〃	〃	43号竪穴埋土	葛	土師・杯	体外横	9前
468	〃	〃	11号掘立柱穴埋土	□〔葛ヵ〕	土師・皿	底外	9中
469	〃	〃	〃	葛	土師・皿	底外	9中
470	〃	〃	〃	葛	土師・皿	底外	9中
471	〃	〃	〃	葛	土師・皿	底外	9中
472	〃	〃	19号掘立柱穴埋土	□〔葛ヵ〕	土師・杯	体外横	古代

473	〃	〃	遺構外	葛	土師・杯	底外	9
474	〃	〃	遺構外	葛	土師・杯	底外	9
475	千葉県大網白里町	台前遺跡	5号竪穴埋土	長□	土師・皿	底外	9中
476	〃	〃	14A号竪穴床面	葛山又	土師・杯	底外	9中
477	千葉県大網白里町	上引切遺跡	不明	千厨　□〔得ヵ〕	土師・杯	体外正／底外	古代
478	千葉県東金市	山田水呑遺跡	95号竪穴埋土	山邊	土師・杯	底外	9後
479	〃	〃	谷部埋土	山邊大	土師・杯	底外	9前
480	千葉県東金市	鉢ヶ谷遺跡	337号竪穴床面	長□	土師・杯	底外	9中
481	千葉県市原市	坊作遺跡（国分寺関連）	149号竪穴周溝内	海上厨	須恵・杯	底外	9初
482	〃		122号竪穴埋土	市原厨	土師・杯	底外	9中
483	〃	〃	231号竪穴埋土	山邊郡立山	土師・杯	底外	9中
484	〃	荒久遺跡（国分寺関連）	不明	望負	不明	体外横	古代
485	〃	中台遺跡（国分寺関連）	不明	夷鬻□	不明	底外	古代
486	千葉県千葉市	砂子遺跡	5号竪穴埋土	千（焼成後刻書）	土師・甕	底外	古代
487	〃	〃	3号溝埋土	千	土師・高杯	胴外正	8
488	千葉県千葉市	有吉遺跡	遺構外	千□〔衛ヵ〕	土師・杯	体外正	9
489	千葉県千葉市	種ヶ谷遺跡	包含層	千葉□□	須恵・杯	底外	8後
490	千葉県市川市	下総国分寺跡	11区8号竪穴埋土	匝	土師・杯	底外	8中
491	〃	〃	11区9号竪穴埋土	海上□	土師・杯	底外	9前
492	千葉県八千代市	白幡前遺跡	132号竪穴埋土	子猿嶋	土師・杯	体外横	8後
493	千葉県多古町	信濃台遺跡	不明	千厨	不明	不明	古代
494	千葉県多古町	伾田遺跡第2地点	5号竪穴埋土	匝厨	土師・杯	底外	古代
495	千葉県成田市	大袋腰巻遺跡	不明	印波郡	土師・甑	口横	9
496	山梨県笛吹市	松原遺跡（国分寺関連）	13号竪穴埋土	都	土師・杯	底外	9
497	静岡県富士市	東平遺跡	SB01竪穴埋土	布自	須恵・椀	底外	8
498	静岡県静岡市	ケイセイ遺跡（有度郡家）	包含層	有×	須恵・蓋	外	8後〜9
499	〃		〃	有度厨	須恵・杯	体外横	8後〜9

500	〃	〃	〃	有厨	須恵・椀	底外	8後〜9
501	〃	〃	〃	有厨家	土師・杯	底外	8後〜9
502	〃	〃	〃	有厨	土師・杯	底外	8後〜9
503	〃	〃	〃	有	土師・杯	底外	8後〜9
504	静岡県藤枝市	郡遺跡(益頭郡家)	不明	益厨	須恵・皿	底内	8
505	〃	〃	〃	益厨	須恵・椀	底外	8
506	〃	〃	〃	益厨	須恵・杯	底外	8
507	〃	〃	〃	益厨	須恵・蓋	内	8
508	〃	〃	〃	益厨	須恵・皿	底外	8
509	〃	〃	〃	益厨主 □厨長	須恵・皿	底外	8
510	〃	〃	〃	益大	須恵・杯	底外	8
511	〃	〃	〃	益大	須恵・杯	底外	8
512	〃	〃	〃	益大	須恵・蓋	内	8
513	〃	〃	〃	益(焼成前刻書)	須恵・椀	底外	8
514	〃	〃	〃	益(焼成前刻書)	須恵・椀	底外	8
515	〃	〃	〃	安厨	須恵・杯	底外	8
516	〃	水守遺跡(益頭郡館・郡司居宅)	〃	益厨	須恵・杯	底外	8
517	〃		〃	益少領	須恵・杯	底外	8
518	〃	〃	〃	益	須恵・杯	底外	8
519	静岡県藤枝市	助宗古窯跡群	窯跡	益(焼成前刻書)	須恵・杯	底外	8
520	〃	〃	〃	益(焼成前刻書)	須恵・杯	底外	8
521	静岡県藤枝市	秋合遺跡(志太郡家)	包含層	志大領	須恵・蓋	内	8
522	〃		〃	志大領	須恵・椀	底外	8
523	〃	〃	〃	志太少領	須恵・椀	底外	8
524	〃	〃	〃	×太少	須恵・椀	底外	8
525	〃	〃	〃	志厨	須恵・椀	底外	8
526	〃	〃	〃	志厨□	須恵・椀	底外	8

527	〃	〃	〃	志太厨	須恵・皿	底外	8
528	〃	〃	〃	志太×	須恵・蓋	内	8
529	〃	〃	〃	志[	須恵・皿	底外	8
530	〃	御子ヶ谷遺跡(志太郡家)	包含層	志太大	須恵・蓋	内	8
531	〃		〃	志大	須恵・蓋	内	8
532	〃	〃	〃	志大	須恵・椀	底外	8
533	〃	〃	〃	志大	須恵・椀	底外	8
534	〃	〃	〃	志大	須恵・蓋	内	8
535	〃	〃	〃	志大	須恵・蓋	内	8
536	〃	〃	〃	志大	須恵・蓋	内	8
537	〃	〃	〃	志大	須恵・椀	底外	8
538	〃	〃	〃	志大	須恵・椀	底外	8
539	〃	〃	〃	志大	須恵・椀	底外	8
540	〃	〃	〃	志大	須恵・蓋	内	8
541	〃	〃	〃	志大	須恵・蓋	内	8
542	〃	〃	〃	志大	須恵・蓋	外	8
543	〃	〃	〃	志大	須恵・蓋	内	8
544	〃	〃	〃	志大	須恵・蓋	内	8
545	〃	〃	〃	志大	須恵・蓋	内	8
546	〃	〃	〃	志大	須恵・蓋	内	8
547	〃	〃	〃	志大	須恵・蓋	内	8
548	〃	〃	〃	志大	須恵・椀	底外	8
549	〃	〃	〃	志大領	須恵・椀	底外	8
550	〃	〃	〃	志大領	須恵・椀	底外	8
551	〃	〃	〃	志大領	須恵・蓋	内	8
552	〃	〃	〃	志大領	須恵・蓋	内	8
553	〃	〃	〃	志大領	須恵・椀	底外	8

554	〃	〃	〃	志大領	須恵・椀	底外	8
555	〃	〃	〃	志大領	須恵・蓋	内	8
556	〃	〃	〃	志大領	須恵・椀	底外	8
557	〃	〃	〃	志大領	須恵・蓋	内	8
558	〃	〃	〃	志大領	須恵・椀	底外	8
559	〃	〃	〃	志大領	須恵・椀	底外	8
560	〃	〃	〃	志大領	須恵・椀	底外	8
561	〃	〃	〃	志大領	須恵・椀	底外	8
562	〃	〃	〃	志大領	須恵・椀	底外	8
563	〃	〃	〃	志大領	須恵・椀	底外	8
564	〃	〃	〃	志大領	須恵・椀	底外	8
565	〃	〃	〃	志大領	須恵・椀	底外	8
566	〃	〃	〃	志大領	須恵・椀	底外	8
567	〃	〃	〃	志大領	須恵・杯	底外	8
568	〃	〃	〃	志大領	須恵・蓋	内	8
569	〃	〃	〃	志大領	須恵・蓋	内	8
570	〃	〃	〃	志大領	須恵・蓋	内	8
571	〃	〃	〃	志大領	須恵・椀	底外	8
572	〃	〃	〃	志大領	須恵・椀	底外	8
573	〃	〃	〃	志大領	須恵・蓋	内	8
574	〃	〃	〃	志大領	須恵・皿	底外	8
575	〃	〃	〃	志大領	須恵・蓋	内	8
576	〃	〃	〃	志大領	須恵・蓋	内	8
578	〃	〃	〃	志大領	須恵・蓋	内	8
579	〃	〃	〃	志大領	須恵・蓋	内	8
580	〃	〃	〃	志大領	須恵・蓋	内	8
581	〃	〃	〃	志大領	須恵・蓋	内	8

582	〃	〃	〃	志大領	須恵・蓋	内	8
583	〃	〃	〃	志大領	須恵・椀	底外	8
584	〃	〃	〃	志大領	須恵・蓋	内	8
585	〃	〃	〃	志大領	須恵・杯	底外	8
586	〃	〃	〃	志大領	須恵・椀	底外	8
587	〃	〃	〃	志大領	須恵・椀	底外	8
588	〃	〃	〃	志大領	須恵・蓋	内	8
589	〃	〃	〃	志大領	須恵・蓋	内	8
590	〃	〃	〃	志大領	須恵・蓋	内	8
591	〃	〃	〃	志大領	須恵・椀	底外	8
592	〃	〃	〃	志大×	須恵・蓋	内	8
593	〃	〃	〃	志大×	須恵・椀	底外	8
594	〃	〃	〃	志太少領	須恵・椀	底外	8
595	〃	〃	〃	志太少領	須恵・椀	底外	8
596	〃	〃	〃	志太少領	須恵・蓋	内	8
597	〃	〃	〃	志太少領	須恵・蓋	内	8
598	〃	〃	〃	×太少領殿	須恵・蓋	内	8
599	〃	〃	〃	志太少	須恵・杯	底外	8
600	〃	〃	〃	志太少	須恵・蓋	内	8
601	〃	〃	〃	志太少	須恵・蓋	内	8
602	〃	〃	〃	志太厨	須恵・蓋	内	8
603	〃	〃	〃	志太厨	須恵・蓋	内	8
604	〃	〃	〃	志太厨	須恵・蓋	内	8
605	〃	〃	〃	志太厨	須恵・椀	底外	8
606	〃	〃	〃	志太厨	須恵・椀	底外	8
607	〃	〃	〃	志太厨	須恵・椀	底外	8
608	〃	〃	〃	志太厨	須恵・椀	底外	8

609	〃	〃	〃	志太厨	須恵・椀	底外	8
610	〃	〃	〃	志太厨	須恵・椀	底外	8
611	〃	〃	〃	志太厨	須恵・蓋	内	8
612	〃	〃	〃	志太厨	須恵・蓋	内	8
613	〃	〃	〃	志太厨	須恵・蓋	内	8
614	〃	〃	〃	(記号)志厨	須恵・皿	底外	8
615	〃	〃	〃	志厨	須恵・蓋	内	8
616	〃	〃	〃	志厨	須恵・蓋	内	8
617	〃	〃	〃	志厨	須恵・椀	底外	8
618	〃	〃	〃	志厨	須恵・椀	底外	8
619	〃	〃	〃	志厨	須恵・椀	底外	8
620	〃	〃	〃	志厨	須恵・蓋	内	8
621	〃	〃	〃	志厨	須恵・蓋	内	8
622	〃	〃	〃	志厨	須恵・椀	底外	8
623	〃	〃	〃	志厨	須恵・蓋	内	8
624	〃	〃	〃	志厨	須恵・椀	底外	8
625	〃	〃	〃	志厨	須恵・蓋	内	8
626	〃	〃	〃	志厨	須恵・蓋	内	8
627	〃	〃	〃	志厨	須恵・蓋	内	8
628	〃	〃	〃	志厨	須恵・椀	底外	8
629	〃	〃	〃	志厨	須恵・椀	底外	8
630	〃	〃	〃	志厨	須恵・蓋	内	8
631	〃	〃	〃	志厨	須恵・蓋	内	8
632	〃	〃	〃	志厨	須恵・皿	底外	8
633	〃	〃	〃	志厨上	須恵・椀	底外	8
634	〃	〃	〃	志厨上	須恵・椀	底外	8
635	〃	〃	〃	益厨	須恵・壷	胴外横	8

636	〃	〃	〃	志太	須恵・蓋	内	8
637	〃	〃	〃	志太	須恵・皿	底外	8
638	〃	〃	〃	志太	須恵・蓋	内	8
639	〃	〃	〃	志太	須恵・蓋	内	8
640	〃	〃	〃	志太	須恵・蓋	内	8
641	〃	〃	〃	□〔志カ〕太	須恵・椀	底外	8
642	〃	〃	〃	志太	須恵・蓋	内	8
643	〃	〃	〃	志太	須恵・椀	底外	8
644	〃	〃	〃	志太	須恵・蓋	内	8
645	〃	〃	〃	志太	須恵・椀	底外	8
646	〃	〃	〃	志太	須恵・蓋	内	8
647	〃	〃	〃	志太	須恵・蓋	内	8
648	〃	〃	〃	志太	須恵・蓋	内	8
649	〃	〃	〃	志太	須恵・蓋	内	8
650	〃	〃	〃	志太	須恵・杯	底外	8
651	〃	〃	〃	志太○	須恵・椀	底外	8
652	〃	〃	〃	志太○	須恵・椀	底外	8
653	〃	〃	〃	志太川□	須恵・椀	底外	8
654	〃	〃	〃	志太□	須恵・蓋	内	8
655	〃	〃	〃	志太□	須恵・蓋	内	8
656	〃	〃	〃	志太□	須恵・蓋	内	8
657	〃	〃	〃	志太□	須恵・蓋	内	8
658	〃	〃	〃	志太×	須恵・蓋	内	8
659	〃	〃	〃	志太×	須恵・蓋	内	8
660	〃	〃	〃	志太×	須恵・蓋	内	8
661	〃	〃	〃	志□×	須恵・椀	底外	8
662	〃	〃	〃	志□×	須恵・皿	底外	8

663	〃	〃	〃	志□×	須恵・蓋	内	8
664	〃	〃	〃	志太×	須恵・蓋	内	8
665	〃	〃	建物 SB20P2 埋土	志□×	土師・皿	底外	8
666	〃	〃	包含層	志×	須恵・椀	底外	8
667	〃	〃	〃	志×	須恵・椀	底外	8
668	〃	〃	〃	志×	須恵・蓋	内	8
669	〃	〃	〃	志×	須恵・蓋	内	8
670	〃	〃	〃	志×	須恵・椀	底外	8
671	〃	〃	〃	志×	須恵・蓋	内	8
672	〃	〃	〃	益□	須恵・椀	底外	8
673	静岡県袋井市	坂尻遺跡(佐野郡家)	溝 NSD-3 埋土	□〔佐ヵ〕野□〔厨ヵ〕	須恵・杯	底外	8
674	〃	〃	土坑 NSE-2 埋土	佐野厨家	須恵・蓋	内	8
675	静岡県袋井市	新堀遺跡(山名郡正倉別院)	区画溝埋土	山名厨	須恵・杯	底外	8初
676	静岡県浜松市	伊場遺跡(敷智郡家・栗原駅家)	包含層	布智厨	須恵・椀	底外	8中
677	〃		〃	布智厨	須恵・皿	底外	8中
678	〃		〃	布一酒	須恵・杯	底外	8後
679	〃	〃	〃	布一	須恵・椀	底外	8後
680	〃	〃	〃	布	須恵・高坏	底外	8後
681	〃	〃	〃	下厨南	須恵・椀	底外	8中
682	〃	〃	〃	上郡	須恵・杯	底外	8初～中
683	静岡県浜松市	井通遺跡(引佐郡津)	溝 SD13 埋土	引佐	須恵・杯	底外	8
684	〃		大溝埋土	引佐一	須恵・皿	底外	8
685	〃	〃	〃	引佐二	須恵・杯	底外	8
686	〃	〃	〃	引二	須恵・皿	底外	8
687	〃	〃	〃	引佐	須恵・蓋	内	8
688	〃	〃	〃	引佐	須恵・蓋	内	8
689	〃	〃	〃	引佐二	須恵・蓋	内	8

690	〃	〃	〃	引佐二	須恵・杯	底外	8
691	〃	〃	〃	□〔引カ〕□	須恵・皿	体外横	8
692	〃	〃	〃	引佐一	須恵・蓋	内	8
693	〃	〃	〃	引佐二	須恵・蓋	内	8
694	〃	〃	〃	□引佐	須恵・蓋	内	8
695	〃	〃	〃	引佐□	須恵・蓋	内	8
696	〃	〃	〃	引佐二	須恵・蓋	内	8
697	〃	〃	〃	引佐	須恵・蓋	内	8
698	〃	〃	〃	引佐	須恵・蓋	内	8
699	〃	〃	〃	引佐	須恵・杯	底外	8
700	〃	〃	〃	引佐一	須恵・蓋	内	8
701	〃	〃	〃	引佐一	須恵・蓋	内	8
702	〃	〃	〃	×佐一	須恵・蓋	内	8
703	〃	〃	〃	引佐一	須恵・蓋	内	8
704	〃	〃	〃	引佐一	須恵・蓋	内	8
705	〃	〃	〃	引佐一	須恵・蓋	内	8
706	〃	〃	〃	引佐一	須恵・蓋	内	8
707	〃	〃	〃	引佐一	須恵・蓋	内	8
708	〃	〃	〃	×佐一	須恵・皿	底外	8
709	〃	〃	〃	引佐一	須恵・皿	底外	8
710	〃	〃	〃	引佐一	須恵・杯	底外	8
711	〃	〃	〃	引佐一	須恵・杯	底外	8
712	〃	〃	〃	引佐一	須恵・高杯	脚内	8
713	〃	〃	〃	引佐二	須恵・蓋	内	8
714	〃	〃	〃	×二	須恵・蓋	内	8
715	〃	〃	〃	引佐二	須恵・杯	底外	8
716	〃	〃	〃	引佐二	須恵・杯	底外	8

717	〃	〃	〃	□〔引カ〕佐二	須恵・杯	底外	8
718	〃	〃	〃	引×	須恵・蓋	内	8
719	〃	〃	〃	引佐□〔一カ〕	須恵・杯	底外	8
720	〃	〃	〃	引佐×	須恵・杯	底外	8
721	〃	〃	〃	×佐□	須恵・皿	底外	8
722	〃	〃	〃	引佐×	須恵・杯	底外	8
723	〃	〃	〃	引×	土師・杯	底外	8
724	〃	〃	〃	引佐□×	須恵・杯	底外	8
725	〃	〃	〃	引一	須恵・蓋	内	8
726	〃	〃	〃	引一	須恵・蓋	内	8
727	〃	〃	〃	引一	須恵・蓋	内	8
728	〃	〃	〃	引一	須恵・皿	底外	8
729	〃	〃	〃	引二	須恵・蓋	内	8
730	〃	〃	〃	引佐大	須恵・蓋	内	8
731	〃	〃	〃	引佐×	須恵・杯	底外	8
733	〃	〃	〃	引佐一	須恵・蓋	内	8
734	〃	〃	〃	引佐一	須恵・杯	底外	8
735	〃	〃	〃	引佐一	須恵・杯	底外	8
736	〃	〃	〃	引佐一	須恵・杯	底外	8
737	〃	〃	〃	引一	須恵・蓋	内	8
738	〃	〃	〃	引佐二	須恵・蓋	内	8
739	〃	〃	〃	引佐×	須恵・蓋	内	8
740	〃	〃	〃	引佐×	須恵・蓋	内	8
741	〃	〃	〃	引×	須恵・皿	底外	8
742	〃	〃	〃	引佐大	須恵・杯	底外	8
743	〃	〃	〃	□〔引カ〕佐一	須恵・蓋	内	8
745	〃	〃	〃	引佐二	須恵・壷	底外	8

746	〃	〃	〃	引佐×	須恵・杯	底外	8
747	〃	〃	〃	引佐×	須恵・杯	底外	8
748	〃	〃	〃	引佐一	須恵・蓋	内	8
749	〃	〃	〃	×佐一	須恵・蓋	内	8
750	〃	〃	〃	引一	須恵・蓋	内	8
751	〃	〃	〃	引佐二	須恵・杯	底外	8
752	〃	〃	〃	引佐二	須恵・蓋	内	8
753	〃	〃	〃	佐二	須恵・蓋	内	8
754	〃	〃	〃	□二	須恵・皿	底外	8
755	〃	〃	〃	引佐×	須恵・杯	底外	8
756	〃	〃	〃	引佐一	須恵・蓋	内	8
757	〃	〃	〃	引佐一	土師・杯	底外	8
758	〃	〃	〃	引佐一	須恵・杯	底外	8
759	〃	〃	〃	引佐×	須恵・蓋	内	8
760	〃	〃	〃	引佐×	須恵・蓋	内	8
761	〃	〃	〃	引佐×	須恵・蓋	内	8
762	〃	〃	〃	□〔引カ〕×	須恵・杯	底外	8
763	〃	〃	〃	引×	須恵・杯	底外	8
764	〃	〃	〃	引×	須恵・蓋	外	8
765	〃	〃	〃	引佐×	須恵・蓋	外	8
766	〃	〃	〃	引佐一	須恵・皿	底外	8
767	〃	〃	〃	引佐一	須恵・杯	底外	8
768	〃	〃	〃	引佐二	須恵・蓋	内	8
769	〃	〃	〃	引佐二	須恵・杯	底外	8
770	〃	〃	〃	引佐二	須恵・皿	底外	8
771	〃	〃	〃	引佐二	須恵・杯	底外	8
772	〃	〃	〃	引佐二	須恵・杯	底外	8

773	〃	〃	〃	引一	須恵・蓋	内	8
774	〃	〃	〃	引佐大	須恵・蓋	内	8
775	〃	〃	溝SD3004埋土	引佐×	須恵・蓋	内	8
776	〃	〃	〃	引□〔佐カ〕×	須恵・蓋	内	8
777	〃	〃	〃	引×	須恵・蓋	内	8
778	〃	〃	〃	引佐一	須恵・杯	底外	8
779	〃	〃	〃	引佐一	須恵・杯	底外	8
780	〃	〃	〃	引佐一	須恵・蓋	外	8
781	〃	〃	〃	引佐一	須恵・蓋	内	8
782	〃	〃	〃	引佐一	須恵・杯	底外	8
783	〃	〃	〃	引佐二	須恵・皿	底外	8
784	〃	〃	〃	引佐二	須恵・蓋	内	8
785	〃	〃	〃	引佐二	須恵・蓋	外	8
786	〃	〃	〃	×佐二	須恵・蓋	内	8
787	〃	〃	〃	引佐一	須恵・蓋	内	8
788	〃	〃	〃	引佐一	須恵・蓋	内	8
789	〃	〃	〃	引佐一	須恵・蓋	内	8
790	〃	〃	〃	引佐一	須恵・蓋	内	8
791	〃	〃	〃	引佐一	須恵・蓋	内	8
792	〃	〃	〃	引佐一	須恵・蓋	内	8
793	〃	〃	〃	引佐一	須恵・蓋	内	8
794	〃	〃	〃	引佐一	須恵・蓋	内	8
795	〃	〃	〃	引佐一	須恵・杯	底外	8
796	〃	〃	〃	引佐一	須恵・杯	底外	8
797	〃	〃	〃	引佐一	須恵・杯	底外	8
798	〃	〃	〃	引佐一	須恵・杯	底外	8
799	〃	〃	〃	×佐一	須恵・皿	底外	8

800	〃	〃	〃	引佐一	須恵・皿	底外	8
801	〃	〃	〃	引佐一	須恵・蓋	内	8
802	〃	〃	〃	引佐一	須恵・蓋	内	8
803	〃	〃	〃	引佐一	土師・蓋	内	8
804	〃	〃	〃	引二	須恵・蓋	内	8
805	〃	〃	〃	引佐大	須恵・蓋	内	8
806	〃	〃	〃	引	須恵・皿	底外	8
807	〃	〃	〃	引佐□〔一カ〕	須恵・蓋	内	8
808	〃	〃	〃	引佐□〔一カ〕	須恵・蓋	内	8
809	〃	〃	〃	引佐×	須恵・蓋	内	8
810	〃	〃	〃	引×	須恵・蓋	内	8
811	〃	〃	〃	□〔引カ〕×	須恵・蓋	内	8
812	〃	〃	掘立 SB3016 柱穴埋土	□〔引カ〕佐一	須恵・蓋	内	8
813	〃	〃	〃	引佐×	須恵・蓋	内	8
814	〃	〃	〃	引佐一	須恵・皿	底外	8
815	〃	〃	掘立 SB3023 柱穴埋土	引佐一	須恵・皿	底外	8
816	〃	〃	掘立 SB3024 柱穴埋土	引佐×	須恵・蓋	内	8
817	〃	〃	掘立 SB3025 柱穴埋土	引佐一	須恵・杯	底外	8
818	〃	〃	土坑 SK3006	引佐	須恵・杯	底外	8
819	〃	〃	溝 SD3001	引佐□〔二カ〕×	須恵・杯	底外	8
820	〃	〃	SP3001	引×	須恵・杯	底外	8
821	〃	〃	第3調査面包含層	引佐 □ □	須恵・皿	底外	8
822	〃	〃	〃	引佐	須恵・蓋	内	8
823	〃	〃	〃	引佐	須恵・蓋	内	8
824	〃	〃	〃	引□〔佐カ〕×	須恵・蓋	内	8
825	〃	〃	〃	引佐×	須恵・蓋	内	8
826	〃	〃	〃	引×	須恵・蓋	内	8

827	〃	〃	〃	引佐×	須恵・杯	底外		8
828	〃	〃	〃	引佐×	須恵・杯	底外		8
829	〃	〃	〃	引佐大	須恵・杯	底外		8
830	〃	〃	〃	引一	須恵・杯	底外		8
831	〃	〃	〃	引佐一	須恵・蓋	内		8
832	〃	〃	〃	引佐一	須恵・蓋	内		8
833	〃	〃	〃	引佐二	須恵・蓋	内		8
834	〃	〃	〃	引佐二	須恵・蓋	内		8
835	〃	〃	〃	引佐二	須恵・蓋	内		8
836	〃	〃	〃	引佐二	須恵・蓋	内		8
837	〃	〃	〃	引佐二	須恵・蓋	内		8
838	〃	〃	〃	引佐二	須恵・蓋	内		8
839	〃	〃	〃	引佐□〔二カ〕×	土師・蓋	内		8
840	〃	〃	〃	×佐二	須恵・杯	底外		8
841	〃	〃	〃	×佐二	須恵・杯	底外		8
842	〃	〃	〃	引佐二	須恵・杯	底外		8
843	〃	〃	〃	×佐二酒	須恵・杯	底外		8
844	〃	〃	〃	引佐二	須恵・皿	底外		8
845	〃	〃	竪穴 SH2003 埋土	引佐×	須恵・杯	底外		8
846	〃	〃	竪穴 SH2004 埋土	引×	須恵・蓋	内		8
847	〃	〃	〃	引佐×	須恵・杯	底外		8
848	〃	〃	竪穴 SH2005 埋土	引佐二	須恵・蓋	内		8
849	〃	〃	〃	×佐二	須恵・蓋	内		8
850	〃	〃	〃	引佐二	須恵・蓋	内		8
851	〃	〃	〃	×佐二	須恵・杯	底外		8
852	〃	〃	〃	引佐×	須恵・蓋	内		8
853	〃	〃	〃	引×	須恵・杯	底外		8

854	〃	〃	土坑 SK2008 埋土	引佐弐	須恵・皿	底外	8
855	〃	〃	土坑 SK2010 埋土	引×	須恵・高杯	脚内	8
856	〃	〃	土坑 SK2017 埋土	引×	須恵・蓋	内	8
857	〃	〃	〃	×佐二	須恵・蓋	内	8
858	〃	〃	〃	引×	須恵・蓋	内	8
859	〃	〃	土坑 SK2018 埋土	引佐×	須恵・杯	底外	8
860	〃	〃	土坑 SK2019 埋土	引□×	須恵・杯	底外	8
861	〃	〃	土坑 SK2021 埋土	引佐×	須恵・皿	底外	8
862	〃	〃	土坑 SK2026 埋土	引×	須恵・蓋	内	8
863	〃	〃	SG2001 埋土	引佐×	須恵・蓋	内	8
864	〃	〃	〃	引佐一	須恵・蓋	内	8
865	〃	〃	〃	引一	須恵・蓋	内	8
866	〃	〃	〃	引佐大	須恵・蓋	内	8
867	〃	〃	SP2002 埋土	引佐×	須恵・蓋	内	8
868	〃	〃	SP2003 埋土	引一	須恵・蓋	内	8
869	〃	〃	第2調査面包含層	引佐一	須恵・蓋	内	8
870	〃	〃	〃	引佐一	須恵・蓋	内	8
871	〃	〃	〃	引佐一	須恵・杯	底外	8
872	〃	〃	〃	引佐 ×	須恵・蓋	内	8
873	〃	〃	〃	引佐×	須恵・蓋	内	8
874	〃	〃	〃	引一	須恵・杯	底外	8
875	〃	〃	〃	引佐二	須恵・蓋	内	8
876	〃	〃	〃	×佐二	須恵・蓋	内	8
877	〃	〃	〃	引佐二	須恵・蓋	内	8
878	〃	〃	〃	引佐二	須恵・杯	底外	8
879	〃	〃	〃	引佐二	須恵・杯	底外	8
880	〃	〃	〃	×佐二	須恵・杯	底外	8

881	〃	〃	〃	引佐二杯	須恵・杯	底外	8
882	〃	〃	〃	引佐一	須恵・蓋	内	8
883	〃	〃	包含層	引×	須恵・蓋	内	8
884	〃	〃	〃	引佐一	須恵・蓋	内	8
885	〃	〃	〃	引佐一	須恵・蓋	内	8
886	〃	〃	〃	引佐一	須恵・蓋	内	8
887	〃	〃	〃	引佐二	須恵・蓋	内	8
888	〃	〃	〃	引佐大	須恵・蓋	内	8
889	〃	〃	〃	引佐大	須恵・杯	手伊芸	8
890	〃	〃	〃	引佐×	須恵・蓋	内	8
891	〃	〃	〃	引□×	須恵・杯	底外	8

表3—2　群馬県内出土の郡名記載土器

番	出土遺跡名	出土遺構	釈文	器種	文字部位方向	年代
1	前橋市元総社寺田遺跡(国府関連)	Ⅵ区6溝埋土	邑厨	須恵・杯	底外	8後
2	〃	Ⅵ区河道埋土	佐	須恵・杯	体外正	8後
3	前橋市青梨子金古境遺跡	2号竪穴埋土	車(焼成後刻書)	土師・杯	底内	9後
4	前橋市荒子小学校校庭遺跡	14号竪穴+埋土	車/車	須恵・杯	底外/体内横	9後
5	前橋市前山Ⅱ遺跡	2号竪穴埋土	車 車 火 火	土師・杯	底外	8後
6	〃	〃	車 東院/車	土師・杯	底内/底外	8後
7	〃	3号竪穴埋土	車	土師・杯	底外	古代
8	〃	3号竪穴埋土	車/車	土師・杯	底内/底外	古代
9	前橋市堤沼上遺跡	37号竪穴埋土	勢多	須恵・椀	体外横	9末
10	伊勢崎市十三宝塚遺跡	32号竪穴埋土	佐/佐	須恵・椀	底内外	9中
11	〃	37号竪穴埋土	家佐	須恵・杯	体外横	8後
12	〃	02溝埋土	左	須恵・蓋	摘	9中

13	みどり市宮久保遺跡	3号竪穴埋土	入田	須恵・皿	底外	9
14	太田市成塚住宅団地遺跡（新田郡家関連）	E151号竪穴埋土	入田（焼成前刻書）	土師・椀	体外正	9
15	太田市石橋地蔵久保遺跡（新田郡家関連）	4区2号竪穴埋土	新田　梔ヵ	須恵・杯	底外	8
16	〃	4区5号竪穴埋土	入田	土師・杯	底外	8
17	太田市境ヶ谷戸遺跡（新田郡家関連）	1次2号竪穴埋土	入	須恵・杯	底外	8
18	〃	〃	入田	須恵・蓋	内	8
19	〃	1次9号竪穴埋土	入	須恵・椀	底外	8
20	〃	〃	入	須恵・杯	底外	8
21	〃	〃	入	土師・杯	底内	8
22	〃	〃	入ヵ	土師・杯	底内	8
23	〃	1次1号土坑埋土	入（焼成前刻書）	須恵・杯	底外	8
24	〃	4次1号竪穴埋土	入	須恵・杯	底外	8
25	〃	〃	入	須恵・椀	底外	8
26	太田市村田本郷Ⅲ遺跡（新田郡家関連）	1号溝埋土	入ヵ田	須恵・杯	底外	8
27	太田市前六供遺跡（新田郡家関連）	3号井戸埋土	新　新	須恵・皿	体内外正	9後
28	〃	〃	新	須恵・椀	体外正	9後
29	〃	〃	新	須恵・杯	体外正	9後
30	太田市中江田原遺跡（新田郡家関連）	E6号溝埋土	入	須恵・杯	底外	8
31	太田市天良七堂遺跡（新田郡家跡）	2次1号溝埋土	入田	須恵・杯	体外横	9
32	〃	〃	入田	須恵・皿	底外	9
33	〃	〃	入田	須恵・椀	底外	9
34	〃	2次3号溝埋土	入田ヵ	須恵・杯	体外正	9
35	〃	〃	入田	須恵・皿	底外	9
36	〃	2次14号竪穴埋土	入田	須恵・皿	底外	9

37	太田市楽前遺跡	1区210号竪穴埋土	山田	須恵・杯	体外正	9後
38	〃	1区218号竪穴埋土	人(「入」の意か?)	須恵・蓋	外	8中
39	〃	1区235号竪穴埋土	人田(「入田」の意か?)	須恵・杯	底外	8後
40	〃	1区313号竪穴埋土	入田	須恵・碗	体外倒	7後
41	〃	1区332号竪穴埋土	丹/上井	須恵・杯	体外正/底外	9前
42	〃	1区357号竪穴埋土	入多ヵ	土師・杯	底外	9中
43	〃	1区1021号坑埋土	入田	須恵・椀	底外	8
44	〃	1区攪乱	山田	須恵・杯	体外横	9
45	〃	3区1号溝埋土	山田	須恵・皿	底外	9後
46	〃	4区1号竪穴埋土	山	須恵・杯	底外	9前
47	〃	4区11号竪穴埋土	×人(「入田」の意か?)	須恵・杯	体外正	9初
48	〃	4区1号溝跡埋土	田人(「入田」の意か?)	須恵器・杯	底外	9初
49	〃	4区1号溝跡埋土	田人(「入田」の意か?)	須恵器・蓋	外	8中
50	太田市鹿島浦遺跡	1・2区50号竪穴埋土	人(「入」の意か?)	須恵器・杯	底外	9前
51	〃	7区8号竪穴埋土	入/入	須恵器・碗	体外正/底外	9後
52	〃	4区9号竪穴埋土	田	須恵器・椀	体外正	8後
53	〃	8区5号竪穴埋土	田	須恵器・杯	底外	9後
54	太田市東今泉鹿島遺跡	50号溝埋土	山田	須恵・杯	底外	8
55	大泉町専光寺付近遺跡	10号墳周溝埋土	上邑厨	須恵・高台皿	底外	9後
56	藤岡市上栗須寺前遺跡	62号竪穴埋土	多胡	灰釉・皿	底外	9後
57	〃	〃	多	須恵・椀	底外	9後
58	〃	73号竪穴埋土	多	須恵・杯	底外	9後
59	〃	93号竪穴埋土	多	須恵・杯	体外横	9後
60	〃	118号竪穴埋土	多	須恵・椀	体外倒	9後
61	〃	163号竪穴埋土	多	須恵・椀	体内	9後
62	〃	5255号土坑埋土	多	須恵・椀	体内外正	9後
63	高崎市多胡蛇黒遺跡	39号竪穴埋土	甘	須恵・杯	体外正	8後

64	安中市稲荷谷戸遺跡	17号竪穴埋土	碓	須恵・椀	底外	9中
65	安中市西裏遺跡	H2号竪穴埋土	碓×	須恵・椀	底外	9前

（文献）

1・2 （財）群馬県埋蔵文化財調査事業団『元総社寺田遺跡』Ⅲ 一九九六

3 県央第一水道遺跡調査会『青梨子金古境遺跡』一九九五

4 前橋市埋蔵文化財発掘調査団『荒子小学校校庭Ⅱ・Ⅲ遺跡』一九九〇

5〜8 前橋市埋蔵文化財発掘調査団『前山Ⅱ遺跡』一九九〇

9 （財）群馬県埋蔵文化財調査事業団『堤沼上遺跡』二〇〇八

10〜12 群馬県埋蔵文化財調査事業団『史跡十三宝塚遺跡』一九九二

13 笠懸村教育委員会『笠懸村宮久保遺跡』一九八九

14 太田市教育委員会『成塚住宅団地遺跡』一九九〇

15〜16 （財）群馬県埋蔵文化財調査事業団『石橋地蔵久保遺跡』二〇〇八

17〜25 新田町教育委員会『境ヶ谷戸・原宿・上野井Ⅱ遺跡』一九九四

26 太田市教育委員会『市内遺跡Ⅻ』一九九六

27〜29 新田町教育委員会『前六供遺跡・後谷遺跡・西田遺跡』二〇〇〇

30 （財）群馬県埋蔵文化財調査事業団『中江田八ッ縄遺跡』一九九六

31〜36 新田町教育委員会二一『天良七堂遺跡』Ⅱ 二〇〇四・太田市教育委員会『天良七堂遺跡』二〇〇八

37〜49 （財）群馬県埋蔵文化財調査事業団『楽前遺跡』(1)(2) 二〇〇九・二〇一〇

50〜52 （財）群馬県埋蔵文化財調査事業団『鹿島浦遺跡』二〇一〇

53 （財）群馬県埋蔵文化財調査事業団『東今泉鹿島遺跡』二〇〇七

54　大泉町教育委員会『専光寺付近遺跡』一九八七～一九九二
55～62　（財）群馬県埋蔵文化財調査事業団『上栗須寺前遺跡群』Ⅲ
63　（財）群馬県埋蔵文化財調査事業団『多胡蛇黒遺跡』一九九三
64　松井田町（当時）遺跡調査会『五料平遺跡・五料野ヶ久保遺跡・五料稲荷谷戸遺跡』一九九七
65　安中市埋蔵文化財発掘調査団『西裏遺跡』二〇〇五

第四章　則天文字が記された墨書土器

一　則天文字とは何か

周知のように則天文学とは、中国・唐代の女帝、則天武后（六二四〜七〇五、在位六九〇〜七〇五）が、載初二年（六九〇）に制定した、独特の文字群である。則天武后（武照）は、唐王朝第三代皇帝高宗（李治）の皇后で、病弱な夫に代わって政治の実権を握り、夫帝の死後は自ら帝位に就いて国号を「周」と改め、新王朝を創始しようとした、中国史上、空前絶後の女帝である。その武后が、新王朝を樹立したことを象徴する意味をこめて、独自の新しい文字を創製させ、従来ある文字の代わりに使用を命じたのが則天文字である。

則天文字の数は、実際のところ明確ではないが、現在確認されているのは一七文字である。天・地・人などの重要な文字のほか、皇帝に関する文字や、詔勅・公文書などで使用頻度の高い文字、年号に使用する文字が多く、新しい文字によって、最高の権力者となった自分の権威を示そうとしたのだろう。また、その構成は、一と忠を合わせて「𢘑」（臣）、一生と書いて「𤯔」（人）、山・水・土を合成して「埊」（地）など、ほとんどの字が、既存の漢字の偏やつくりを合成して意味をもたせて創製したものである。

この則天文字は、武后治政下にあっては、その強大な権力をもって強制されたため、社会にもある程度定着したようである。ただ、武后の死後、中国では直ちに使用が禁止されたのだが、わが国では後世まで使用された文字もある。わが国への則天文字の伝来は、正倉院宝物の慶雲四年（七〇七）書写の『王勃詩序』に、「𠀑」「埊」などが用いられていることからみて、大宝の遣唐使（七〇四年帰国）によるものと考えられている。また、養老律の写本にもみえるので、やはり奈良時代初期に唐律の写本によって伝えられたとみられる。これ以降、使用例は中・近世にまで及んでいる。

二　則天文字を記した墨書土器

以上の点をみても、この則天文字が、わが国内においてかなり広く使用されていたことが判明するのだが、そのことをさらに裏付けるのが、

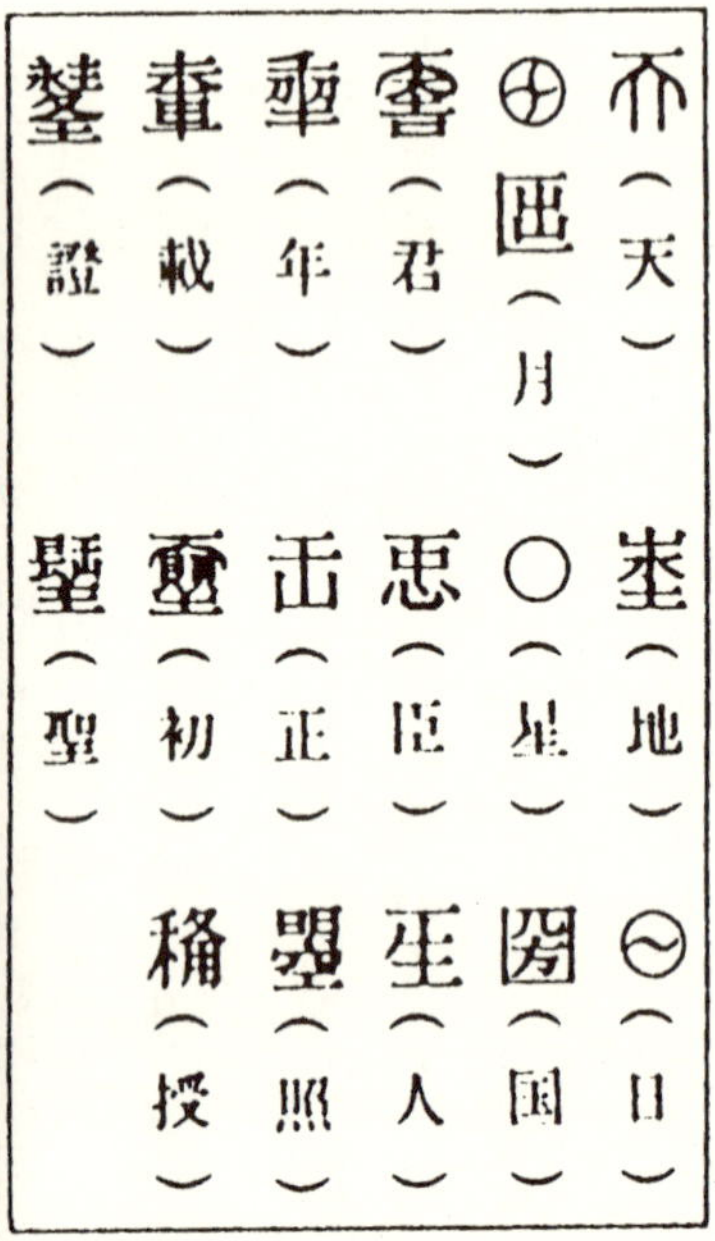

図 4—1　則天文字一覧表

図 4—2　石川県金沢市三小牛ハバ遺跡出土墨書土器（金沢市教育委員会）

近年、各地で出土例が増加しつつある則天文字を記した墨書土器である。前述したように則天文字は、人為的に作字・制定され、発祥の中国では短期間のうちに使用が限定されたきわめて特殊な文字であるから、それが記された墨書土器を検討することによって、古代の在地社会における文字文化の伝播・漢字文化の摂取の過程とその背景を釈明する上での手掛かりを得ることができるだろう。現在のところ、管見に触れた限り、全国一八遺跡から五一点に及ぶ出土例が報じられている。

則天文字が記された墨書土器の出土状況、文字の数、墨書されている土器の器種や墨書の部位・位置・方向などについてみると、とくに他の墨書土器の様相とさしたる隔たりはないが、現時点における出土例をみる限りでは、とく

図 4—3　群馬県前橋市二之宮宮下東遺跡出土墨書土器(群馬県埋蔵文化財調査事業団)

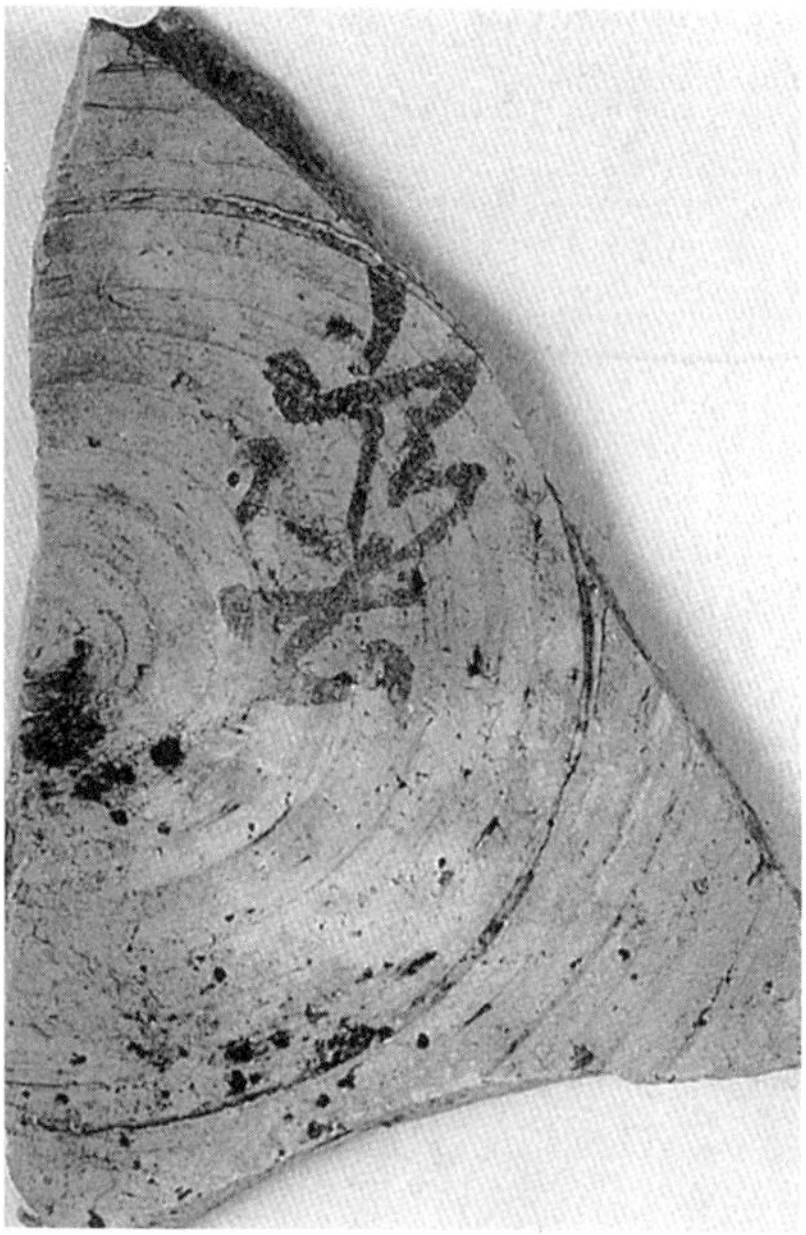

図 4—4　島根県松江市出雲国庁跡出土墨書土器(松江市教育委員会)

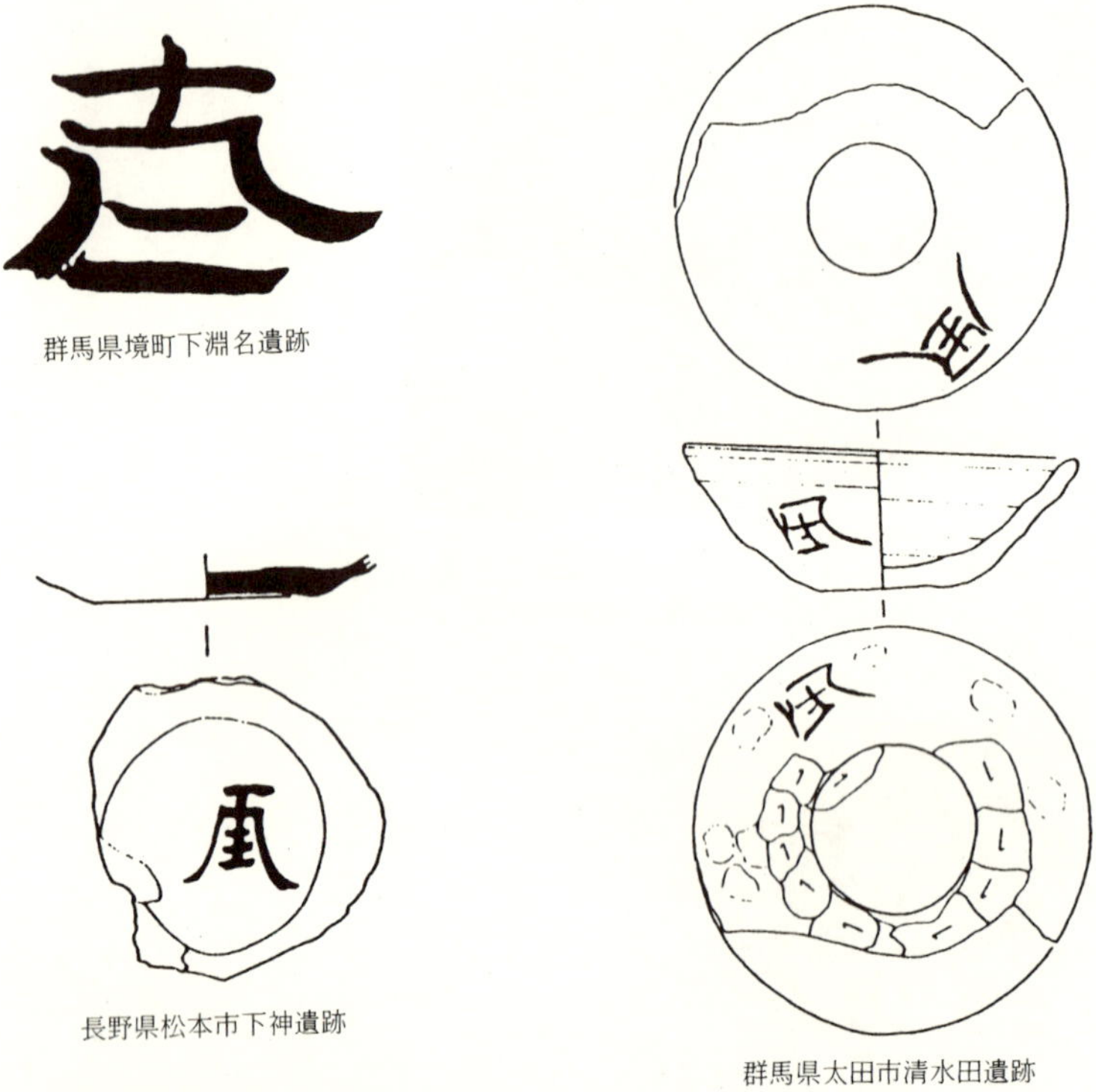

図 4—5 則天文字に類似した字形を記した墨書土器

に官衙・寺院関連が多いようである。遺構の状況からすれば一般的な集落遺跡である場合でも、寺院や官衙との関連を色濃く匂わせる遺物が出土しているケースが少なくない。武后治政下に作製された経典には則天文字が多く使用されていたから、わが国内では唐から請来された経典を写経する過程で、則天文字も経文とともに寺院や僧侶を媒介として各地に広まったと考えられる。これと同様に、『新訳華厳音義私記』『竜龕手鑑』『類聚名義抄』などの仏典にかかわる音義・字書の類から参照される場合もあろう。また、さきにも述べたように養老律の写本にみえるのだから、地方官衙とそこに出入りする階層の人びとを経由しての伝播というルートも想定できる。またまったくの臆測の域を出ないが、八世紀にはすでに東国の村落にまで出現しているところからみれば、渡来人などによる在地社会へのダイレクトな流入といったケースも考えておくべきかも知れない。

則天文字と他の通有の漢字とを組み合わせて一つの単語となした例は非常にまれで、ほとんどが一文字のみの記載である。この点も古代の墨書土器の一般的特徴と共通する点であり、他の例と同じく、一文字のみの墨書ではそれが何を意味するものであるのか判別つきがたい。つまり、則天文字の墨書土器のみが、特別の用途や機能があって、特殊な状況の下に使用されたというわけではなく、ごく一般的な、通有の墨書土器と同じ範疇でとらえられて差し支えないといえるだろう。

墨書土器の類例からみるならば、「𠑺」「𠙺」「𠡦」などは、則天文字一七文字でも比較的よく普及していた文字といえるのではないだろうか。また、一遺跡から複数種類の則天文字が出土する例もまれで、おおむね一つの遺跡からは同一の文字が出土している。地方においては則天文字のすべてが一群として伝わっているのではなく、そのなかの数文字がほとんど単発的に伝来しているにすぎないのだろう。

三　則天文字記載墨書土器の意義

これに関連して注目されるのは、近年各地から出土している、則天文字そのものとはいいがたいが、それによく類似する「𠆭」「𠆢」という構えを有する字形を記した墨書土器である。この通有の漢字としてはもちろん、異体字としても理解しがたい独特の文字群については、平川南氏の示唆に富んだ提言がある。氏によればこの「𠆭」「𠆢」の構えは、則天文字の「𠑺」「埊」「𠺞」などにみられる構えに共通するもので、道教の呪符にみえる符籙の影響に因るものであり、この「𠆭」の構えが人々に強烈な印象を与え、わが国において「𠆭」の構えのなかに別の漢字を入れ、一種の吉祥または呪術的な意味を含めた特殊な字形を考案し、使用していたのではないかということである。

図 4—6　日本の則天文字(墨書土器)

「天」(1　山梨県宮ノ前第 2 遺跡、2　新潟県岩田遺跡、3　千葉県花前 I 遺跡、4　埼玉県新屋敷遺跡、5　山梨県官ノ前遺跡、6　山梨県北中原遺跡、7　宮崎県余り田遺跡)、「地」(8～11　宮城県市川橋遺跡、12　富山県吉倉 B 遺跡、13　山梨県豆生田第 3 遺跡、14　山形県今塚遺跡、15　千葉県作畑遺跡、16　石川県浄水寺跡、17　石川県辰口西部遺跡群徳久荒屋 G 地区)、「日」(18、19　山形県大坪遺跡、20　宮崎県西下本庄 Q 遺跡)、「星」(21　石川県辰口西部遺跡群上荒屋(二)地区、22　奈良県平城宮跡、23　島根県三国谷 I 遺跡、24　石川県辰口西部遺跡群徳久荒屋 E 地区)、「人」(25　宮城県市川橋遺跡、26　千葉県堀下八幡遺跡、27　山梨県柳坪遺跡、28・29　千葉県白幡前遺跡)(田熊 2006 より引用)

以上の点を考え併せるならば、そうした墨書土器の書き手の側には則天文字という意識が存在していたかどうかははなはだ疑問であり、そのような字形が一種マジカルな威力をもった、特殊な記号的意味を有していたとみるべきではないだろうか。則天文字は従来の字形より画数が多く、装飾的かつ示威的であり、一種の妖しささえ漂わせている。文字それ自身にある種の呪術的な魔力が付帯されていたとみられる古代社会においては、則天文字のような特異な字形こそ吉祥句・呪句としてはより効果的であったとみられよう。また同様に、日常的には使われることのない篆書体の字が記された墨書土器についても、古めかしい異形の文字として採用されたと考えられる。

わが国最古の則天文字の確実な使用例・『王勃詩序』が書写されたのは、則天文字制定のわずか一七年後、武后の死の二年後にすぎない。中央の支配者階級にあっては、新来の則天文字が先進国・唐の最先端の文物として受けとめられていたことは想像に難くないが、早くもその数十年後、八世紀中葉には東国の村落にまで出現している。その急速な伝播・浸透から考えるならば、地方村落にあってはいかほどの認識があって使用されていたかは定かではないが、少なくともその特殊な字形が重んじられて受容されたには相違なく、おそらくは最新の、霊力・呪力の高い符号として伝播していったとみられるのではないだろうか。

また、近年では、篆書体の字形で記された墨書・刻書土器の類例も各地で増えており、奇異な字形、記号様のものも篆書体としてみれば解読できることがある。

「則天文字」も篆書体の一部であり、墨書・刻書土器にみる篆書体の広がりの一環として則天文字記載土器も考えるべきであろう。

墨書・刻書土器では篆書体・楷書体・草書体が使い分けられたわけではなく字形による伝播が考えられ、そこに、同時の人々の意図的な字形の使い分けは看取することができないのである。

引用・参考文献

いわき市教育文化事業団編　二〇〇一『荒田目条里遺跡』
（財）茨城県教育財団編　一九八三『鹿の子C遺跡漆紙文書』
加藤友康　一九九三「国・郡の行政と木簡―国府跡出土木簡の検討を中心として―」（『木簡研究』一五）
鎌田元一　一九八四「日本古代の人口」（『木簡研究』六、同『律令公民制の研究』塙書房、二〇〇一）
群馬県埋蔵文化財調査事業団　二〇〇七『東今泉鹿島遺跡』
国士舘大学考古学会編　二〇〇六『古代の信仰と社会』六一書房
小原子遺跡調査会編　一九九〇『小原子遺跡群』
酒寄雅志　二〇〇〇「出土文字資料にみる古代の東アジア諸国と日本」（栃木県立博物館編『第68回企画展掘り出された「文字」―出土文字資料からさぐる古代の下野―』
鈴木勝彦　一九九八「宮城・三輪田遺跡」（『木簡研究』二〇）
住田明日香　二〇〇六「則天文字を記した墨書土器」（『古代文化』五八）
高島英之　一九九一「則天文字を記した墨書土器」（『信濃』五〇二）
同　一九九三「則天文字の導入」（『月刊文化財』三六二）
同　二〇〇〇「墨書土器村落祭祀論序説」（『日本考古学』九）
同　二〇〇〇「祭祀内容記載墨書土器」「『地名・人名』記載墨書土器」（同『古代出土文字資料の研究』東京堂出版、二〇〇〇）
同　二〇〇〇「古代の墨書・刻書紡錘車」（同『古代東国地域史と出土文字資料』東京堂出版、二〇〇六）
多賀城市教育委員会編　二〇〇三『市川橋遺跡』
田熊清彦　二〇〇六「則天文字」（平川　南ほか編『文字と古代日本5　文字表現の獲得』吉川弘文館）
千葉県文化財センター編　一九八四『八千代市権現後遺跡』
千葉県文化財センター編　一九八五『八千代市北海道遺跡』
千葉県文化財センター編　一九九一『八千代市白幡前遺跡』

千葉県文化財センター編　二〇〇〇『印西市鳴神山遺跡・白井谷奥遺跡』Ⅲ
栃木県教育委員会編　一九八七『下野国府跡』Ⅶ
中村順昭　一九九二「奉写一切経所月借銭について」（『日本歴史』五二六、同『律令官人制と地域社会』吉川弘文館、二〇〇八に収録）
浜松市教育委員会編　二〇〇八『伊場遺跡総括編（文字資料・時代別総括）』
東野治之　一九八六「発掘された則天文字」（『出版ダイジェスト』一一八七、同『書の古代史』岩波書店、一九九四）
平川　南「則天文字を追う」一九八九（『歴博』三四、同『墨書土器の研究』吉川弘文館、二〇〇〇）
平川　南ほか編　二〇〇五『文字と古代日本3　流通と文字』吉川弘文館
平川　南ほか編　二〇〇六『文字と古代日本5　文字表現の獲得』吉川弘文館
三島市教育委員会編　二〇〇三『静岡県三島市箱根田遺跡』
水沢市教育委員会・奥州市教育委員会　一九八一〜『胆沢城跡発掘調査概報』
宮城県教育委員会編　一九九六『山王遺跡』Ⅲ
宮瀧交二　二〇〇六「線刻紡錘車からみた日本古代の民衆意識」（国士舘大学考古学会編『古代の信仰と社会』六一書房）
八千代市遺跡調査会編　二〇〇一〜二〇〇五『上谷遺跡』第一分冊〜第五分冊
吉井町多胡碑記念館編　二〇〇八『紡む―紡錘車が語る多胡郡』
吉川敏子「借金証文」二〇〇五（平川南・沖森卓也・栄原永遠男・山中章編『文字と古代日本3　流通と文字』吉川弘文館）

第五章　出土文字資料からみた北関東の古代社会とその特質

一　北関東地方出土の出土文字資料

本章では出土文字資料からうかがうことができる古代社会の特質、あるいは、北関東地方出土の文字資料の特色について概観したい。

現在のところ、北関東地方では、他の地域に比べて特段に出土文字資料の出土が多いわけではないが、近年、こうした出土文字資料の出土は増加の一途を辿っている。木簡や漆紙文書をはじめ、墨書刻書土器・印章・焼印・刻書紡錘車・刻書砥石など多種多様な文字資料が北関東各地の遺跡からも出土しており、着実に成果は上がりつつある。

ここではそのなかでも興味深い例をいくつか紹介し、出土した文字資料の世界から、北関東地方における郡家とそれをめぐる古代社会の背景を考える材料にしたい。

北関東地方から出土した文字資料で最も著名な資料は、茨城県石岡市鹿の子C遺跡出土の漆紙文書と、栃木県栃木市下野国府跡出土の漆紙文書及び木簡であろう。関東地方では、東北地方の城柵官衙遺跡のようにさまざまな場所から木簡や漆紙文書がまとまって出土するというような事例こそないが、前記の両史料のように一箇所の遺跡からまとまった量の史料が出土しており、それらが延暦期というほぼ同時期の、国レベルにおける史料であるところにその特徴がある。

よく知られているように、延暦期には律令国家が、版図の拡大を図って東北地方を支配下に収めるべく軍事的進出を行ったが、古代における現在の北関東地域は、そうした律令国家の東北地方軍事侵攻の後方支援に当たるべき場所とされたところであった。そうした事情を直接うかがわせる同時代史料が存在することも、これら北関東地方から出土した文字資料の特質の一つでもある。さらに、古代における地方文書行政の実態を示すような、具体的史料が含まれていることもまた、大きな特徴である。

二　茨城県石岡市鹿の子C遺跡出土の漆紙文書

茨城県石岡市鹿の子C遺跡は、常陸国茨城郡に所在する、常陸国府の経営による官衙附属工房の遺跡である（〔財〕茨城県教育財団編　一九八三）。常陸国府跡から北に約一キロの位置にあり、八世紀後半から九世紀中葉に稼働した、律令国家の対蝦夷政策に備えた武器製作と兵站基地としての役割を担っていたと考えられている。

漆紙文書は、約二九〇点出土しており、なかには戸籍・計帳類、田籍関係文書、出挙帳、調帳、人口集計文書、兵士自備戎具検閲簿、延暦九（七九〇）年度具注暦など、なかにはそれまで未知であった帳簿があり、国レベルにおける多量の文書が発見されたことで注目を集めた。これらの文書のなかで、年紀が明らかなものは、天平宝字二（七五八）年と同八（七六四）年に造籍された戸籍以外はすべて延暦年中（七八二～八〇五年）の年紀を有している。周知のように戸籍は三〇年の保存期間が定められており、これら天平宝字年中の戸籍も保存期間を過ぎて二次利用され、さらにその後に漆の蓋紙として使用され、廃棄されたのは延暦年間と考えられる。

田籍関係文書は、田地の所在と面積を書き上げた後に、別筆で「不〇段」などと書き込まれた文書が出土している。租の徴収やその免除に関わる文書である輸租帳などを作成するための基礎帳簿として、稲の収穫及び損害の状況を調査した際に作成された文書と考えられている。

また、古代の常陸国の良民数が集計された帳簿からは、延暦期の常陸国の総人口を約二二万四〇〇〇人から二四万四〇〇〇人と類推できるとともに、そこから敷延して、八世紀後半の律令国家日本の総人口を五四〇～五九〇万人とも推定できる史料としてとくに注目された（鎌田　一九八四）。

三　栃木県栃木市下野国府跡出土の漆紙文書と木簡

また、栃木県栃木市下野国府国庁の遺跡

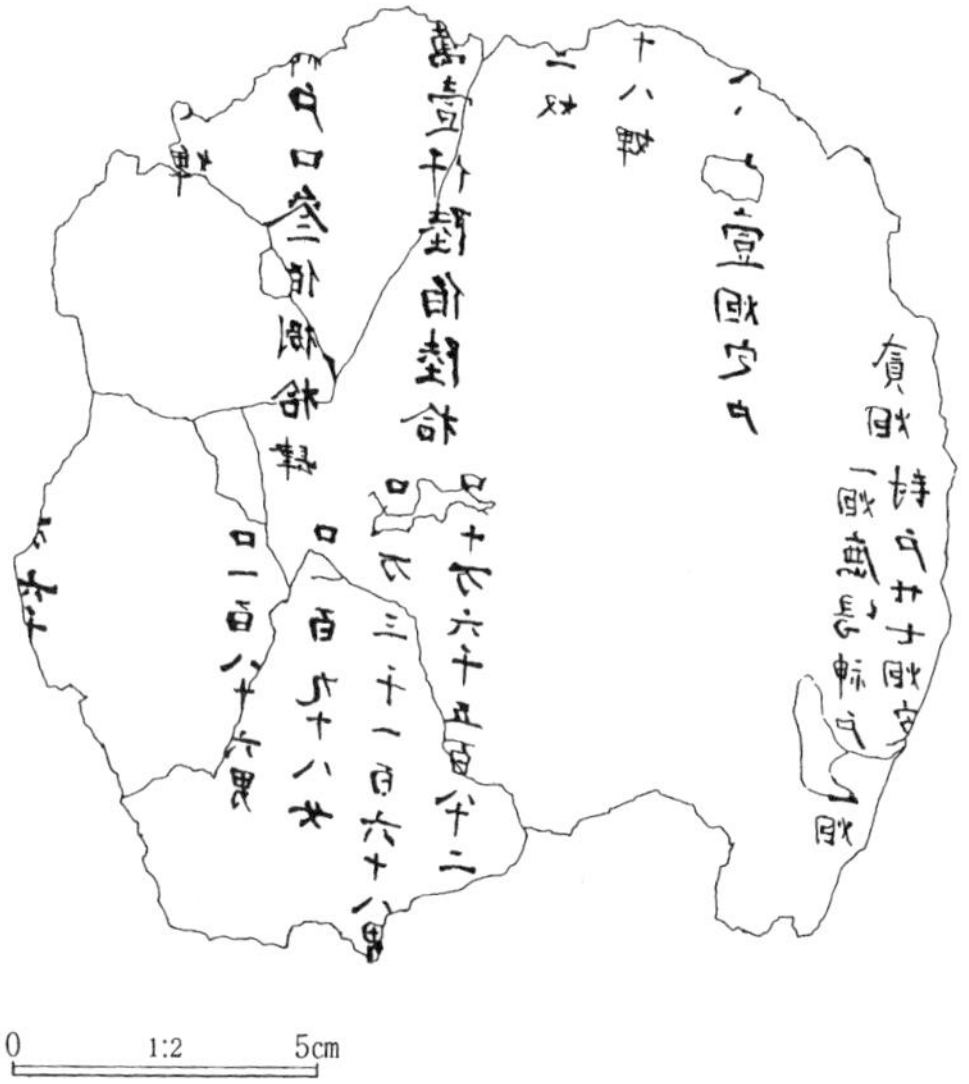

図 5―1　茨城県石岡市鹿の子Ｃ遺跡出土「人口集計帳簿」漆紙文書と栃木県栃木市下野国庁跡出土「員外史生陳廷荘」不簡

からも約一〇〇点の漆紙文書と約五二〇〇点に及ぶ木簡が出土している（栃木県教育委員会編 一九八七）。

下野国府国庁跡出土の漆紙文書には、律令国家が田地を支配するために、郷毎に、条里制に基づく田地の所在（坪付）、田地の小字地名、面積などが列記した田籍様帳簿や、田地売買の書類である売地券などがあり、注目されている。

一方、下野国府跡出土の木簡は、その約八八％が削屑であるが、延暦一〇年（七九一）度、すなわち延暦九年八月から同一〇年七月末に至る一年度分の事務処理に関わる木簡が、不要になった後に削り取られて一括して廃棄されたものであることが判明している。国庁における一年分の政務の実態が明らかに出来る稀有な史料として注目されている（加藤 一九九三）。

これらの木簡の中には、甲の材料として使用する皮の調達に関わるものや、国司の勤務評定に関わる史料などが含まれている点でも注目されている。

国符によって郡に命じて甲の材料として皮を買わせ、それを進上させた帳簿ないし伝票とみられる内容の木簡（八一一号）には、

×□□依カ国三月廿日符買進□□×
×同カ六月廿三日符買進甲料皮×　一一三×三　〇九一

と記されている。他にも×□十年カ□買□料×（三三号 九五×一〇 〇九一）、×□依例買進／七日［　］×（二八四六号 五二×一九 〇九一）など関連を想起させるような木簡削屑も出土している。

『続日本紀』延暦九（七九〇）年閏三月庚午条には、

勅、為レ征二蝦夷一、仰二下諸国一令レ造二革甲二千領一、東海道駿河以東、東山道信濃以東、国別有レ数、限二三箇年一並令二造訖一。

と、東海道諸国の内の駿河国以東及び東山道諸国の内の信濃国以東の国々に革製の甲を造ることを命じたとする記事

があり、さらに『続日本紀』にはほかにも、延暦九年一〇月癸丑条には、各国すべての良民の財産を調べて甲を造るに耐えられる経済状況の者には、各々の財産状況に応じて甲の製作に必要な資金を提供させるべきことが命じられたことがみえる。翌延暦一〇年六月己亥条に京畿七道諸国の国司・郡司たちに対して甲の製作を命じるとの記事が、また、同年己亥条には鉄甲三〇〇〇両を新しい様によって修理することが、さらに同年一〇月壬子条には東海・東山両道差悪国に対して矢三万四五〇〇余りの製作を命じている。下野国府跡から出土した甲の材料の皮（革）を買い進めさせたことを示す木簡も、こうした律令政府による延暦期の対蝦夷戦争への武器・兵具などの準備状況を如実に物語っている。

前述の常陸国府工房鹿の子C遺跡の調査成果と同様、坂東諸国が、律令国家による対蝦夷政策によって多大な負担を課せられていたことを実証するものである。

また、国司の勤務評定に関わる木簡は、平城宮式部省曹司跡から出土している膨大な量の官人考課木簡にみられるのと同様の勤務評定システムが、地方の国府においても行われていたことを実証する史料として意義が高い。

また、その中の四一四〇号には、× 去ヵ上　員外史生　陳廷荘　×（四一×一一　〇九一）と記されているが、あきらかに渡来人と考えられる人物である。既存の史料にみえる坂東地域への渡来人の移配を実証する史料として、それぞれ重要な意義を有している（酒寄　二〇〇〇）。

四　群馬県太田市東今泉鹿島遺跡出土の解文漆紙文書

群馬県太田市東今泉町に所在する東今泉鹿島遺跡は、県東部の太田市の北郊、太田市街地の北約三キロに位置する奈良・平安時代を中心とする集落遺跡である。そこで検出された竪穴建物跡埋土中より米壹斗申請解文漆紙文書が出

土している。(6)

釈文　・表　解申×／米ヵ　壹斗×／右件物依本×／□器所以旬　×

　　　・裏　（異筆）「御許」×／（別筆）『了』×

表面復元案　謹解申請（借）事／米ヵ壹斗／右件物依本利共・・／雑器所以旬日・・／（中略）／乃録状以解

／年月日氏姓名

表記は、表裏二面に表記。一七文字分が確認、うち解読可能な文字は一六字である（表面一三、裏面三）。表面冒頭の「解申」の語は、公式令公文条に規定された律令制下の公文書書式による解式であり、直接の統属関係にある下位の人物・機関から上位の人物・機関に宛てて上申された公文書の書式に則ている。

表面の記載内容は、下位の人物ないし機関から上位の人物ないし機関に宛てて、何かを「壹斗」を請求したものである。請求した物を示す文字の判読は難しいが、残画の縦線及び左右両払いと「壹斗」という数量から、請求した物は米とみて間違いない。文書の題名としては「米壹斗申請解文」が妥当であろう。「（米）壹斗」を請求した理由としては、判明している限りの内容・書式や裏面の内容からみて、正倉院文書に類例が多くみられるような、下級官人が上司に宛てて提出した、役所への借米（金）、給与の前借りなどを申込んださいの申込書であり、貸借期間中は、いわゆる「借金証文」として機能した文書である可能性が考えられる。

裏面に表面とは別筆で記された「御許」の語は、文書の宛先を示す「おんもと」という意味ではなく、この文書を差し出した者が、表面にて「米壹斗」の申請したことに対して上司がこれを承認したという「決裁」を示す「おんゆるし」という意味と考えられる。いうなれば、起案に対する処分を記したものである。

決裁の文言に「御」の字を使用されていることから、この文書の申請に対して決裁したものは郡大領のような地方長官クラスと考えられる。

「御許」の語の脇に、さらに別筆・草書体で記された「了」の語は、表面の「米壹斗」の申請に対して処分を行い、その結果が完了したことを示す文言と解釈できる。

「了」の文字が、草書体で、あたかもなぐりがきのような粗い筆致で記されていることや、表書き本文とも裏書きの「御許」なども更に別筆で記されている点は、本文書に関する最終的な処分に関わる書き込みであることを裏付ける。この文言が記入されることによって、本文書の文書としての機能は完了したわけであり、それ以降、この文書はいつでも廃棄可能な状態にあったことになる。本文書が「米壹斗」の貸借を申請したものとみてよいならば、借主による返済の完了・完納を意味する。すなわち、本文書も「借用書」としての機能を終えたことをあらわしている。

図 5—2　群馬県太田市東今泉鹿島遺跡出土「(米)壹斗、請求解文」漆紙文書（〔財〕群馬県埋蔵文化財調査事業団）

実質的な租税の一部としての強制的な稲の貸し付けである出挙関係の漆紙文書や木簡は類例があるが（中村一九九二、平川・沖森ほか編 二〇〇五）、正倉院文書にみられる「出挙銭解」や「月借銭解」に類するような、いわゆる借金あるいは給与の前借りの申し込み書は、漆紙文書としての出土は、全国ではじめてである。

月借の制度は、官人にとっては生活維持のための特権の一つともいえる。貸借物は、基本的に銭であり、正倉院文書中に多数残っている月借銭の申請書である「月借銭解」によれば、質物としては宅地、農地、給与などが充てられ、利率は相対で決められた。上下限法定制限はないが、いわば官人間の信用取引的な側面も存在していたようである。

都においては、当時すでに貨幣流通経済が機能していたため、正倉院文書からうかがえる当時の都における下級官人たちの借金や給与前借りは「銭」によってなされているが、本資料では、「米」が貸借の対象となっている。これは貨幣流通経済が実質的に行き渡っていなかった地方社会に即したものとみられ、地方における実情を直接に示すものとしても意義が高い。また、正倉院文書にみられるような、都の下級官人が勤務先の役所から借金、あるいは給与を前借りするというようなシステムが、地方の役所とそこに勤務する下級官人との間にもなされていたことを具体的に示すはじめての史料である。

形態の点からみれば、本文書は、上下左右両端が欠損しており、文書として完形を保つものではないが、文言からみて、文書の冒頭部分が漆紙として残存したものであることがわかる。想定復元してみても、通常、役所間で取り交わされた公文書のサイズに比べてかなり小さなサイズの用紙が使用されている。正倉院文書中の月借銭解・出挙銭解などの実例でも、官人個人に関わる文書であるために、正式な公文書用紙の余り紙である「切紙」が使用されているケースが多く、本文書もそれに類して、規格外の切紙が使用された可能性が考えられる。

また、本文書の用紙サイズが通常の公文書よりかなり小さく、規格外と考えられる点が、本文書の内容を想定する上での有力な判断材料の一つであることも事実である。

裏面に余白が多いにもかかわらず、習書などに二次利用されていない点は、切紙を使用したため、紙のサイズがイレギュラーであり、使い勝手が悪かったという点も考えられるが、「御許」や「了」などの施行処分を意味する語が記されていたため、処分後の悪用や誤用を避けるために、文書としての二次利用が意図的に控えられた可能性も想定できる。

本遺跡の西方約一・五キロの位置にあたる太田市緑町古氷地区に山田郡家の存在が想定されているが、本文書の内容や、本遺跡との位置関係からみて、本文書は郡家から払い下げられ、本遺跡の地において漆塗り作業に伴い、漆液の容器の蓋紙として使用されたものと考えるのが妥当であろう。そのような意味においては、本遺跡と郡家との密接な関係を示唆させる資料であり、本遺跡の性格を考える上でも重要な資料と位置づけることが出来る。

現状で記されている文字の数は決して多くはないが、上述したように、非常に多くの情報量に富んだ史料であり、これまでのわが国における漆紙文書の出土例にはない部類の、地方社会における下級官人の生活の一端を直接にうかがわせる第一級の史料と位置づけることができる。

五　人面墨書土器にみる古代東北と坂東との関連

こうした、北関東地域出土の特異な文字資料が存在する一方、東北地方各地の遺跡から出土した文字資料には、既存の史料からもうかがえる律令国家の対蝦夷政策による、古代坂東と東北地方との密接な関連を実証するような史料が発見されている。

例えば、胆沢城跡出土の漆紙文書の中には、「(前略)×蔵国一百人×／×野国二百人×(後略)」と、武蔵国と上野あるいは下野国から胆沢城に配備された鎮兵の食料を請求した文書がある。また、胆沢城跡からは「上毛」と記された九世紀前半の墨書土器、「上毛野朝臣／廣世」と記された九世紀後半の墨書土器が出土している。上毛野氏は、大化前代から倭王権による対蝦夷政策や対韓半島進出に際して軍事的役割を担った氏族としての伝承を有しているが、胆沢城に同氏の人物が実際に赴任していたことを示す史料といえよう(水沢市教育委員会・奥州市教育委員会　一九八一〜)。

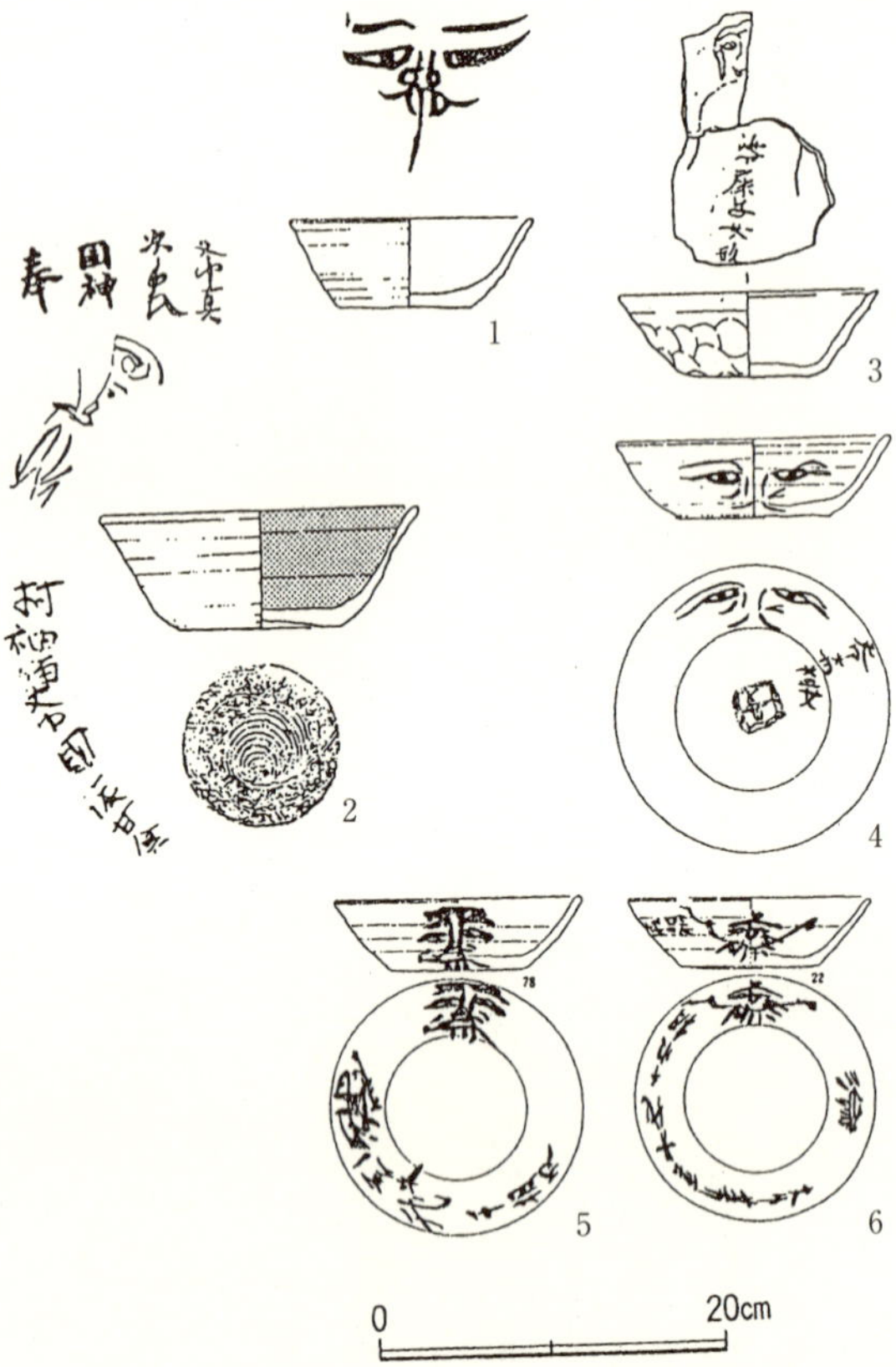

図 5—3　人面と文字が記された坏型土器の例
（1. 千葉県芝山町小原子庄作遺跡　2. 千葉県八千代市萱田権現後遺跡　3. 静岡県浜松市伊場遺跡　4. 宮城県多賀城市市川橋遺跡　5・6. 宮城県多賀城市山王遺跡）

また、宮城県古川市に所在する、陸奥国府多賀城に先行する丹取評・郡家、後の玉造郡家の遺跡とみられる城柵官衙遺跡である名生館遺跡に近接する集落遺跡である三輪田遺跡からは、「大住ヵ團／□□×／諸万呂／□部／宮万呂×」と記された相模国大住団兵士歴名木簡が出土している。この遺跡とその周辺からは関東系の土器も多数出土している（鈴木 一九九八）。

また、関東地方出土の人面墨書土器には、例えば、下総国武射郡・印旛郡における古代集落遺跡である千葉県芝山町庄作遺跡出土の土師器杯型人面墨書土器（九C前半）に「丈部真次召代国神奉」・土師器杯型人面墨書土器（九C前半）に「国玉神奉」（小原子遺跡調査会編 一九九〇）、八千代市権現後遺跡出土土師器杯型人面墨書土器（九C前半）に「村上郷丈部国依甘魚」（千葉県文化財センター編 一九八四）、八千代市白幡前遺跡出土土師器杯型人面墨書土器（八C後半）に「丈部人足召代」（千葉県文化財センター編 一九九一）、八千代市上谷遺跡出土土師器杯型人面墨書土器（九世紀前半）に「□廣友進召代　弘仁十二年十二月」（八千代市遺跡調査会編　二〇〇一～二〇〇五）などとみえる、それらの人面墨書土器が国神に対して「招代（おぎしろ）」＝依り代（神霊の依り憑く物）として奉献されたもので、人面墨書土器を招代として国神を招き、そこに供物を盛って、神を饗応したものと考えられる、「某人召（形・方・身）代（替）奉（進）上」と記された人面墨書土器によく類似した資料が東北地方や東海地方など関東地方以外の遺跡から出土している。

例えば、陸奥国府多賀城周辺都市遺跡である宮城県多賀城市山王遺跡出土土師器杯（九C前半）に「室子女代千相収」・須恵器杯（九C前半）に「丈部弟虫女代千収相」（宮城県教育委員会編　一九九六・多賀城市教育委員会編　二〇〇三）、福島県いわき市荒田目条里遺跡出土土師器杯（八世紀後半）に「磐城郡磐城郷丈部手子麻呂召代」（いわき市教育文化事業団編　二〇〇二）、静岡県三島市箱根田遺跡出土土師器甕（九C前半）に「刀自女□代」・「新刀自女身代」（三島市教育委員会編　二〇〇三）、静岡県浜松市伊場遺跡大溝跡出土土師器杯（九世紀前半）に「海マ屎子女形□」（浜松市教育委員会編　二〇〇八）など、各地域からの出土例が相次いで報じられるなど地域的な広がりをみせてきている。

また人面墨書土器に限らず、福島県いわき市荒田目条里遺跡出土の「多臣永野麻呂身代」（いわき市教育文化事業団編　二〇〇二）、千葉県八千代市北海道遺跡出土の「丈部乙刀自女形代」（千葉県文化財センター編　一九八五）、千葉県印西市鳴神山遺跡出土の「丈部山城方代奉」「同□□丈部刀自女召代進上」（千葉県文化財センター編　一九九九・二〇〇〇）、千葉県八千代市上谷遺跡出土の「丈部真里刀女身召代　二月十五日」「丈部稲依身召代　二月十五日」「丈部□□身召代　二月　西」「承和二年十八日進　野家立馬子　召代進」（八千代市遺跡調査会編　二〇〇一～二〇〇五）などのように、それらの文言だけが記された事例も少なからず存在している。いずれにしても疫神や祟り神・冥界の使いの鬼までも含めた意味における「神仏」を祀る際に、神霊の代わりに据えた「形（方）代（かたしろ）・召（招）代（おぎしろ）・身代（みのしろ）＝依代（よりしろ）」である土器を「自分自身の身体や命を依代として捧げる代（替）わりに」捧げたものと解釈できる（高島 二〇〇〇 a・b）。

このような、東国の集落遺跡出土の人面墨書土器の起源は、間違いなく都城における人面墨書土器祭祀であろうが、地方官衙を媒介にしてその要素が村落にもたらされるなかで、独自の変質を遂げ、展開していったのであろう。

人面墨書土器祭祀の東国村落への伝搬経路を考える上で、近年、多賀城郭外の都市遺跡から出土した人面墨書土器が示唆的である。多賀城という第一級の地方官衙には、当然のことながら、文物はもとより、それに伴って祭祀・信仰形態についても都城での祭式が直接的にもたらされたであろうことは間違いない。しかしながら、その膝元ともいうべき郭外の都市遺構から近年相次いで出土した人面墨書土器には、これまで都城では全く出土したことがない杯型のものが多数含まれている。なかには、上述したような、依代としてこれらの人面墨書土器が供献されたことが端的に判明するような東国集落遺跡出土の、文言を伴う人面墨書土器そっくりな資料も出土している。

律令国家の対東北政策の過程のなかで、板東諸国から頻繁に大量の兵士の配置や人民の広範囲な移配が行われていたことからみれば、東国の村落で行われていた祭祀様式が、板東民の移配によって多賀城の地にもたらされたものと解釈することは容易であるが、多賀城郭外から出土している杯型の人面墨書土器には、東国村落で広く出現する以前の八世紀段階にまでさかのぼる資料も少なからず出土している。また、これまで都城や他の官衙遺跡から出土した資料にはみられない、文言を伴う人面墨書土器もいくつか出土しており、この点でも東国集落遺跡出土の人面墨書土器に共通する特色を有している。

これらのことから考えるならば、東国集落遺跡出土の人面墨書土器に特有な、文言を伴うスタイルのものや、あるいは杯型土器に人面を墨書・刻書するスタイルの初源を多賀城に求めることも可能になってくる。そうなると都城で発生した人面墨書土器祭祀様式が地方官衙を拠点として東国社会にもたらされ、東国の村落内で独自の変質・展開を遂げていったという図式ではなく、都城からまず拠点的大規模官衙である多賀城にもたらされた本来的な人面墨書土器祭祀様式が、多賀城郭外の都市部に居住した下級官人や兵士・民衆層と彼らの祭祀・呪的ニーズに応えた沙弥や下級陰陽師などによって変容させられ、それが東国集落へももたらされたという伝播過程が想定できる。都城からの祭祀形態の一元的な伝播という従来的な解釈を再考する必要が出てくる。ただ、この点は、さらに彼我における資料の増加を待って、検討を深めていくべき課題であろう。

六　刻書紡錘車から判明する古代の北関東地域から列島各地への人の動き

さらに、刻書紡錘車から古代の北関東地域と列島各地との人の動きを知ることができる。

遺物としての紡錘車自体は、繊維に撚りをかける際に使用される弾み車であり、すでに弥生時代には使用が確認できるが、八世紀以降のものにしばしば文字が記されたものが確認できる。

文字が記された古代の紡錘車は、現在までのところ、全国的にみても出土範囲が非常に限定されており、京都府長岡京市長岡京跡右京六条二坊七坪出土の資料と鎮守府胆沢城周辺の集落遺跡である岩手県奥州市伯済寺遺跡出土の資料及び佐賀県小城市丁永遺跡出土の資料、計三点以外は、関東地方のみに限られている。二〇〇八年三月末段階で管見の限り、群馬県内で六三例、栃木県内で四例、茨城県内で一二例、埼玉県内で三六例、東京都内で三例、千葉県内で三例、神奈川県内で二例、山梨県内で一例である、関東地方に隣接する信越静及び南東北地域からはまだ出土が報じられていないようである。とりわけ北関東地方、なかでも群馬県南西部から埼玉県北西部にかけての地域を中心に集中して出土するきわめて局部分布を呈する遺物である（高島 二〇〇六、宮瀧 二〇〇六、吉井町多胡碑記念館 二〇〇八）。

このきわめて特徴的な出土文字資料である墨書・刻書紡錘車は、集落遺跡出土の墨書・刻書土器と同様、古代村落

における ある種の祭祀・儀礼等の行為に伴うものと考えられるが、出土範囲がかなり限定されている遺物だけに、それを手がかりとして、出土地域の特色やその地域に特有な何らかの信仰形態や、祭祀や儀礼行為の実相を明らかにすることが可能である。

例外的に、関東地方以外から出土している三例の刻書紡錘車は、都城、東北城柵、北部九州と、史料上、坂東からの人の動きが、既存の史料からも想定可能な場所からの出土であり、これだけ局部的な出土状況にある遺物が単発的に、北関東、それも南上野～北武蔵地域をはなれて出土していることは、それらの地域から移動していった人の動きに伴って、直接的あるいは間接的に、特異な祭祀形態が伝播したものと考えざるを得ない。

長岡京跡出土の墨書紡錘車は衛士や運脚夫として、胆沢城への鎮兵あるいは柵戸として、北部九州への防人として、北関東地方を中心とした地域からの人の動きを具体的に示していると考えられる。

七　則天文字が記された墨書土器にみる人の動き

よく知られているように、中国・唐代に王朝を一時的に簒奪して「周」という王朝を打ち立てた中国史上空前絶後の女帝である武則天（武照、則天武后、聖神皇帝、六二四～七〇五年、在位六九〇～七〇五年）が、載初元年（六九〇）に、新しい王朝を開いたことを象徴する意味を込めて、独自の新しい文字を創製させ、従来からある文字の代わりに使用を命じた則天文字が記された墨書・刻書土器は、現在までのところ秋田県から鹿児島県まで、全国約五〇箇所の遺跡から一五〇点以上が出土している(1)（住田 二〇〇六、東野 一九八六、平川 一九八九、平川ほか編 二〇〇六）。

則天文字が記された墨書・刻書土器の出土遺跡の性格や出土状況、記されている文字の数、記されている土器の器種、文字が記されている場所・位置・方向などは、他の一般的な文字が記された墨書・刻書土器と比べてとくにきわ

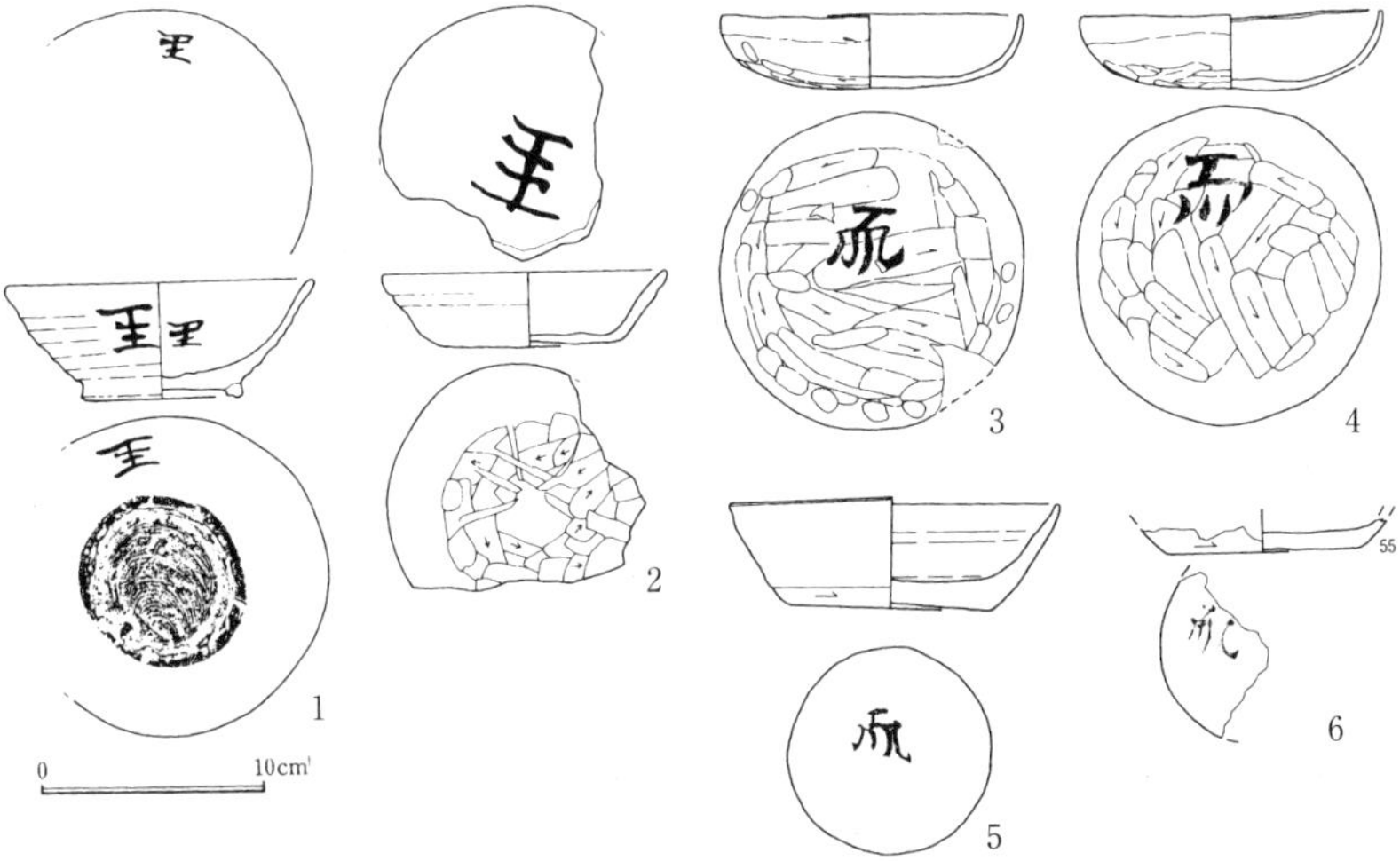

図 5—4　群馬県伊勢崎市堀下八幡遺跡出土則天文字「𤯔」墨書土器(1、2)と群馬県前橋市二之宮宮下東遺跡出土則天文字「𠀑」墨書土器(3〜6)

だった特色があるわけではなく、特別の用途や目的があって、特殊な状況の下に使用されたというわけではない。

群馬県では、前橋市二之宮宮下東遺跡で、則天文字の「𠀑」が記された八世紀後半から九世紀初頭にかけての墨書土器二二点・刻書土器三点、計二五点が出土している。則天文字が記された墨書・刻書土器がこれほどまとまって出土したケースは全国的にも他に類をみない。ほかにも、前橋市二之宮千足遺跡からは九世紀前半の土器に𠙺（正）と記されたものが一点、さらに伊勢崎市堀下八幡遺跡から九世紀前半の土器に𤯔（人）と記されたものが二点、伊勢崎市上矢島遺跡から九世紀前半の土器に𠀑（天）と記されたものが一点、前橋市青梨子上屋敷遺跡から八世紀後半の土器の側面に「長福二百𠡦」と記された「年」の字が則天文字で記されたものが一点出土している。

現在までの所、二之宮宮下東遺跡で、同じ文字とはいえ則天文字が記された墨書土器が二二点、刻書土器が三点も出土していることもあり、群馬県は全国的にみても則天文字が記された墨書土器の出土例が抜きんでて多い地域である。ちなみに、北関東地域では、ほかに栃木県栃木市下野国府国庁跡から𠙺（正）と記されたものが二点出土している。

また、現在までのところ、則天文字が記された墨書土器が出土した遺跡は、東北地方の城柵・官衙及びその周辺遺跡をはじめ、関東甲信越地方からの出土が約八割を占めており、これに北陸地方出土の資料を加味すると九割に達する。出土例は関東甲信地域、なかでも関東にまとまっている。宮都を擁する畿内をはじめ山陽地方、四国・北部九州からは全く出土していない。

則天文字の伝来は、従来、正倉院宝物の慶雲四年（七〇七）書写の『王勃詩序』に「𠀑」・「埊」などの文字が用いられているところからみて、大宝の遣唐使（慶雲元・七〇四年帰国）によってもたらされたとみられてきた。

養老律の写本にも則天文字が一部使用されており、奈良時代初期に唐律の写本によって伝えられ、宮都にある中央の官衙から地方官衙を経て、そこに出入りする人びとを経由して地方社会に広まったとみるルートが想定できる。

さらに、武則天治世下の中国で作成された経典には則天文字が多数使用されていたから、唐から請来された経典を写経していく過程や、仏典の音や文字の注釈書や字書から参照され、寺院や僧侶を媒介としたルートも考えられる。

また、早くも八世紀段階に、関東地方や日本海沿岸地域で村落にまで出現しているところからみれば、渡来人あるいはその子孫たちによる、宮都など古代の中枢地域を経由しないダイレクトな流入といったケースも考えておくべきであろう。

おわりに—北関東出土の文字資料からみた古代社会の一端—

以上みてきたように、北関東地方の各遺跡から出土した古代の文字資料は、総体的な量では決してぬきんでて多いわけではなく、また、各地域ごとに何がしか際だった特色が存在するわけではないが、ほかの地域では出土例がまだ少ない国レベルにおける文書行政に関わるものがまとまっており、正倉院文書や宮都遺跡出土の漆紙文書・木簡からではなかなか判明し得ない、地方官衙段階における文書行政や官人勤務の実態や、あるいは、中央政府に上申される文書の基礎資料となるような、地方レベルで作成され、機能し、廃棄された、いわば地方レベルで完結した文書の実態が解明でき、古代の地方行政の具体像を知る上で、欠かせない史料が存在している。

また、既存の史料から知られているように、八〜九世紀代には、坂東地域が、律令国家の対蝦夷政策において、人員・物資の調達補給など、その後方支援のための基地的あるいは奥羽各地への移民の拠出地としての役割を担わされていたことや、また、白村江戦いの敗戦に伴う対外的な軍事危機に対する西辺防衛のために北部九州へ赴任した防人の徴発、渡来人の移配など、他の地域に比して特徴的な施策が行われていたが、当該地域から出土した文字史料からも、それら対東北政策や渡来人との関わりなど、坂東と列島の内外各地との間の人の動きを、実態として検証することが出来た。

はじめにも述べたように、古代史の史料は非常に限られており、とくに古代の地域史に関する史料となると、都に上申された何らかの報告書類で偶々彼の地で残ったものか、あるいは都の人びと、なかでも貴族階級の目を通して語られたものしかないというのが現状である。それに対して地中から続々と発見される文字資料は、地域社会に根ざした生の史料であり、既存の史料では明らかにしえない地域の古代史像や古代社会の深層に迫りうる最大かつ最良の史料といえるだろう。

また、往々にして、出土文字資料によって得られた新知見と考古学上のそれとを結びつければ、直ちに新しい見解が次々に生まれるかのような過大な期待が寄せられがちである。しかしながら、既存の文献史料によって緻密に構築されてきたこれまでの研究成果と無関係に、出土文字資料から新しい情報が読みとれる訳はないし、また各種の出土文字資料の発見によって得られた新知見をもとにすることによって、既存の文献史料の読み方や解釈が変わったり、新しい解釈が生まれたりする。つまり、出土文字資料から引き出し得る新たな知見と、既存の資・史料から得られているこれまでの解釈との矛盾を、各資・史料の特性に則して再び読み直すことによって新見解を提示し、ひいては相互の史料上の矛盾を整合的に解釈し、理解することが必要といえるだろう。そこにこそ出土文字資料研究の意義が存在するのである。

註

（1）ただし、刻書土器の方は、現在までのところ、わずか三点にすぎない。

（2）ただし、刻書土器の方は、現在までのところ、わずか三点にすぎない。（東野　一九八六、平川　一九八九、高島　一九九一・一九九三、田熊　二〇〇六、住田　二〇〇六）。

引用・参考文献

（財）茨城県教育財団編　一九八三『鹿の子C遺跡漆紙文書』

いわき市教育文化事業団編　二〇〇一『荒田目条里遺跡』

加藤友康　一九九三「国・郡の行政と木簡―国府跡出土木簡の検討を中心として―」（『木簡研究』一五）

鎌田元一　一九八四「日本古代の人口」（『木簡研究』6、のち同『律令公民制の研究』塙書房　二〇〇一に収録）

群馬県埋蔵文化財調査事業団　二〇〇七『東今泉鹿島遺跡』

小原子遺跡調査会編　一九九〇『小原子遺跡群』

酒寄雅志　二〇〇〇「出土文字資料にみる古代の東アジア諸国と日本」（栃木県立博物館編『第68回企画展掘り出された「文字」―出土文字資料からさぐる古代の下野―』）

鈴木勝彦　一九九八「宮城・三輪田遺跡」（『木簡研究』二〇）

住田明日香　二〇〇六「則天文字を記した墨書土器」（『古代文化』58）

高島英之　一九九一「則天文字を記した墨書土器」（『信濃』502）
同　一九九三「則天文字の導入」（『月刊文化財』362）
同　二〇〇〇ａ「墨書土器村落祭祀論序説」（『日本考古学』９）
同　二〇〇〇ｂ「祭祀内容記載墨書土器」「『地名・人名』記載墨書土器」（同『古代出土文字資料の研究』東京堂出版二〇〇〇）
同　二〇〇六「古代の墨書・刻書紡錘車」（同『古代東国地域史と出土文字資料』東京堂出版）
多賀城市教育委員会編　二〇〇三『市川橋遺跡』
田熊清彦　二〇〇六「則天文字」（平川　南ほか編『文字と古代日本５　文字表現の獲得』吉川弘文館）
千葉県文化財センター編　一九八四『八千代市権現後遺跡』
同編　一九八五『八千代市北海道遺跡』
同編　一九九一『八千代市白幡前遺跡』
同編　一九九九『印西市鳴神山遺跡・白井谷奥遺跡』
同編　二〇〇〇『印西市鳴神山遺跡・白井谷奥遺跡』Ⅲ
栃木県教育委員会編　一九八七『下野国府跡』Ⅶ
中村順昭　一九九二「奉写一切経所月借銭について」（『日本歴史』526、後、同『律令官人制と地域社会』吉川弘文館、二〇〇八年に収録）
浜松市教育委員会編　二〇〇八『伊場遺跡総括編（文字資料・時代別総括）』
東野治之　一九八六「発掘された則天文字」（『出版ダイジェスト』一一八七、のち同『書の古代史』岩波書店、一九九四年に収録）
平川　南　一九八四「則天文字を追う」（『歴博』34、のち同『墨書土器の研究』吉川弘文館、二〇〇〇年に収録）
三島市教育委員会編　二〇〇三『静岡県三島市箱根田遺跡』
水沢市教育委員会・奥州市教育委員会　一九八一～『胆沢城跡発掘調査概報』
宮城県教育委員会編　一九九六『山王遺跡』Ⅲ
宮瀧交二　二〇〇六「線刻紡錘車からみた日本古代の民衆意識」（国士舘大学考古学会編『古代の信仰と社会』六一書房）

八千代市遺跡調査会編　二〇〇一～二〇〇五『上谷遺跡』第1分冊～第5分冊
吉井町多胡碑記念館編　二〇〇八『紡む―紡錘車が語る多胡郡』
吉川敏子「借金証文」（平川　南・沖森卓也・栄原永遠男・山中　章編『文字と古代日本3　流通と文字』吉川弘文館、二〇〇五年）

第六章 絵画表現と社会機能—宮都・官衙と村落—

はじめに

古代、とくに七～九世紀の絵画資料で現存しているものは非常に少なく、仏画、あるいは人形・人面墨書土器などの祭祀遺物以外では、高松塚・キトラの両古墳壁画や、現存建造物の部材や仏像の台座などに記された戯画、さらには地中から発見された絵馬、あるいは土器片や木片に記されていた戯画などに尽きるといってよい。

周知のように、洋の東西を問わず絵画的表現は旧石器時代から存在しており、最近、わが国でも自然石を人為的に加工して線刻で人体の一部を表現した旧石器時代の遺物が出土している(1)。また、縄文時代にも石や土器に線刻したものがあり、絵画的表現の萌芽を見出すことが出来る(2)。さらに弥生時代になると、土器や銅鐸に、人物や動物、家屋などを単純な線で表現したものがみられるようになり(3)、古墳時代後期になるととくに北部九州を中心に古墳の石室に抽象的な記号様のものを線刻したり描いたりするいわゆる装飾古墳が出現し、中には人物や馬・舟・武具などが描かれるものもあるが(4)、いずれも絵画表現としては未熟なものといえるだろう。

古墳時代の装飾古墳のような、原始的ともいえる作画技法に較べ、格段に進んだ本格的な絵画表現の技法がわが国に確立するには、七世紀に朝鮮半島や中国大陸から伝来するのを待たねばならなかった。いうなれば、わが国への本格的な絵画表現の確立展開過程は、わが国における古代国家の成立及び展開の過程と軌を一にしているということになろう。

絵画表現の確立・発展の過程と作品群の動向を分析することによって、それら絵画が制作された社会背景の一端を明らかにすることが可能であると思われる。また、ある種の絵画作品が制作されるのにはそれなりの必然的な理由が存在するわけで、律令制下の絵画作品を分析することによって、その社会の動向や、その作品に込められた社会の要請を抽出することも可能であろう。

本章は、かかる視点から、絵画表現の成立と展開を跡づけることによって、宮都・官衙・村落の古代社会の各段階における絵画表現の社会的な機能についてささやかな検討を加えたいと思う。

一　律令国家の成立と画師の国家統制

わが国における史料上の画師の初見は、『日本書紀』雄略七年条にみえる百済から来た画部因斯羅我であり、『新撰姓氏録』大崗忌寸項には、中国・魏の文帝の子孫である安貴公が雄略年間に帰化し、その子、辰貴が画をよくしたため首の姓を賜り、さらに天智朝にはこの画師の家系に「倭画師」の姓を賜ったと伝える（百橋　一九八三）。しかしながら、この日本絵画史の緒を飾るこの画師の具体的な作品や、作画活動を伝える史料は皆無である。

わが国において絵画表現が本格的に展開するのは、仏教の公伝に伴う、仏教美術の将来にはじまる。『日本書紀』崇峻元年（五八八）条には、わが国最初の本格的な造寺造仏事業である飛鳥寺の建立記事がみえるが、百済から来た造寺工の中に「画工白加」の名がみえており、わが国における初期の仏教画は百済からの影響が多大であったといえよう。[5]
『日本書紀』推古一二年（六〇四）条には、官画師として黄書画師と山背画師の姓を定めたとみえるが、[6]『聖徳太子伝暦』の同年の記事には、黄書画師・山背画師の他に簀秦画師・河内画師・楢画師の五姓を定めたとみえている。それ以前にわが国に来た画家は、主に百済系であったわけであるが、この時、「官画師」として定められた五姓のうち、黄書画師・山背画師は高句麗系、簀秦画師は新羅系と、七世紀に入り、技術の多様化が求められる一方、その頃からすでに宮において組織的な画工の編成が行われていた様子がうかがえる。周知のように、『日本書紀』推古一八年（六一〇）条には、高句麗から僧・曇徴が来日し、紙・墨・絵具等の製法を伝えたとみえ、[7]これ以降、わが国における絵画が本格化したといえよう。『日本書紀』白雉四年（六五三）条には、大化改新政府で重きをなした僧日文の死を弔って、画工狛竪部子麻呂と鮒魚戸直らに命じて仏菩薩の像を造らせたことが記されているが、この人物は『日本書紀』斉明五年（六五九）条に高麗画師子麻呂とみえるように、高句麗からの渡来系画工と考えられる。[8]
養老令制では中務省に画工司が置かれた。「職員令」や「官位令」によれば長である正（正六位上）を筆頭に、佑（従七位下）・令史（大初位上）各一人が管理職として置かれた他に、技術職員として絵画制作に当たる画師四人（大初位上）・画部六〇人が所属し、さらに雑務に当たる使部一六人・直丁一人が配属された。[9]おそらく大宝元年（七〇一）に施行された、養老令制に先行する大宝令制でもほぼ同様であったと考えられ、それまでも世襲的に画技を伝えてきた特定氏族の画師たちは、律令制の成立と共に、工房官司である画工司のもとに編成され、国家機構のなかに技術官人として国家支配機構の一部として位置付けられることになった。また、そのことによって、世襲的な同族技能集団ばかりでなく、氏族制の枠組みを越えて、技能に練達した者に画師官人としての登用の機会がもたらされることになった。いずれにしても画師は、専門技術者として国家管理の下に位置付けられたわけである。
ただ、画工司は、他の同種の工人機構に比べてもやや低い待遇であり、彼らを国家機構がいかにみていたのかという度合いのほどがわかるが、その後、相次ぐ造寺・造仏に伴う作画需要の増大によって次第に画師の地位は向上していき、本来事務官僚から任用されていた長以下管理職である正・佑・令史などにも画師や画師姓氏族出身者が技術官僚として任用される例が多くなる。奈良時代を通じての造寺活動の隆盛によって作画需要はさらに増大し、「職員令」に規定する画師・画工併六四人では足りず、増員されたり、臨時の雇用がおこなわれたりすることが度々であった。

天平一七年（七四五）から開始された東大寺の造営は、国家の総力をあげた大事業であったが、そのための専当官司として「造東大寺司」という巨大な官司が設けられた。造東大寺司の設置時期は定かではないが、臨時の機関としては破格の規模であり、半ば固定された機関として、東大寺以外の寺の造営活動にも参画し、延暦八年（七八九）に廃止されるまで、奈良時代後半における総合造営官司として、造寺・造仏・営繕に力を振るった。

当然のことながら、この造東大寺司には多くの画工たちが所属し、作業にあたることになったわけであるが、中枢の国家機関である中務省画工司に所属する画師・画部の多くが、古来より世襲的に絵画技法を保持してきた黄書。河内・簀秦・楢などの画師姓を名乗る特定氏族出身者に限られていたのに対して、造東大寺司に所属する画師・画部たちの多くは、そのような氏族的伝統をもたない一般氏族から画技に長じた者が多く参加していた。また、仕事の一時的な増大に当たって、画工司から造東大寺司に一時的に画師・画部たちが派遣されてくることもあった。

画工司や造東大寺司における作画の内容としては、仏画や障子絵などの絵画制作はもとより、仏像の彩色、仏堂の堂内装飾及び下図の作成、さらに仏具や調度具の意匠や下図作成と彩色、経巻の装飾などが上げられる。遺品として残るものは、大仏殿蓮弁線刻蓮華蔵世界図や法華堂・戒壇院諸像の文様彩色、二月堂本尊光背供養菩薩群像などや、栄山寺八角堂内部装飾などがある（百橋　一九八三）。

また、平城京左京三条二坊で発見された長屋王邸宅跡から「画師」「障子画師」などに食料を給した際の伝票木簡が出土しており、中務省画工司のような官司ばかりでなく、上級貴族の家にも専属の技術職員として画師がいたことがわかる。[10]

平安初期に行われた大規模な行政改革によって、まず、延暦八年（七八九）には巨大な造営官庁であった造東大寺司が廃止され、さらに大同三年（八〇八）一月には、中務省管下の画工司が大蔵省管下の漆部司と共に統合され、中務省管下の内匠寮に吸収された。[11] これに伴い、大同四年（八一〇）には画師の定員も四人から二人に、また画部の定員も六〇人から一〇人に大幅削減されてしまう。[12] 七～八世紀を通して国家事業として行われてきた造寺・造仏活動が終焉を迎えたことにより、国家機関としても画工司の作画需要は大幅に減少したのであろう。これ以降、国家機構の一部としての作画機関は大幅に縮小されることになり、九世紀後半には「画所」と称される独自の組織に取り込まれてき、律令官僚制の実質的崩壊と同時に、画師官人としての社会的な命運は尽きたようである。しかしながら、次第に独自の力を増していった寺社や、権門による造営活動の隆盛により、そうした人びとの発注による新たな作画活動が盛んになってくる。

二　古代宮都・官衙における絵画

古代宮都における主な絵画は表6―1の通りである。あくまでも現存しているもののみを抽出したので、当然、この時代に製作された絵画作品はもっとあるわけで、今は失われているが、史料からうかがえる作品もある。

わが国において絵画表現が本格的に展開するのは、仏教の公伝に伴う、仏教美術の将来にはじまる。先にもみたように『日本書紀』崇峻元年（五八八）条のわが国最初の本格的な造寺造仏事業である飛鳥寺の建立記事には、百済から来た造寺工のなかに「画工白加」の名がみえており、わが国における初期の仏教画は、まず百済からの影響が多大であったといえよう。[13]

表 6—1 古代宮都における主な絵画

No.	作品名	所蔵場所	年代
1	天寿国繡帳	奈良県斑鳩町中宮寺	推古 30 年(622)
2	法隆寺金堂釈迦三尊像須弥座絵	奈良県斑鳩町法隆寺	推古 31 年(623)?
3	法隆寺玉虫厨子絵	奈良県斑鳩町法隆寺	7 世紀
4	法隆寺金堂壁画	奈良県斑鳩町法隆寺	7 世紀
5	法隆寺金堂天蓋装飾	奈良県斑鳩町法隆寺	7 世紀末
6	霊鷲山説法図繡帳	奈良国立博物館	7 世紀末
7	法隆寺五重塔壁画	奈良県斑鳩町法隆寺	7 世紀末～8 世紀初
8	法隆寺橘夫人厨子絵	奈良県斑鳩町法隆寺	和銅 4 年(711)
9	高松塚古墳壁画	奈良県明日香村	7 世紀末～8 世紀初
10	キトラ古墳壁画	奈良県明日香村	7 世紀末～8 世紀初
11	正倉院漆仏龕扉絵	奈良県奈良市正倉院	7 世紀末～8 世紀初
12	正倉院麻布菩薩像	奈良県奈良市正倉院	8 世紀
13	正倉院絵紙(2 軸 77 枚)	奈良県奈良市正倉院	8 世紀
14	正倉院密陀絵盆(17 枚)	奈良県奈良市正倉院	8 世紀
15	正倉院麻布山水図(2 帳)	奈良県奈良市正倉院	8 世紀
16	正倉院東大寺山堺四至図	奈良県奈良市正倉院	8 世紀
17	正倉院彩絵仏像幡	奈良県奈良市正倉院	8 世紀
18	正倉院鳥毛立女屛風(6 扇)	奈良県奈良市正倉院	8 世紀
19	正倉院紫檀木画槽琵琶絵狩猟宴楽図	奈良県奈良市正倉院	8 世紀
20	正倉院楓蘇芳螺鈿琵琶絵騎像奏楽図	奈良県奈良市正倉院	8 世紀
21	正倉院螺鈿紫檀阮咸絵春宴奏楽図	奈良県奈良市正倉院	8 世紀
22	正倉院桑木阮咸絵樹下囲碁図	奈良県奈良市正倉院	8 世紀
23	正倉院銅鏡背下絵図	奈良県奈良市正倉院	8 世紀
24	正倉院黒柿蘇芳染金銀山水絵箱	奈良県奈良市正倉院	8 世紀
25	正倉院瀑布彩絵半臂	奈良県奈良市正倉院	8 世紀
26	当麻寺当麻曼陀羅図(阿弥陀浄土変)	奈良県当麻町当麻寺	8 世紀
27	新潟県下の西遺跡出土絞首刑図墨画板	新潟県和島村下の西遺跡	8 世紀前半
28	東大寺大仏蓮弁毛彫蓮華蔵世界図	奈良県奈良市東大寺	天平勝宝 4 年(752)?
29	御物聖徳太子画像	御物	8 世紀中葉
30	東大寺二月堂本尊光背供養菩薩像	奈良県奈良市東大寺	8 世紀後半
31	東大寺法華堂旧蔵根本曼陀羅	米国ボストン美術館	8 世紀後半
32	栄山寺八角堂柱絵	奈良県五條市栄山寺	天平宝字 7 年(763)?
33	過去現在因果経(絵因果経)	東京都東京芸術大学ほか	8 世紀後半
34	薬師寺吉祥天画像	奈良県奈良市薬師寺	8 世紀後半
35	岡寺本尊如意輪観音像後背板絵	奈良県明日香村岡寺	8 世紀末～9 世紀初
36	入唐八家請来図像	滋賀県大津市園城寺ほか	弘仁 12 年(821)
37	東寺龍猛・龍智二祖師画像	京都府京都市東寺	天長 6～10 年(829～839)
38	高雄山寺高雄曼陀羅図	京都府京都市高雄山寺	承和 2 年(835)? 貞観 16(874)?
39	西大寺十二天像	奈良県奈良市西大寺	9 世紀中葉
40	東寺西院御影堂天蓋八大供養菩薩像	京都府京都市東寺	9 世紀中葉
41	園城寺黄不動像	滋賀県大津市園城寺	9 世紀後半
42	東寺伝真言院両界曼陀羅図	京都府京都市東寺	9 世紀後半
43	室生寺金堂壁画・光背板絵	奈良県室生村室生寺	9 世紀後半
44	東寺食堂千手観音像内納入檜扇墨画	京都府京都市東寺	9 世紀後半
45	東寺旧蔵雑伎絵唐櫃	静岡県熱海市 MOA 美術館	9 世紀末～10 世紀初
46	醍醐寺五重塔壁画	京都府京都市醍醐寺	天暦 5 年(951)

飛鳥時代の作品で、作者が判明する唯一の例は、奈良県斑鳩町所在の中宮寺に伝わる天寿国繡帳である。よく知られているように、その銘文によれば、推古三〇年（六二二）、聖徳太子の死後に妃の橘大郎女が発願し、太子が天寿国に往生した様を表したものであるというが、繡帳の下絵を、東漢末賢・高麗加西溢・漢奴加己利の三人の画師が描いたということになっている。東漢末賢と漢奴加己利は百済系、高麗加西溢は高句麗系と考えられるが、推古朝の積極的な仏教興隆政策の下で、渡来人の画工達が宮や寺院の造営事業に伴って各種の事業に組織的に動員させられていった様子がわかる。

この時代における他の資料としては、法隆寺に現存する一連の仏教絵画がある。なかでも代表的なものの一つは、法隆寺金堂内陣中央に安置された釈迦三尊像台座に描かれた装飾画である。この釈迦三尊像は、光背銘によれば、聖徳太子追善のために推古三一年（六二三）に鞍作首止利に造らせたことになっている。当初の台座に描かれた装飾画は剥落が著しく、図様も定かではないが、下座側面の鏡板には山水を背景に四天王像や、山岳・飛天などが描かれている様子が看取できるという。なお、金堂内陣東の間に安置された薬師如来座像は、光背銘文では金銅内陣中央に安置された釈迦三尊像よりさかのぼる記載になっているが、作風からみて、釈迦三尊像より新しいものと考えられているが、この台座内面から最近、飛天や樹木を墨で描いた絵が発見されている（金子　一九九六）。

今一つとしては、玉虫厨子に描かれた仏教絵画である。宮殿部の正面扉には悪鬼を踏み、剣と戟を執って立つ神将形が二体、また両側扉には蓮台上に立って向かい合って蓮華を執る菩薩形が二体づつ描かれ、背面及び須弥座の腰板には本生図などの説話図が描かれている。この玉虫厨子絵は、天寿国繡帳や釈迦三尊像台座絵に比べて、技術的にも様式的にも進歩が認められ、隋の様式を反映した要素も多く見出すことができ、当時の中国の先進的な絵画技法や様式が速い速度で摂取されていった様子がわかるという（百橋　一九八三）。

飛鳥時代七世紀中葉頃とみられる玉虫厨子絵から約半世紀余り後、わが国の古代絵画史上最大にして至高の作品といえる法隆寺金堂壁画が登場する。金堂の外陣内側の柱間一二面に四仏浄土変及び八菩薩、長押上の小壁一八面に山中羅漢図、さらに内陣長押上の小壁二〇面に飛天図に描かれている。壁画は五重塔初重にも同類のものが描かれていたことが判明しているが今は失われている。

法隆寺金堂壁画は、それまでの諸作品に比べて技法にも格段に優れた表現がみられ、西域を経由して中国に流入した西方の絵画様式や技法をも摂取して高度に洗練され、古典的完成の域にあった中国盛唐期の絵画を充分に吸収しており、画工達の技術の高さがうかがえるという（百橋 一九八三）。この他、同じく法隆寺に残るほぼ同時期の絵画史料としては、橘夫人厨子絵がある。須弥座腰板絵は、剥落が著しいが、正面には中央に蓮華や唐草で飾られた供物台上に置かれた香炉を挟んで両側で跪く菩薩像二体が描かれ、背面には蓮池からのびた蓮華上に化生した三童子が憩う姿が描かれている。また、本尊が入る宮殿部扉六面には立像の如来・菩薩・四天王像が線描で描かれている。この宮殿部扉に描かれた仏菩薩像は、須弥座腰板に描かれた童子像等や、先に挙げた金銅壁画などよりもさらに一段進んだ様式であり、盛唐極期の様式を伝えているとのことである。この他、もと京都・勧修寺に伝来し現在奈良国立博物館が所蔵する釈迦説法図繡帳も法隆寺金堂壁画に通ずる構図を有しており、中国盛唐期の技法をよく受け継いでいるといわれている。

和銅三年（七一〇）、平城京に遷都され、ほぼ時を同じくして旧都・藤原京から諸大寺も次々と移された。この新都及び諸大寺移転・造営に伴い、どのような絵画が新たに描かれたのかについて語る史料は非常に少なく、遺品自体もまたきわめて少ない。大寺の移転に伴って、運搬に容易な繡仏や小型の障子絵等は運ばれたものと思われるが、移築不可能な大壁画などは新たに新都で描かれることになったであろうが、平城遷都に伴う宮殿や官衙、大寺の移転・造営事業の盛行による技術の一層の向上が、八世紀後半から開始される東大寺の造営に結集されたといえよう。

平城京での諸大寺の移健・造営、国分寺や東大寺の建立など奈良時代には国家をあげて仏寺造営が行われてきたため、古代絵画といえば仏教絵画が主流であるのは当然であろう。現存する遺品は、奈良県当麻町当麻寺蔵の当麻曼陀羅図くらいしかないが、古代の文献史料からみれば、奈良時代における仏教絵画の主流は仏教説話画、ことに大画面の変相図であったことが知られる。

これらの画師・画工たちによって飛鳥時代から奈良時代にかけて培われてきたわが国の絵画の発達は絵画技法の面からみると、一つは線による描写力の著しい進歩である。東洋絵画の最も特徴的な線による絵画が、わが国に完成・定着した時期であるともいえる。線は、単に輪郭線を表すのみでなく、衣の衣摺や肉身の量感をも表す絵画技法でもある。正倉院伝来の麻布菩薩像は、線描の熟練とその表現力の高度さを表す好例であり、下地も下書きもない麻布に、墨線のみで湧雲上に趺坐する菩薩を描く。東大寺大仏蓮弁線刻画にみられる鉄線描の鋭い描線の対極ともいえる表現であり、わが国の八世紀における絵画技法の幅の広さと発達の度合いの高さを如実に示している。いずれの画法も、盛唐期の絵画の高い水準を導入し吸収した結果と考えられるということである（百橋 一九八三）。

このように、古代宮都における絵画の遺品は、そのほとんどが仏画、仏像やその部材の彩色、仏教説話画などに終始しているといって良く、いわゆる世俗画の範疇に入るのは、正倉院伝来の楽器捍撥画・屏風絵などに限られる。これは、わが国への本格的な絵画技法が、仏教の伝来に伴って朝鮮半島経由でもたらされたことからみれば、当然ともいえる帰結であろう。いわゆる「世俗画」の範疇に入るものが、正倉院伝来の一部の作品に限られているのは、あくまでも現状でのことであって、当時はより多くの世俗画が存在していたことは疑いないであろう。先にも触れた通り長屋王邸宅跡から出土した木簡にもみえるように、上級貴族の家にも専属の画師がおり、木簡に「障子画師」とみるように調度等の装飾のために世俗画が描かれていたことも明らかである。(14) しかしながら史料などからうかがえる当時の作画事情からみても、世俗画は宮内やせいぜい一握りの最上級貴族の邸宅などに限られていたようである。同時代の中国には『歴代名画記』『唐朝名画録』などにみられるように、かなり広範囲に世俗画が描かれ、使用されていたことがわかるが、当時わが国に存在していて、現在まで失われたであろう世俗画のことを勘案しても、わが国の古代に世俗画は、仏教画に比して非常に少なかったと推測できよう。

あくまでも仏教画の範疇にとどまり、世俗画としての展開はなしえなかったところに、わが国の古代絵画の限界が存在したとみられるのではないか。いうなれば、世俗画が多用されるほどには、古代社会として成熟し得なかったということが出来るであろう。

三　戯画と祭祀遺物

飛鳥・白鳳時代の数少ない絵画作品は、そのほとんどが法隆寺に関係するものばかりであるが、金堂や五重塔の天井板から当時の画師たちによる戯画がみつかっている。おそらく建築装飾を担当した画師たちによる戯画とも、筆ならしのデッサンともとれるが、人物の顔や馬、あるいは飛天などの意匠が、闊達な墨による線で一気に描かれている。単純な描線ながらもよく対象を捉えており、法隆寺再建期における画家達の力量が一層充実し、大陸から伝来した紛本を転写する技術ばかりでなく、身の回りにある対象物を個性的に写生できる技量に達していたことがわかる（百橋一九八三）。

法隆寺以降、奈良時代の建造物や仏像の部材、あるいは遺跡から出土した木片や土器片などにも戯画を見出すことが出来る。

例えば、唐招提寺金堂に安置されている梵天・帝釈天像の台座や　奈良県栄山寺八角堂貫に描かれた戯画には女性の姿や性器の描写が墨による線で闊達に描かれ、簡単な筆使いの内に的確に表現されている。仏像の台座となる部材に男女の性器なども描かれており、仏像の台座にされたあとにもそれらの戯画を抹消することなく戯画が描かれたまま使用している。この点は、現代的な感覚では理解しかねるところもないではないが、あるいは何らかの呪術的な意味が込められているのかもしれない。

また、正倉院に伝存する写経料紙の端に描かれた有名な「大大論」と傍記された、襆頭をつけ肩を怒らせた冠を被り下級官人のスタイルをした髭面の男の姿の戯画は、激論する仲間の写経生の瞬間を活写したものとして有名である。また、最近では平城宮・京跡をはじめ各地の遺跡から、こうした戯画が記された木片や土器片が出土している（表6―2、奈良国立文化財研究所　一九八五）。

平城京跡から出土した戯画墨書土器などのなかには、例えば平城京左京三条二坊長屋王邸宅跡から出土した猿の戯画が描かれた土器のように、かなり手慣れた筆致で、明らかに画師による下書きと考えられるものもある（図6―2）。また、遺跡から出土した絵画史料のなかには、呪符木簡・人面墨書土器・絵馬など、呪術・祭祀の場で使用されたものが少なくなく、また、土器に神や仏の姿を描いたと思われるものすら存在している[15]（高島 二〇〇六）。こうした呪術・祭祀遺物で絵画を伴うものは、地方の遺跡からも多く発見されており、官衙などの遺跡に限らず、集落遺跡からも数は少ないながら出土しており、そうした祭祀様式がある程度民衆段階まで浸透していたことが判明する。調度品や建物などを絵画で飾ることなど無縁の地方村落社会の民衆層にあっては、絵画表現は呪術・祭祀的な場で専ら使用されるものであったといえるだろう。

近年、関東地方を中心とする東日本地域の集落遺跡からも人面墨書土器の出土例が報じられるようになっている。東国の集落遺跡出土の人面墨書土器は、宮都を中心とする畿内地域の人面墨書土器と同じく甕型の土器を使用する例が多いものの、杯皿形のものも目立つということや、人面墨書専用土器を使用している例は皆無である点、早くも八世紀代のものがみられる反面、圧倒的に九世紀代のものが多い等の諸点は、宮都を中心とする畿内地域の人面墨書土器とは全く異なる傾向である。

表6—2　古代の戯画(祭祀遺物は除く)

No.	作　品　名	所在地・出土地	年　代
1	法隆寺金堂薬師如来像須弥座下面絵	奈良県斑鳩町法隆寺	7世紀
2	法隆寺金堂天井板戯画	奈良県斑鳩町法隆寺	7世紀後半
3	伝吉田寺跡出土人物戯画線刻瓦	広島県府中市伝吉田寺跡	7世紀後半
4	藤原宮跡出土官人像戯画墨書木片	奈良県橿原市藤原宮跡	7世紀末
5	藤原宮跡出土僧侶像戯画墨書木片	奈良県橿原市藤原宮跡	7世紀末
6	佐渡国分寺跡出土三国真人戯画線刻瓦	新潟県相川町佐渡国分寺跡	8世紀
7	平城宮東外堀跡出土人物・鳥等戯画墨書土器	奈良県奈良市平城宮跡	8世紀
8	平城宮西区朝堂院東基幹排水路跡出土鶴戯画墨書土器	奈良県奈良市平城宮跡	8世紀
9	平城宮内裏北方官衙出土鸚鵡戯画墨書土器	奈良県奈良市平城宮跡	8世紀
10	平城宮東南隅南外堀出土草鳥紋陰刻土器	奈良県奈良市平城宮跡	8世紀
11	平城宮東南隅南外堀出土亀戯画墨書土器	奈良県奈良市平城宮跡	8世紀
12	平城京西一坊坊間路西側溝出土騎馬人物像戯画墨書土器	奈良県奈良市平城京跡	8世紀
13	平城京東二坊坊間路西側溝出土鶴戯画墨書土器	奈良県奈良市平城京跡	8世紀
14	平城京左京三条二坊出土官人像戯画墨書木片	奈良県奈良市平城京跡	8世紀
15	平城京左京三条二坊出土官人像戯画墨書木片	奈良県奈良市平城京跡	8世紀
16	平城京左京三条二坊出土楼閣山水之図戯画墨書木片	奈良県奈良市平城京跡	8世紀
17	平城京左京三条二坊出土猿・人物等戯画墨書土器	奈良県奈良市平城京跡	8世紀
18	平城京左京三条二坊出土鶴戯画墨書土器	奈良県奈良市平城京跡	8世紀
19	平城京左京三条二坊二条大路北側路肩東西溝出土鶴戯画墨書土器	奈良県奈良市平城京跡	8世紀
20	平城京左京八条三坊八条条間路出土人物像戯画墨書木片	奈良県奈良市平城京跡	8世紀
21	法隆寺旧蔵伎楽面内側婦人像戯画	東京都東京国立博物館	8世紀
22	多賀城廃寺出土鳥線刻瓦	宮城県多賀城市多賀城廃寺	8世紀
23	大宰府条坊跡出土動物墨画土器	福岡県筑紫野市大宰府遺跡	8世紀
24	吉野ヶ里遺跡出土鳥線刻土器	佐賀県神崎町吉野ヶ里遺跡	8世紀前半
25	正倉院黄檗染麻紙「大大論」	奈良県奈良市正倉院	8世紀中葉
26	栄山寺八角堂貫戯画落書	奈良県五條市栄山寺	8世紀後半
27	唐招提寺金堂梵天・帝釈天像台座画	奈良県奈良市唐招提寺	8世紀末
28	斎宮跡出土水鳥墨画土器	三重県明和町斎宮跡	8世紀
29	鹿嶋市厨台遺跡群出土馬線刻土器	茨城県鹿嶋市厨台遺跡	9世紀前半
30	西山廃寺出土人物戯画刻書瓦	京都府八幡市西山廃寺	8世紀後半～9世紀
31	所沢市東の上遺跡出土馬戯画漆紙	埼玉県所沢市東の上遺跡	8世紀末～9世紀初
32	武蔵国分寺跡出土馬線刻瓦	東京都国分寺市武蔵国分寺跡	8世紀末～9世紀初
33	下総国分寺跡出土馬墨画習書土器	千葉県市川市下総国分寺跡	9世紀
34	平塚市四之宮諏訪前A遺跡出土水鳥墨画土器	神奈川県平塚市四之宮諏訪前遺跡	9世紀

平川南氏は、千葉県芝山町庄作遺跡出土の人面墨書土器に「丈部真次召代国神奉」（図6—1—19）、「国玉神奉」（図6—1—22）、千葉県八千代市権現後遺跡出土の人面墨書土器に「村上郷丈部国依甘魚」（図6—1—23）、千葉県八千代市白幡前遺跡出土の人面墨書土器に「丈部人足召代」（図6—1—24）などとみえることから、それらの人面墨書土器が国神に対して「招代（おぎしろ）」として奉献されたもので、人面墨書土器を招代として国神を招き、そこに供物を盛って、神を饗応したものと考えられた（平川　一九九六）。確かにほかにも、福島県いわき市荒田目条里遺跡出土の資料には「磐城郡磐城郷丈部手子麿召代」（図6—1—1）、静岡県浜松市伊場遺跡出土の資料に「海マ粂子女形□」（図6—2—34）とあるように、某人が「形代」「召代」として人面墨書土器を神霊に供献したことが、土器に書かれた文字によって判明する例が見受けられ、また、近年では、人面墨書土器以外の例でも、（地名）＋人名＋「形（方・召・身）代」＋「奉（進上）」と記された墨書土器がいくつか発見されている。これらは人面墨書土器であるなしに関わらず、祭祀の主体者が、神霊の依代として土器を供献し、そこに神霊をおろして祭祀を行ったことを示しているものといえる。

平川氏は、杯型の土器が多いということを神霊への饗応という点から説明された。千葉県八千代市権現後遺跡出土の人面墨書土器には「丈部国依甘魚」とあるが、「甘魚」とは「甘菜」すなわち「御馳走」の意であるから、土器に供物を盛って国神を饗応したという使用法も確かに一案としては考えるべきあろう。しかしながら、饗応という目的のみにとどまらず、杯型土器自体が依代と考えられるわけだから、供献されたのが空のまま土器であった可能性も成り立ち得よう。岡田精司氏が紹介されているように（岡田　一九九二）、中世の『類聚神祇本源』には、伊勢神宮の外宮別宮の土宮の神体に関して、

土宮　在下神宮与二高宮一中上。東面座。（中略）
倭姫命世記曰、宇賀之御魂神、土乃御祖神、形鏡坐、**寶瓶坐**。

二所太神宮御鎮座本紀曰、（中略）
注曰、大土祖、霊鏡坐。太田命、霊銘石坐。宇賀魂、**霊瑠璃壺坐**也。
豊受皇太神鎮座次第麗気曰、
摂社大土祖神　亦名㆓五道大神㆒。双㆓五所大明神㆒座也。山田原地主神也。亦号㆓鎮護神㆒。
大年神子大国玉神子宇賀神一座。
大土御祖一座。**御体瑠璃壺一口**、霊鏡二面、（後略）

とあり、神体が「瑠璃壺一口」であるという記述が存在するが、これは、土器ではないものの、壺そのものが神体としてまつられているケースといえる。また『播磨国風土記』託賀郡条に、

昔、丹波と播磨と国を堺ひし時、大甕を此の上に掘り埋めて、国の境となしき、故に甕坂といふ。

と、境界祭祀として甕が埋納されていることがみて取れる。また万葉集には、ひもろぎを立て斎瓶（いわいべ）を掘り据えて神に祈るという記述がしばしばみられる。これらの史料にみえる記述は、依代としての土器の使用法を明確に物語るものといえるだろう。『類聚神祇本源』にみえる伊勢神宮外宮別宮土宮の神体「瑠璃壺一口」は、おそらく依代として供献された「瑠璃壺」に、神が宿ったことによって、依代から神体そのものに転化したといえるだろう。土器は供物を盛って神霊に供え、神霊を饗応するという意味を有するにとどまらず、食物供献という目的から発展し、祭具としてある時は依代として、さらには神体としての機能まで付加されることさえあったのである。

東国の集落遺跡出土の人面墨書土器に描かれた顔は、「形（方・召・身）代」として神を招き入れる器に、本来、形代（召代）となるべき自分自身の身代わりとして、自らの姿を描いて代用したものとみられる。なお、そこに描かれた顔は単なる自らの顔ではなく、依代として神と交感した自分自身の顔であり、神でもあり、また人でもある姿を描いたものと考えられる(16)。

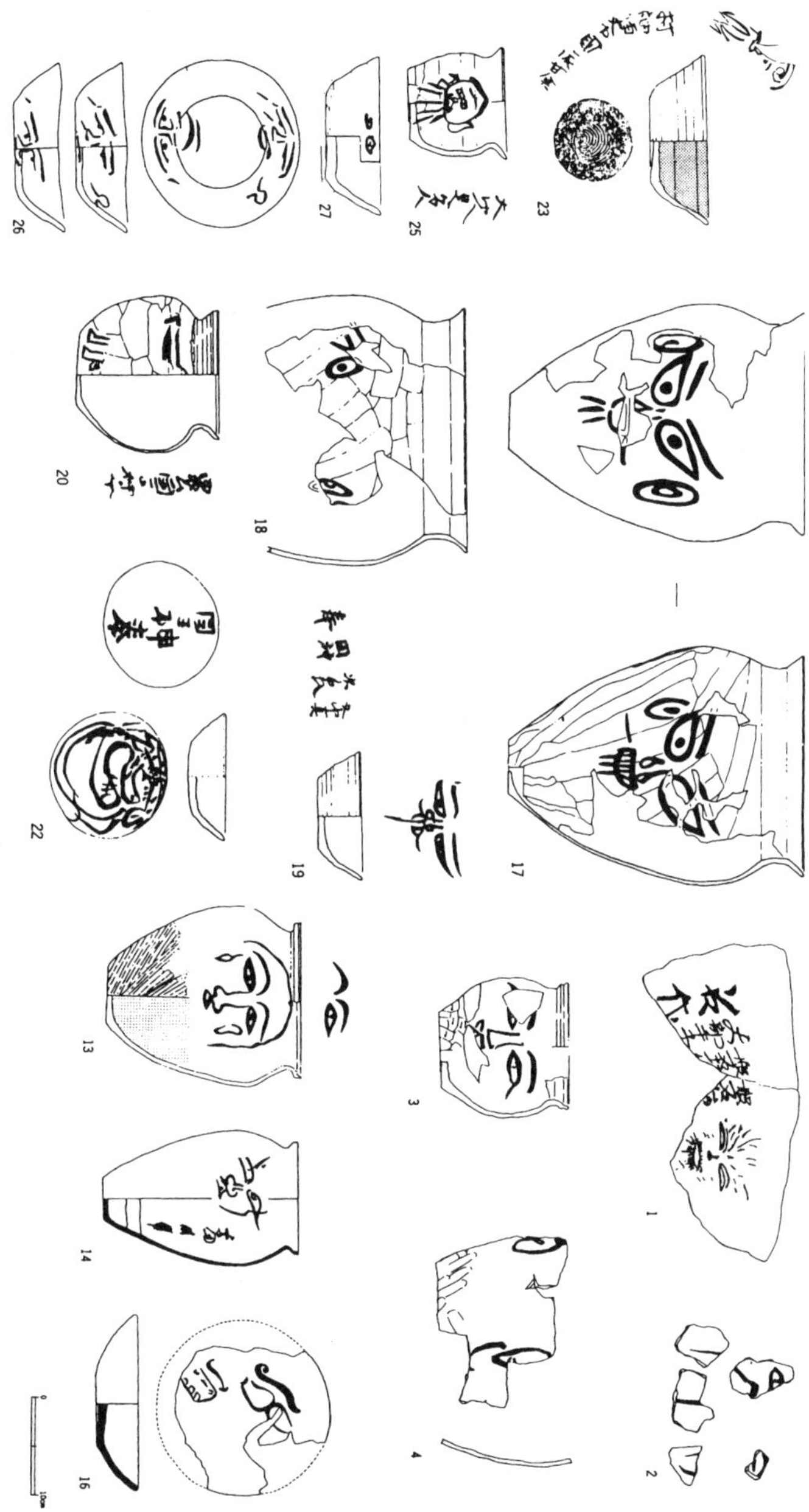

図6—1 東国集落遺跡出土の人面墨書土器(1)

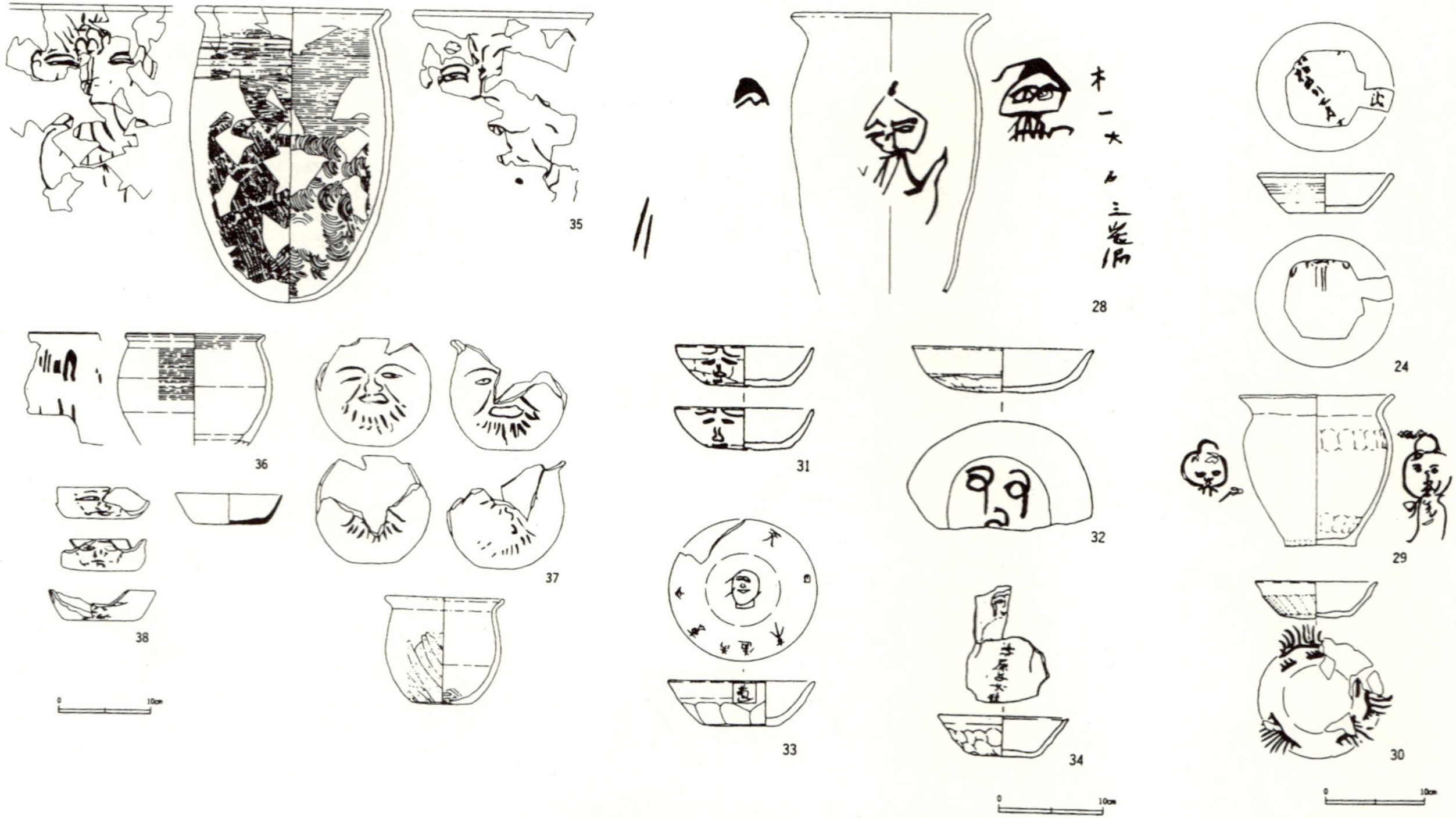

図6—2　東国集落遺跡出土の人面墨書土器(2)

おわりに

仏教伝来に伴い、わが国に本格的な絵画技法が伝来してから律令制の衰退期に至るまでの時期の、わが国の絵画の歴史的な変遷と動向について簡単にみてきたが、わが国の律令制下における絵画は、宮都・官衙と在地の村落であるを問わず、基本的に宗教画が中心であり、同時代の中国でみられたような世俗画の部分についてはほとんど一握りの上流貴族までの展開であったということが判明した。

在地社会における民衆レベルにあっては、集落遺跡出土の人面墨書土器などからうかがえるように、絵画表現は呪術・宗教的な意味でのみ機能するものであったといえるだろう。そこに同時代の中国のように世俗画を発達させ得なかった日本古代社会の社会的未成熟さを指摘することが出来る。

後に「やまと絵」と呼ばれるわが国に定着した世俗画が生み出されるまでには、さらに幾ばくかの年月をかけた社会的な成熟を待たねばならなかったのである。

註

(1) 鹿児島県財部町耳取遺跡出土線刻石製品。

(2) 愛媛県美川村上黒岩遺跡出土線刻小岩偶など。

(3) 例えば兵庫県神戸市桜ヶ丘出土銅鐸には、蜻蛉・亀・水鳥などの動物の他に、臼を搗く人、漁をする人などの姿が描かれており、簡略化された素朴な描線で、当時の生活の様子が巧みに図案化され、表現されている。単に当時の民衆生活を描いただけでなく、呪術・祭祀的な意味が込められているとする見方もある。

(4) はじめは抽象的な同心円紋や鋸歯紋・直弧紋・蕨手紋などの簡単な文様彩色であったのが、次第に具象的な人物・動物・武具などが描かれていくようになる。例えば、茨城県ひたちなか市虎塚古墳、福岡県若宮町竹原古墳、福岡県吉井町珍塚古墳など。

(5) 百済国遣二恩率首信・徳率蓋文・那率福富味身等一、進レ調併献二仏舎利、僧令照律師（中略）、寺工太良未太・文賈古子、鑪盤博士将徳白味淳、瓦博士麻奈文奴・陽貴文・昔麻帝弥、画工白加一。

(6) 是月、始定二黄書画師山背画師一。

(7) 十八年春三月、高麗王貢二上僧曇徴・法定一。曇徴知二五経一。且能作二彩色及紙墨一。（後略）

(8) （白雉四年）六月（中略）遂為二法師一、命二画工狛竪部子麻呂・鯽魚戸直等一、多造二仏菩薩像一、安二置於川原寺一。（斉明五年）是歳（中略）高麗画師子麻呂、設二同姓賓於私家一日（後略）。

(9) 『養老職員令』中務省

画工司

正一人、掌三絵事、彩色、判二司事一。余正判レ事准レ此。佑一人。令史一人。画師四人。画部六十人。使部十六人。直丁一人。

(10) 平城京左京三条二坊一・二・七・八坪出土木簡

一七二「・〇画師四口帳内二口飯一斗」　一八一×二六×五　〇一一

「・〇十一月二十六日　受得末呂

少書吏」

一七三「・障子作画師一人米二升」　一九三×二〇×三　〇一一

「・障子作画師一口帳内一口米□□」

(11) 『類聚三代格』大同三年正月二十七日付勅

（前略）其画工漆部二司併二内匠寮一。（後略）

(12) 『類聚三代格』大同四年八月二十八日付太政官符

太政官符　定二内匠寮雑工数一事

長上二十三人　画師二人　番上一百人　画工十人

(13) 註5に同じ。

（14）註（10）に同じ。
（15）なお、古代の絵馬についてはこれまでに二六例が知られている（北條 一九九四・一九九六）
（16）人面墨書土器に描かれた顔を、祭祀の主体者自らの顔と考える上での有力な傍証史料として奈良県橿原市藤原京右京九条四坊の西四坊坊間路東側溝から出土した下記のような呪符木簡もある。

・「四方三十□大神龍王　七里□□内外送々打々急々如律令
・東方木神王　婢麻佐女生年二十九黒色
南方火神王　（人物像）　婢□□女生年□□□色
中央土神王　（人物像）
北方水神王
西方金神王　」

四六七×八三×七　〇三二

この呪符木簡の裏面に記された五方の神王の下には、二人の人物像と右下にそれぞれの名前・生年・色・婢である旨等が注記されているが、実際の人物を水防を祈る際の呪物（人柱）とする代わりに、ここに画像を描いて代用したものと考えられる。東国集落遺跡出土の人面墨書土器も、この呪符木簡同様、自らの身体を依代として神に捧げる代わりに、神と交感した自らの顔を描いた土器を供献したとみられよう。

引用・参考文献

泉　武　一九八九「律令制祭祀論の一視点」（福永光司『道教と東アジア』人文書院）
岡田精司　一九九二「神と神まつり」（石野博信他編『古墳時代の研究12　古墳の造られた時代』雄山閣出版）
鬼塚久美子　一九九六「人面墨書土器からみた古代における祭祀の場」（『歴史地理学』38―5）
同　一九九七「古代の人面墨書土器出土地の考察」（『奈良女子大学大学院人間文化研究科年報』12）
金子裕之　一九八五「平城京と祭場」（『国立歴史民俗博物館研究報告』7）

同　一九八八「律令期祭祀遺物集成」
同　一九九六『歴史発掘12　木簡は語る』講談社
菊池康明　一九九一『律令制祭祀論考』塙書房
笹生　衛　一九八六「奈良・平安時代における疫神観の諸相」（二十二社研究会『平安時代の神社と祭祀』国書刊行会）
高島英之　二〇〇〇「東国集落遺跡出土の人面墨書土器」（同『古代出土文字資料の研究』東京堂出版）
同　二〇〇六「古代の墨書・刻書紡錘車」（同『古代東国地域史と出土文字資料』東京堂出版）
平川　南　一九九六「古代人の死と墨書土器」（国立歴史民俗博物館研究報告35、のち同『墨書土器の研究』古川弘文館　二〇〇〇年に再録）
北条朝彦　一九九四「出土遺物に描かれた動物―奈良・平安期の東日本における諸例―」（『動物考古学』3）
同　一九九六「出土遺物に描かれた動物（2）―奈良・平安期の西日本における諸例および東日本補遺―」（『動物考古学』6）
水野正好　一九八二「人面墨書土器―その世界―」（福岡市立歴史資料館『古代の顔』）
百橋明穂　一九八三　日本の美術二〇四『飛鳥・奈良絵画』至文堂
奈良国立文化財研究所編　一九八九『出土品が語る尺平』

表6―3　東国集落遺跡出土人面墨書土器一覧

番号	出土遺跡・遺構名	墨書土器名・部位・方向	釈文	文献
1	福島県いわき市荒田目条里遺跡旧河道	土師器杯(9C)体部外面正位	人面） 「磐城× 磐城郷 丈部手子麿 召　代×	1

2	茨城県石岡市鹿子C遺跡77号住居跡	土師器甕（9C）胴部外面正位	（人面）	2
3	14号住居跡	土師器甕（9C）胴部外面正位	（人面）	
4	24号住居跡	土師器甕（9C）胴部外面正位	（人面）	
5	54号住居跡	土師器甕（9C）胴部外面正位	（人面）	
6	102号住居跡	土師器甕（9C）胴部外面正位	（人面）	
7	133号住居跡	土師器甕（9C）胴部外面正位	（人面）	
8	167号住居跡	土師器甕（9C）胴部外面正位	（人面）	
9	174号住居跡	土師器甕（9C）胴部外面正位	（人面）	
10	4号連房竪穴跡	土師器甕（9C）胴部外面正位	（人面）	
11	2号溝跡	土師器甕（9C）胴部外面正位	（人面）「火」	
12	6号溝跡	土師器甕（9C）胴部外面正位	（人面）	
13	茨城県石岡市前遺跡河川岸辺	土師器甕（9C）胴部外面正位	（人面）	3
14	茨城県石岡市北の谷遺跡	土師器甕（9C）胴部外面正位	（人面）	4
15	茨城県鹿島市駅北（厨台No.3）遺跡	土師器杯（10C）胴部外面正位	（人面）	5
16	茨城県常澄村殿山遺跡14号住居跡	土師器甕（9C）胴部外面正位	（人面）「富□□」	6
17	群馬県新田町西今井2遺跡14号住居跡	土師器甕（9C）胴部外面正位	（人面）	7
18	A溝-1跡	土師器甕（9C）胴部外面正位	（人面）	
19	千葉県芝山町庄作遺跡25号住居跡	土師器杯（9C）底部内面 体部外面正位	（人面） 「丈部真 次召代 国神 奉」	8
20		土師器甕（9C）胴部外面正位	「罪ム国玉奉」 （人面）	

21	46号住居跡	土師器杯（9C）底部内面	（人面）「国玉神奉」	
22	67号住居跡	土師器杯（9C）底部内面 体部外面 底部外面	（人面） 「手」	
23	千葉県八千代市権現後遺跡189号住居跡	土師器杯（9C）体部外面横位	（人面）「村上郷丈部国依甘魚」	9
24	千葉県八千代市北海道遺跡48号住居跡	土師器杯（9C）体部外面横位	（人面） 承和五年二月十□〔　〕	10
25	千葉県八千代市白幡前遺跡258号住居跡	土師器甕（8C）胴部外面正位	（人面）「丈部人足召代」	11
26	千葉県佐倉市江原台遺跡144号住居跡	土師器杯（8C）体部外面正位 ・底部外面	（人面）	12
27	千葉県袖ヶ浦市境遺跡44号住居跡	土師器杯（9C）体部外面正位	（人面）	13
28	神奈川県藤沢市南鍛冶山遺跡32号住居跡	土師器甕（9C）体部外面正位	（人面） 「相模国大住郡三宅郷×	14
29		土師器甕（9C）体部外面正位	（人面）	
30	67号住居跡	土師器杯（9C）体部外面正位	（人面）	
31	神奈川県平塚市真土六の域遺跡4号住居跡	土師器杯（9C）体部外面正位	（人面・髭と眉毛の表現）	15
32	神奈川県平塚市稲荷前A遺跡3号住居跡	土師器杯（8C）底部外面	（人面）	16
33	神奈川県海老名市本郷遺跡	土師器杯（9C）底部内面刻書 口縁部内面刻書	（人面） 「天　日　東　道□□□」	17
34	静岡県浜松市伊場遺跡大溝跡	土師器杯（9C）体部内面正位	（人面） 「海マ粂子女形□」	18
35	新潟県黒埼町緒立C遺跡低地部	土師器甕（8C）胴部外面正位	（人面）	19
36		土師器甕（8C）胴部外面正位	（人面）	
37	富山県小杉町南太閤山遺跡旧河道	土師器甕（8C）体部外面正位	（人面）	20
38		土師器杯（8C）体部外面正位	（人面）	

（文献）

1　（財）いわき市教育文化財団『荒田目条里遺跡出土木簡略報』一九九六
2　（財）茨城県教育財団『常磐自動車道関係埋蔵文化財調査報告書5―鹿の子C遺跡―』一九八三
3　黒澤彰哉「石岡市宮部前河遺跡出土の墨描人面土器について」（『婆良岐考古』2）一九八〇
4　西宮一男「石岡市北の谷遺跡の墨書土器」（『茨城考古学』4）一九七一
5　鹿島町教育委員会『鹿島神宮駅北部埋蔵文化財調査報告』2　一九七九
6　佐藤次男「常陸国大串出土の墨書土器」（『考古学』7）一九五二
7　新田町教育委員会『西今井2遺跡・諏訪下遺跡・川久保遺跡』一九九一
8　小原子遺跡調査会『小原子遺跡群』一九九〇
9　（財）千葉県文化財センター『八千代市権現後遺跡』一九八四
10　（財）千葉県文化財センター『八千代市北海道遺跡』一九八五
11　（財）千葉県文化財センター『八千代市白幡前遺跡』一九九一
12　佐倉市教育委員会『江原台』一九八八
13　（財）君津郡市埋蔵文化財センター『境遺跡』一九八五
14　藤沢市教育委員会『南鍛冶山遺跡発掘調査報告書　第4巻　墨書・刻書資料』一九九七
15　平塚市遺跡調査会『天神前・櫻畑遺跡他』一九九二
16　平塚市遺跡調査会『山王B・稲荷前A遺跡他』一九九三
17　海老名市教育委員会『第21回温故館特別展　海老名本郷遺跡』一九九六
18　静岡県史編纂室『静岡県史　資料編　4　古代』一九九三
19　黒埼町教育委員会『緒立C遺跡発掘調査報告書』一九九四
20　富山県教育委員会『都市計画街路七美・太閤山・高岡線内遺跡群発掘調査概要』3　一九八八

第七章　群馬県高崎市吉井町神保出土の刻書紡錘車について

はじめに

ここに紹介する刻書紡錘車（図7―1―5）は、二〇〇三年一〇月に群馬県高崎市吉井町大字神保在住の関口幸生氏が、同町大字神保字北高原の畑地にて表面採集された資料である。

採集後、直ちに紡錘車の表面に文字が刻書されていることに気づかれた関口氏は、氏が氏子である『上野国神名帳』の多胡郡項筆頭に載る辛神神社の宮司である神保侑史氏に鑑定を依頼され、さらに神保氏より照会されたものである。

全国的にみて、刻書紡錘車の出土例が抜きんでて多い群馬県内出土の資料のなかでも具体的記載内容がある程度明確な希有な資料であり、古代の在地民衆社会における祭祀・信仰の実態を示すものとして注目できる資料と考えられる。そこで、関口氏の承諾を得てここに紹介し、数少ない古代の当該資料の一つとして、江湖の論議の素材に供したいと考える。

遺物としての紡錘車自体は、繊維に撚りをかける際に使用される弾み車であり、すでに弥生時代には使用が確認できるが（八幡 一九六七）、八世紀以降のものにしばしば文字が記されたものが確認できる。紡錘車に記された文字は、土製・石製のものを問わず圧倒的に刻書されたものが多い。

文字が記された古代の紡錘車は、現在までのところ、全国的にみても出土範囲が非常に限定されており、京都府長岡京市長岡京跡右京六条二坊七坪出土の資料と岩手県水沢市伯済寺遺跡出土の資料、佐賀県小城市丁永遺跡出土の計三点以外は、ほぼ関東地方のみに限られる。とりわけ群馬県南西部から埼玉県北西部にかけての地域を中心に集中して出土するきわめて局部分布を呈する遺物である（高島 二〇〇〇、高島・宮瀧 二〇〇二、高島 二〇〇六）。

このきわめて特徴的な出土文字資料である墨書・刻書紡錘車は、集落遺跡出土の墨書・刻書土器と同様、古代村落におけるある種の祭祀・儀礼等の行為に伴うものと考えられるが、出土範囲がかなり限定されている遺物だけに、それを手がかりとして、出土地域の特色やその地域に特有な何らかの信仰形態や、祭祀や儀礼行為の実相を明らかにすることが可能であると考えられる。それら墨書・刻書紡錘車の出土範囲は、群馬県県西南部周辺一帯の地域にとくに濃密な分布状況を呈しており、群馬県内出土の事例によって研究の先鞭がつけられていることからみれば、古代の墨書・刻書紡錘車を検討すること自体、本県を中心とする一帯の古代社会の解明に直接的に繋がってくるものということができよう。

一　本資料採集地の地理的・歴史的環境

本資料の採集場所は、先にも記したように、群馬県高崎市吉井町大字神保字北高原地内の畑地である（図7—2）。吉井町中心部から南西に約二・五キロほどの位置に当たる。上信国境に源を発し、いわゆる「甘楽の谷」を東西に貫流する鏑川は、現・高崎市吉井町域の中央部北よりを蛇行しながら東西に流れるが、採集地は鏑川からは南方へ約四キロの上位段丘面の南縁上、段丘から丘陵への変換点付近に立地する。東側には、南から北に鏑川に流れこむ小河川である大沢川があり、大沢川左岸の段丘上にも当たる。また、高崎市吉井町域の南部に位置し、町のランドマークとして親しまれている牛伏山（標高四九〇・五メートル）から北西に約三キロほどの位置にあたり、一四世紀中葉に成立したと考えられている『神道集』に「多胡郡総鎮守辛科大明神」として、あるいは『上野国神名帳』の多胡郡項筆頭に載る辛科神社が付近に鎮座する。

採集地の小字は北高原であるが、近接して「折茂」の字名があり、折茂の地は古代の多胡郡織裳郷の故地の一つと考えられている。また折茂の地は、韓級郷の故地の一角を占めると考えられる辛科神社現鎮座地一帯にも近いので、古代韓級郷と織裳郷とは非常に近接して存在した可能性が高い。両郷が非常に近接して設定されたことの理由は、現段階では判然とせず、両郷の位置関係にも今一つ不明確な点もないではないが、当該資料採集地は古代には多胡郡織裳郷の故地に入るものと想定できよう。

採集地の南方には上信越自動車道が東西に貫通しているが、この道路の建設に先だって採集地周辺では長根安坪遺跡（縄文～奈良・平安時代集落跡、菊池ほか　一九九七）、安坪古墳群（古墳時代後期）、長根羽田倉遺跡（古墳時代後期祭祀遺構、古墳時代前期～平安時代集落跡、近世畑跡、鹿沼ほか　一九九〇）、神保富士塚遺跡（旧石器、縄文時代集落跡、古墳時代前・後期～奈良・平安時代集落跡、小林ほか　一九九三）、神保植松遺跡・神保古墳群（縄文～奈良・平安時代集落跡、古墳、中世城郭跡、谷藤ほか　一九九七）などの遺跡が発掘調査されている。また、採集地の南側には下高原廃寺といわれる九～一〇世紀寺院跡と考えられている古瓦散布地があるが、発掘調査されている訳ではなく、遺構の状況は不明確である。

一帯は、古代甘楽・多胡両郡域でも有数の後期古墳集中地帯である。採集地も、一九三八年創刊の『上毛古墳綜覧』に「一四六基の古墳あり」と記されている神保古墳群、およびそれとほぼ重複する範囲に存在し、上信越自動車道建設に先だって縄文時代竪穴建物跡一二、土坑跡八一、弥生時代中期竪穴建物跡二、土坑跡七七、弥生時代末期～古墳時代初頭の竪穴建物跡一六、方形周溝墓九、古墳時代竪穴建物跡二、古墳三、平安時代の竪穴建物跡三一、中世植松城跡などが検出・調査された神保植松遺跡の範囲に含まれる可能性が高い（谷藤ほか一九九七）。

なお、本資料の発見・所有者の関口氏によると、この刻書紡錘車が採集された付近では、紡錘車の未製品や失敗作などが数点併せて採集できたとのことである。当該資料が出土した地点には、あるいは石製紡錘車の工房のような機能を有する施設が存在した可能性が存在する。

二　本資料の状況

本資料は、上面径四・八五センチ、下面径二・三五センチ、厚さ二・〇センチ、孔径〇・九センチ、重さグラム、断面の形状は厚台形であり、完形である。材質は滑石と推定される。上面・側面・下面とも非常に傷が多く、文字の判読は困難であった。

文字は上面に二箇所記されているのが確認できた。孔を中心に文字を正位にみると、孔を挟んで左右に二文字ずつ記されている。孔の右側やや上位に記された二文字のうち、一文字目は傷との重複が甚だしく判読不能である。二文字目は「知」と判読できる。孔の左側に記された二文字は「真佛」と判読でき、その下に蓮弁様の紋様が線刻されている。すなわち釈文は以下のようになる。

「□知」

・　〇（孔）

「真佛（蓮弁絵画）」

孔の右側に線刻された「□知」二文字の意味は現時点では不明であるといわざるを得ない。左側に線刻された「真佛」の二文字は、あたかも蓮弁の上に載るかのように記されている。「真佛」の語の意味もそれだけではなかなか解釈しにくいところである。

その「真佛」の語が、あたかも蓮弁の上に載せられるかのように記されていることからみるならば、本来は、「阿弥陀如来」とか「観世音菩薩」であるとかの具体的な仏尊名が記されるべきものとの見方が可能である。それでよいと仮定するならば、文字通り「真の佛」を意味しており、具体的な尊名ではないものの、信仰の対象としての仏菩薩を意味する語であり、当該資料も仏教的な信仰に関わるものと推定することも可能であろう。

なお、採集地点では併せて土器など遺物の年代を類推できる資料が採集されていないので、本資料の年代を明確にすることはできないが、資料そのものの状況を各地出土の同種の類似資料と比較すれば、古代のものであることは間違いないところであろう。

三　本県における古代の紡錘車及び刻書紡錘車の研究史

群馬県内出土の紡錘車については、吉井町矢田遺跡で、古墳時代の六世紀後半から平安時代の一一世紀前半までの約四五〇年間にわたり、九五個もの大量の紡錘車が出土していることを受けて、研究が進展していった（内木・中沢・鬼形　一九八七、中沢・春山・関口　一九八八）。この矢田遺跡の調査において中心的な役割を担ってこられた中沢氏は、その後も引き続き群馬県内出土の紡錘車の研究について精力的に取り組まれておられ、一九九六年には、その時点での群馬県内出土の紡錘車一一二三点を対象に、紡錘車の年代、形状、材質、法量、生産地等の諸点について分析結果を発表しておられる（中沢　一九九六）a・b。それによれば群馬県内の遺跡から出土する紡錘車には、

①　群馬県内では弥生時代中期段階から出現し、九世紀にピークを迎え、それ以降急速に減少、

② 形態的には、弥生時代から古墳時代前期までが断面長方形状が主流であり、その後、古墳時代中期以降断面台形状が主流となり、平安時代以降には鉄製・断面扁平状のものも増えてくるが、石製で断面台形状のものと併存する、

③ 材質的には、弥生時代から古墳時代前期までが土製のものが主流で、古墳時代中期以降には土・石・鉄と三種類に分かれ、古墳時代中期以降は石製のものが主流となり、平安時代になると鉄製のものも増えるが石製のものと共存する、

④ 古墳時代以降主流となる石製紡錘車については、蛇紋岩製のものが約八割近くを占める、

⑤ 重量では三〇～五〇グラムのものが最多、ついで五〇～七〇グラムのものが多く、三〇～七〇グラムのものが全体の約七割を占める、

⑥ 一棟の竪穴建物跡から一個出土することが多いが、二個以上出土している事例も一割強あり、複数出土の事例のなかには法量の異なるものの組み合わせも含まれていることから、作られる糸の種類によって紡錘車が使い分けられていた可能性がある、

⑦ 古代の紡錘車の大部分を占める蛇紋岩製や滑石片岩製の紡錘車は、大部分が鏑川流域で生産され、県内各地に供給されていったとみられる、

⑧ 鏑川流域地域以外では平安時代以降、須恵器底部を転用したものがみられるようになること、

などの顕著な特色が見出せることが指摘されている（中沢　一九九七）。

刻書紡錘車についてはじめて触れた文献は、一九八三年に吉井町黒熊第四遺跡から出土した刻書紡錘車についての資料紹介である（大沢・茂木　一九八三）。出土した時期についてはこれをさかのぼる事例もあるかもしれないが、管見の限り、報告された例としてはこれが初出である。墨書・刻書紡錘車は群馬県内、しかもここで紹介する資料と同

じく多野郡吉井町においてはじめて確認された資料なのである。

一九八七年、井上唯雄氏は「線刻をもつ紡錘車―群馬県における事例を中心として―」を発表され、この時点における群馬県内出土の刻書紡錘車二七点が集成され、検討を加えた（井上　一九八七）。文字が記された紡錘車について体系的に論じた研究としてはじめての業績であり、また、それまで群馬県外における出土例が非常に僅少であった文字が記載された紡錘車の存在が、この井上氏の研究の発表によって全国的に知られるようになり、その後の各地における出土例の発見や確認に繋がった契機となった点でもこの研究の意義は大きい。

その後、刻書紡錘車に記された文字の問題について積極的に発言されたのは関和彦氏である（関　一九九一・一九九二）。関氏は、文字が記された紡錘車の量が紡錘車全体の出土量に比して圧倒的に僅少である点や、当該期の村落において想定される識字層率からみれば、文字を記すことよる物品の管理統制が成立し得ないと考えられることから、井上氏が前掲論考で提示された調庸布作成に伴う統制に関わる管理・規制に伴うものとの考えを排され、文字は、養蚕・紡錘・機織を含めての養蚕事業における生産向上を願っての祭祀に際して記されたものとの見解を発表しておられる。

宮瀧交二氏は、主に埼玉県内で出土している仏教信仰を物語る内容の文字や絵画が記された古代の刻書紡錘車、刻画紡錘車を集成し、当該期の民衆間の仏教信仰の実態の一端の解明に迫っている（宮瀧　二〇〇〇）。本来的に糸に撚りをかける道具である紡錘の部品にすぎない紡錘車に、仏教思想を反映した文字や絵画が記される理由については判然としないとしながらも、紡錘車本来の用途とは全く異なる用いられ方をした可能性も想定する。

また、最近、鈴木孝之・若松良一両氏は、呪文と考えられる文言が記されたり、宗教的な絵画が描かれている墨書・刻書紡錘車を採り上げ、検討を加えておられる（鈴木・若松　二〇〇一）。仏教関連の絵画や文言、あるいは呪文を刻書することで、仏や呪文の力で糸紡ぎの成就を願ったものと考えておられる。これらの紡錘車に刻書された文言が願文や呪文に類するものであり、また、刻まれた絵画も、仏堂や仏像・蓮華文など宗教的な意味を有するもので、これらが何らかの祭祀・信仰あるいは儀礼等の行為に際して使用されたと考える点については異議はない。ただし、呪文・願文と考えられる文言の解釈が恣意的に過ぎ、文字の読み方や釈文の立て方には容認できない部分が多い。ただ、これらの紡錘車のなかには、紡錘車としての本来の用途を離れ、もっぱら呪具として使用されたものの存在を想定されている点は、重要な指摘であるといえよう。

なお、私も宮瀧交二氏とともに、これら先学の驥尾に付して、群馬県内出土の古代刻書紡錘車を集成し、それらの出土状況・記載内容・用途と機能など基本的な問題点について若干整理したことがあり（高島 二〇〇六、高島・宮瀧 二〇〇二）、本章もその成果を元にしている。

このように、刻書紡錘車の研究は、主に群馬県出土の資料を元に、群馬県内の研究者によって研究の先鞭がつけられ、その後の研究が進展していったわけである。

四　群馬県内出土の古代の刻書紡錘車

二〇一二年六月末段階までに出土が把握できた群馬県内出土の墨書・刻書紡錘車の資料数は、管見の限り六八点である。群馬県内で現在までに出土したところはいずれも刻書紡錘車であり、文字が墨書されたものはみられない。文字が記載された紡錘車の割合は、群馬県内出土の奈良・平安時代の全紡錘車の一割強にのぼる。同時代の土器全体に占める墨書・刻書土器の割合がおよそ数％に過ぎない点からみれば、文字が記されたものの率は土器に比べて高いといえるだろう（中沢 一九九六a・b、高島・宮瀧 二〇〇二、高島 二〇〇六）。

出土遺跡の分布状況をみると、一見、県央部と鏑川流域一帯の遺跡にまとまっているといえそうだが、鏑川流域の遺跡からまとまって出土しているようにみえるのは、吉井町の矢田遺跡から多数出土していることによるものであり、出土遺跡の分布状況は従来からいわれているように、群馬県内では西南部一帯中心ということができるだろう。ちなみにこの矢田遺跡は、群馬県内では最も多くの紡錘車が出土した遺跡であり、出土数は九五個を数える。そのうち、八〜一一世紀のものと考えられる事例は五八点を数える。文字が記された事例は一一例であり、同時代の紡錘車の約二割弱のものに文字が記されていることになる。出土した紡錘車の絶対量が多ければ、必然的に文字が記されたものの量も多くなろうが、群馬県全体の墨書・刻書紡錘車の様相からみれば、矢田遺跡では、当該資料の出土が多い群馬県内の平均よりも、さらにおよそ倍の率で文字が記されているということになり、遺跡の性格付けを考える上で重要な要素となるであろう。

出土状況をみると、およそ九割以上の事例が、竪穴建物跡の埋土中からの出土であり、出土状況についてはとくに顕著な特色を見出すことはできなかった。また、八世紀後半から九世紀代にかけての資料が圧倒的多数であり、中心は九世紀代と考えられる（高島 二〇〇六、高島・宮瀧 二〇〇二）。

年代的あるいは形態的な特徴は、文字が記されていない他の一般的な紡錘車の全体的な傾向とほぼ一致している。このことは言い換えれば、特段、大型重量あるいはその逆で小型軽量のものや、特殊な材質のものなど、特徴的な紡錘車が選ばれて文字が記されたのではなく、ごく一般的な、日常使用されている紡錘車に、ある時点で何らかの必要があって文字が記されていたということになる。この点は、墨書・刻書土器でも、特別精巧な土器やあるいは祭祀・儀礼用の土器が選ばれて文字が記されているわけではないという現象と全く同様である。

文字が記された面や部位・位置・方向などはまちまちで、書式として完備していたわけではないようである。この点も墨書・刻書土器にみえる文字の記載方法と共通する。しかしながら、記された文字については、一文字のみ記載のものは却って少なく、複数の文字が記されたものがほとんどであり、墨書・刻書土器の様相と非常に異なる特徴ということができる（高島 二〇〇六、高島・宮瀧 二〇〇二）。

記された文字のうち、内容が明らかなものをみると、人名が記されたものや地名が記されたものが目立つ。墨書・刻書土器の例と同じく、記載内容は多種多様であり、墨書・刻書紡錘車の機能自体も一概ではなく、多様であったと推察できる。墨書・刻書土器に比べて、出土点数が圧倒的に少ない分、墨書・刻書土器よりも類型化が容易な部分も存在するように思われる。従来からいわれているように、墨書・刻書紡錘車が集落内における何らかの祭祀・儀礼等の行為に際して使用されたとみて良いのであれば、記された人名や地名は祭祀や儀礼の行為の主体者・願主に関わるものと考えることができる。このような事例は墨書・刻書土器の事例でもままに見受けられることであり、墨書・刻書土器の場合でも人名が記される場合は、居住する国・郡・郷名などから記された事例より名前だけが記されたものの方が圧倒的に多い。墨書・刻書土器における記載方法の相違と同様、人名だけが記されたものは、居住する国・郡・郷名から記されたものの省略形と解釈することが可能であり、祭祀・儀礼等の行為を執り行った主体者、あるいはその集団の代表と解釈できよう（高島 二〇〇六、高島・宮瀧 二〇〇二）。

五　本資料の意義

先にも述べたように、本資料には「真佛」の語と蓮弁の絵画的表現が線刻されており、仏教的な信仰に関わるものであることは間違いないところであろう。この資料を、仏教的な信仰に関わる供養・儀礼など行事のなかでどのように使用されたのかという点について具体的に解明することは、本資料や他の類似資料、あるいはそれらの共伴遺物などの検討からも難しいところであり、また、このような刻書紡錘車の用途や機能・使用方法を解明する手助けを得られるような文献史料も皆無である。

しかしながら、最近、埼玉県を中心に、こうした古代の在地民衆社会における仏教信仰に関わるような線刻画や文言を有するような刻書・刻画紡錘車の出土例が増えつつあり、当該資料もそれらとの関連で注目できる（表7—1・図7—3）。

群馬県内出土の資料では、本資料以外としては、まず表7—1、沼田市戸神諏訪Ⅱ遺跡出土資料がある、側面に「有馬酒麻呂」の人名と、仏堂と考えられる建築物の絵画が刻画されている。稚拙な表現ながら、寄棟造風の屋根に瓦葺きの様子が線刻で表現され、棟の両端には鴟尾、軒先には風鐸、柱の上部には斗木共もそれぞれ表現されており、本格的な瓦葺建築の仏堂を描いたものと考えられる。もちろん単なる戯画ではなく、仏教的信仰の対象としての仏堂を意識して描いたものであり、この紡錘車が仏教的信仰に伴って使用されたものであることは間違いないであろう。出土した遺跡に隣接して平安時代の寺院跡が検出されており、村落内の寺院を中心とした仏教信仰の村落への浸透との関連が想定できる。

また、2、前橋市芳賀東部団地Ⅱ出土の資料には、側面に「卍」が刻書されている。「卍」は「万」「萬」の異体字としても使用されることがあるので、一概に仏教信仰に関わるものと決めつけることは出来ないが、その可能性を有するもの一つとして挙げておきたい。3、佐波郡玉村町福島曲戸遺跡の古代遺物包含層から出土した蛇紋岩製紡錘車の下面に「虫尼」と刻書された資料がある。女性出家者の名前と考えられよう(1)。4、太田市稲荷宮遺跡の九世紀代竪穴建物跡出土の土製紡錘車の上面に「法師尼」と刻書された資料がある。意味を解釈することは難しいが、いずれにしても僧と尼僧の存在を示唆する文言である。

本県外の類例としては、6、栃木県河内郡上三川町多功南原遺跡の九世紀第三四半期の竪穴建物跡ＳＩ七〇からは「多心」「善」「菩」「経」など、仏教的な文言が記された紡錘車が出土している。

7、茨城県東町幸田台遺跡から出土した石製紡錘車や、8、埼玉県熊谷市北島遺跡出土の石製紡錘車などのように蓮華文が刻画された資料や、9、埼玉県本庄市大久保山遺跡出土の石製紡錘車や、10、埼玉県北本市下宿遺跡出土の

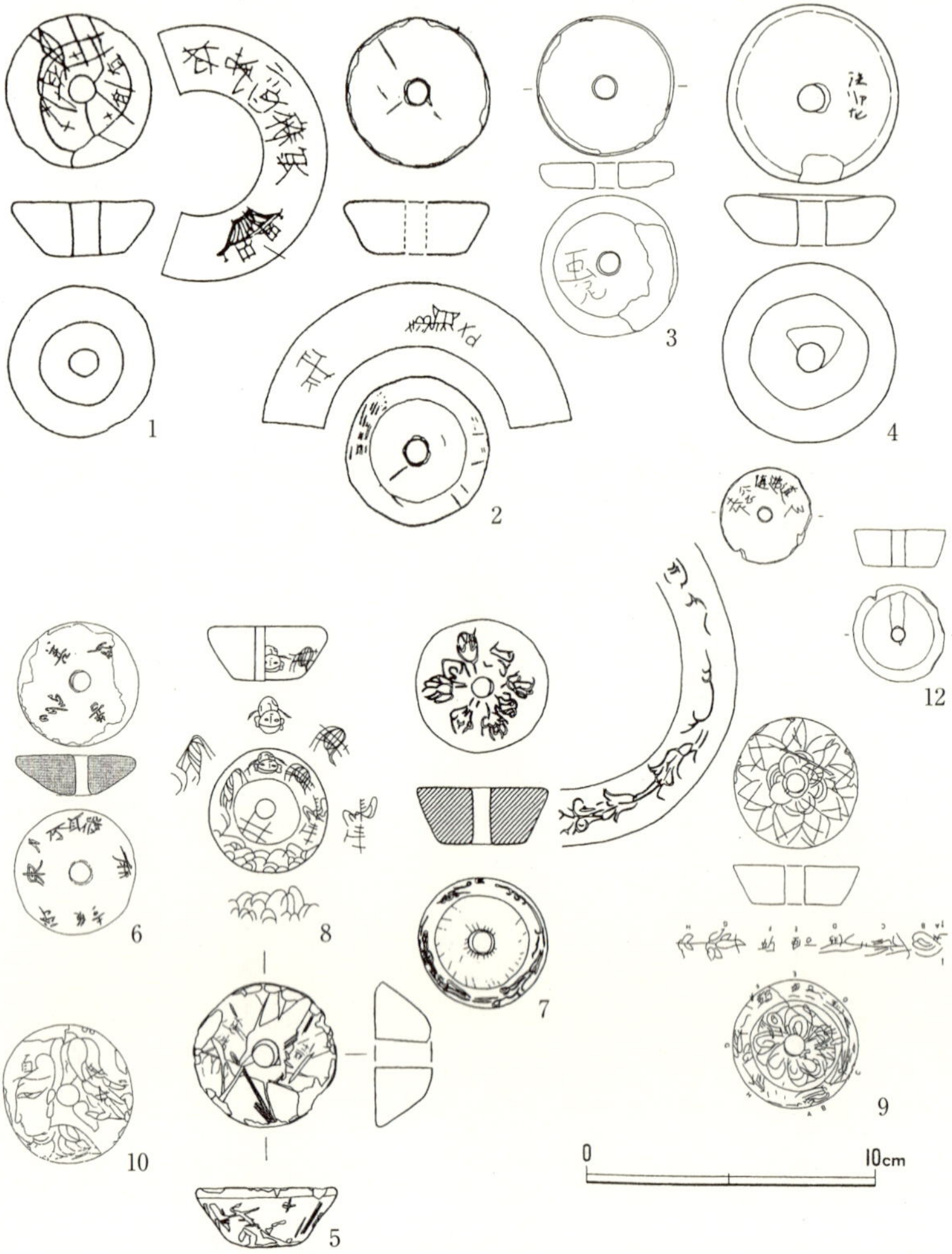

図 7—1　仏教的信仰に関わる文言・絵画のある古代の刻書・刻画紡錘車(図中の数字は表の番号に対応)

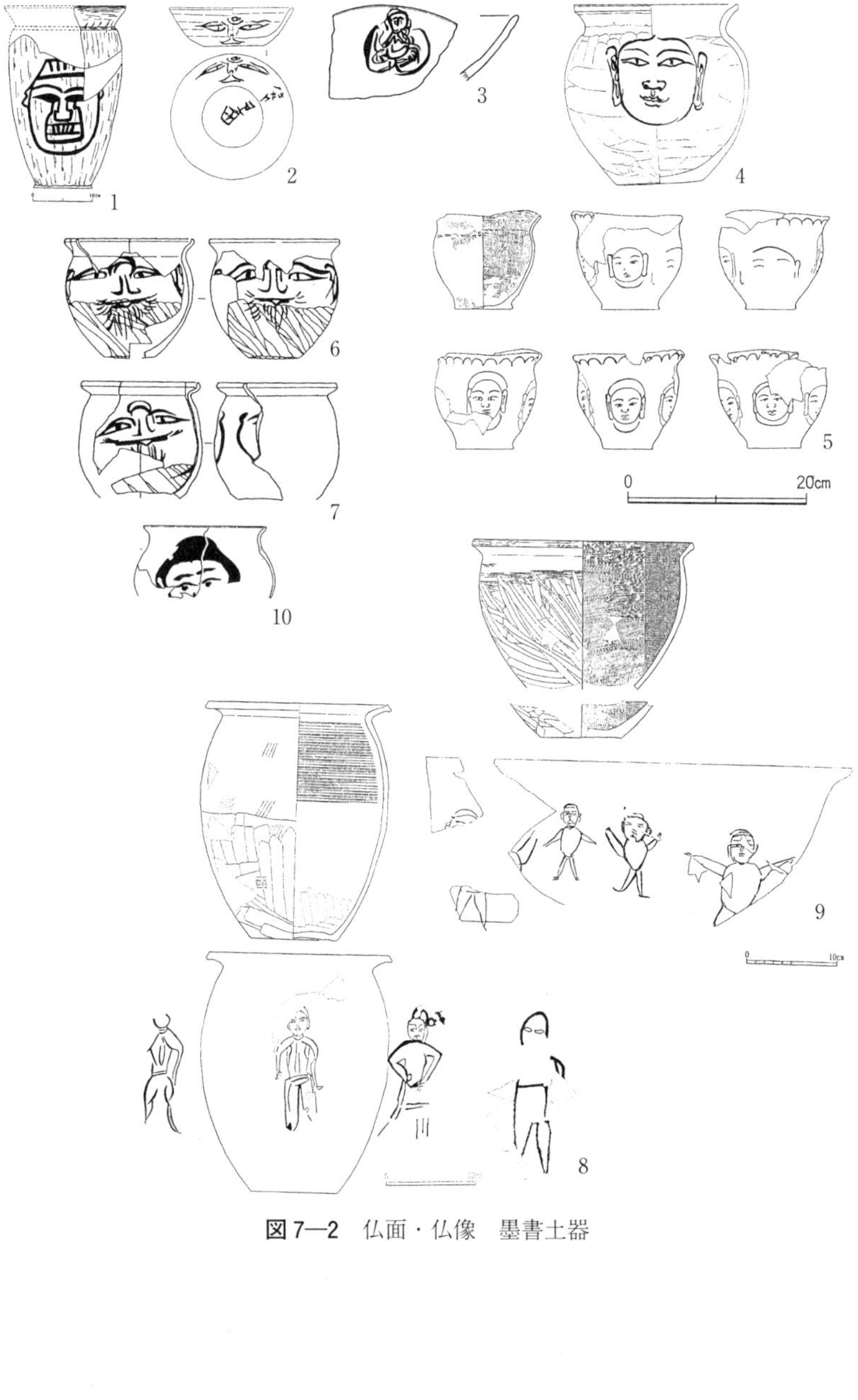

図 7—2　仏面・仏像　墨書土器

文言・絵画のある古代の刻書・刻画紡錘車

形状	上径 cm	下径 cm	厚み cm	孔径 cm	重量 g	年代	記入部位	釈文
薄台形	4.9	2.8	1.7	0.9	61.0	9C 前	側面・正位	(仏堂建築画線刻)「有馬酒麻呂」
〃	4.7	3.1	1.6	0.7	—	8C 前	側面・正位	「卍」
〃	4.8	3.4	0.9	0.8	16.0	9C	下面	「虫尼」
〃	5.7	4.1	1.4	0.9	—	9C 中	上面	「法師尼」
厚台形	4.85	2.35	2.0	0.9	—	古代	上面	「□知」「真佛(蓮弁画線刻)」
薄台形	4.2	1.0	1.3	0.7	—	9C 後	上面・側面	(上)「多心」「善」「経」「菩」(側)「中」「不耳」「厳」「麻」「吉」「口」「依」
厚台形	4.6	2.9	2.4	0.7	—	9C 後	上面・側面・横位	(蓮華紋絵画線刻)
〃	4.1	2.5	1.8	0.7	42.2	8C 前	側面・正位	(菩薩形仏面、供花2箇所、須弥山様絵画線刻)
薄台形	4.3	3.2	1.2	0.7	37.1	9C 中	上面 側面・横位	(蓮華紋絵画線刻)
〃	4.51	3.14	1.49	0.7	47.6	9C 中	上面/側面 横位/下面	「牛甘」「百」(如来形仏像面相、施無畏印相、絵画線刻)
〃	4.6	—	—	—	—	9C	上面/下面	(上面)「大仏□□□□□」(下面)「卍卍卍卍」
厚台形	4.85	3.45	1.8	0.7	63.8	9C 前	上面	「奉念随佛道足」

2001、7. 東町教育委員会編 1995、8. 早稲田大学本庄考古資料館編 2000、9.（財）埼玉県埋蔵文化財調査事業団編 1998、10. 吉見 1990、11. 吉見町教育委員会編 2005、12.（財）埼玉県埋蔵文化財調査事業団編 2002

石製紡錘車七（八世紀末〜九世紀前半頃の竪穴建物跡埋土中出土、上面に如来形仏像の上半身と印相が刻画）などように仏像が描かれた資料も存在している。

このような信仰に関わるとみられる文言や絵画が記されたり描かれたりしている紡錘車の存在からも、墨書・刻書土器と同様、墨書・刻書紡錘車が何らかの祭祀・信仰・儀礼等の行為のなかで使用されたことは明白である。ただし、最初にも述べたように、墨書・刻書紡錘車に記された文字の記載内容は実に多種多様であり、祭祀・信仰・儀礼それ自体の形態や、祭祀・信仰・儀礼のなかでの紡錘車の使用方法などはそれぞれの事例によってケース・バイ・ケース的に多様であったとみるのが妥当であろう。

紡錘車は糸紡ぎの道具であるが、具体的な祭祀・信仰・儀礼の内容については、

表7―1　仏教的信仰に関わる

	遺 跡 名	所在地	出土遺構	材質
1	戸神諏訪Ⅱ遺跡	群馬県沼田市	A-47 号竪穴建物跡	石
2	芳賀東部団地遺跡	群馬県前橋市	H-140 号竪穴建物	〃
3	福島曲戸遺跡	群馬県佐波郡玉村町	23J-6A 区グリッド	蛇紋岩
4	稲荷宮遺跡	群馬県太田市	1号竪穴建物跡	土製
5	吉井町神保字北高原	群馬県吉井町	表面採集	滑石
6	多功南原遺跡	栃木県河内郡上三川町	SI70 竪穴建物跡	蛇紋岩
7	幸田台遺跡	茨城県稲敷市	竪穴建物跡	〃
8	大久保山遺跡	埼玉県本庄市	123 号竪穴建物跡	〃
9	北島遺跡	埼玉県熊谷市	3号竪穴建物跡	滑石
10	下宿遺跡	埼玉県北本市	189 号竪穴建物跡	蛇紋岩
11	西吉見条里遺跡	埼玉県比企郡吉見町	遺構外	石
12	八木崎遺跡	埼玉県春日部市	6号竪穴建物跡	〃

（文献）
1. 沼田市教育委員会編 1992、2. 前橋市教育委員会編 1988、3.（財）群馬県埋蔵文化財調査事業団編 2002、4. 群馬県教育委員会編 1985、5. 高島 2004、6. 山口

紡織という紡錘車本来の用途に関わるものであるのか否か、明確にしがたいものがほとんどである。しかしながら宗像・沖の島の出土例にみられるように、紡錘車そのものがその他の紡織具・織機具とならんで祭具として奉納されている事例もあり、また、『肥前国風土記』基肄郡条に引かれた伝承には、「臥機」「絡土朶」が女神に関わる祭具的存在としてみえることや（其夜、夢見㆔臥機絡土朶㆒舞遊出来、墜㆓驚珂是古㆒、於㆑是、亦識㆓女神㆒即立㆑社祭之。）、神話等の記載に女神のシンボルとして紡織具が多くみられる点からみても（関　一九八九）、紡錘車それ自体が祭祀と密接に結びつくものであったわけである。千葉県市川市下総国分寺跡出土の石製紡錘車（ＳＩ〇〇八竪穴建物跡出土、八世紀代）のように、上面に文字と併せて紡錘車で糸を紡ぐ様を表現した絵画が刻画された例も存在する（市立市川考古博物館　一九九四）。

以上のような点をみても、墨書・刻書紡錘車が紡織に関わる祭祀・儀礼等の行為に際して使用される場合、日常的

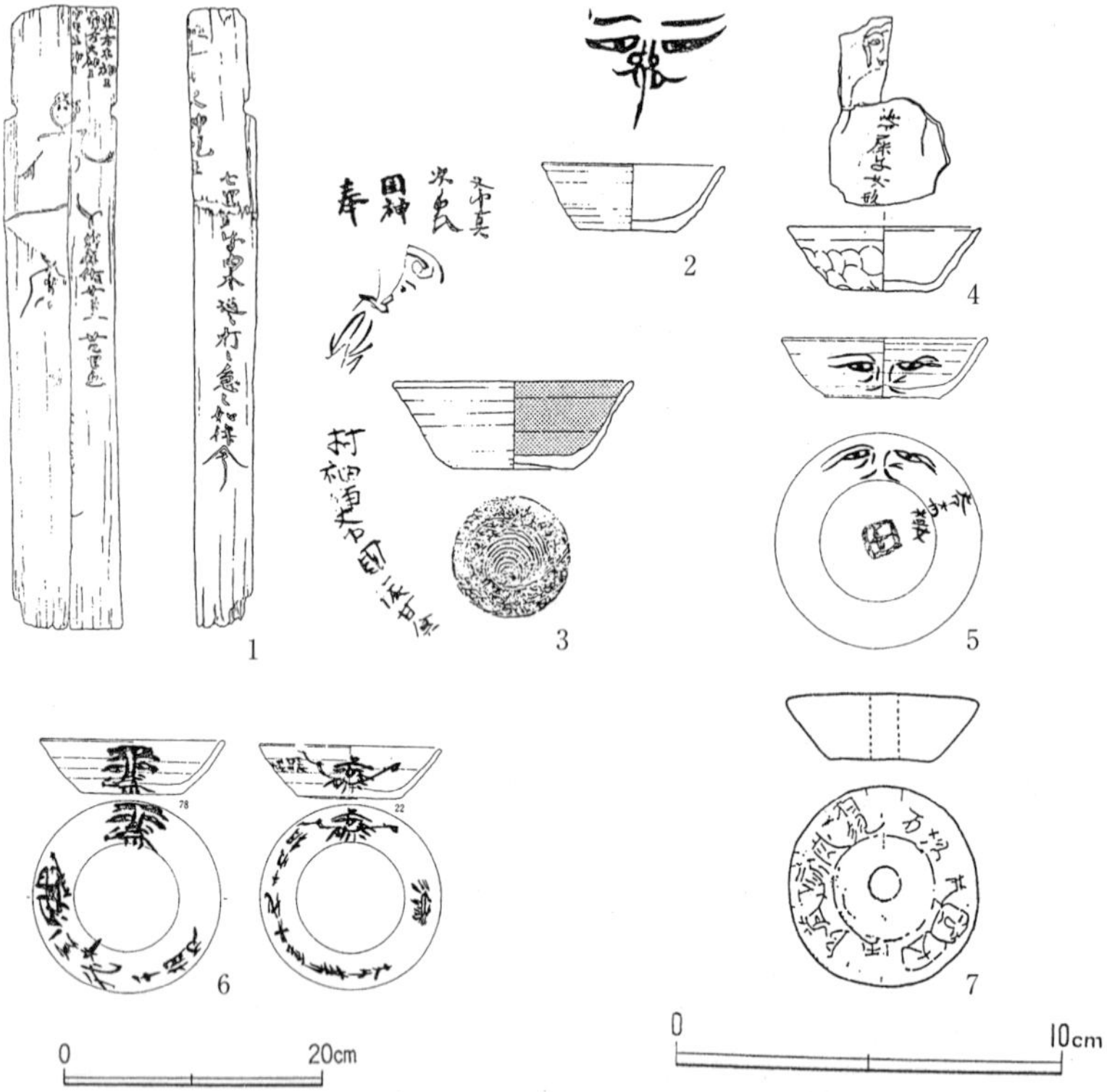

図 7—3　関連資料

1．奈良県藤原京右京九条四坊西四坊坊間路東側溝出土呪符木簡
2，3．千葉県芝山町庄作遺跡出土人面墨書土器
4．静岡県浜松市伊場遺跡出土人面墨書土器
5．宮城県多賀城市市川橋遺跡出土人面墨書土器
6．宮城県多賀城市山王遺跡出土人面墨書土器
7．埼玉県児玉町枇杷橋遺跡出土人面刻書紡錘車

な紡織行為のなかで、あるいはまた神衣を織るなど特別な繊維製品の紡織に伴う祭祀・儀礼の場での使用、など双方のケースを想定することが可能であろう。

また、その一方で、紡錘車本来の用途を離れた祭祀・儀礼の場で使用されるような場合も存在したと考えられる。鈴木孝之・若松良一両氏が指摘しておられるように（鈴木・若松 二〇〇一）、たとえ紡織という紡錘車本来の用途を離れても、回転という機能あるが故に呪術的な意味と容易に結びつき、マニ車に類似するような呪具・法具的用もまた、可能性の一つとしては考え得る用途といえよう。

おわりに

以上、群馬県高崎市吉井町大字神保字北高原地内出土の古代刻書紡錘車の出土状況と文字記載内容について分析してきたが、それらが集落における仏教的な儀礼行為のなかで使用されたものであることについては、明確に指摘することが出来たと思う。

墨書・刻書紡錘車が使用された祭祀・信仰に関わる儀礼等の行為は、紡錘車本来の用途・機能に関連する紡織に関わるものである場合と、紡錘車本来の用途・機能からは全くかけ離れたものである可能性の二通りが想定可能である。

文字が記された紡錘車が群馬県西南部から埼玉県北西部の地域一に特に集中して出土する理由については、現段階では明確にしがたいのであるが、墨書・刻書紡錘車の出土が集中する地域即ち紡錘車に文字を記す風習が盛行した地域は、近代まで連綿と続く一大養蚕地域とほぼオーバーラップしている。また、群馬県西南部一帯が古代において布生産の盛行した地域の一つであったことは従来から指摘されているとおりである。その背景を、養蚕と絹織物生産の盛行と結びつけることも可能性の一つとしては想定できるのではないだろうか。

近年、各地から出土が報じられている刻書紡錘車には、絵画が描かれた資料を含め、本資料のように仏教関係の内容を有するものが目立ってきており、本資料の発見によってまた一つ類例を増やすことが出来た。

これまで、古代の在地社会における信仰については、神祇祭祀的な面がクローズアップされてきたが、昨今の古代東国の集落遺跡からの仏教関係遺物の出土状況を勘案すれば、神祇信仰・道教的信仰とともに仏教信仰も想像以上に古代東国村落社会の人びとに浸透していたことが判明する。従来、古代の民衆社会における仏教的信仰の浸透状況については、畿内を中心とする西日本地域については『日本霊異記』所収の説話などによって明らかであったが、東国社会においても、相応に古代の民衆社会に仏教的信仰が根付いていた様子が、これらの出土文字資料から明らかになってきている。仏教的な文言や絵画などが記された紡錘車も、東国の民衆社会における仏教信仰盛行のなかで、地域における特徴的な祭祀・信仰の形態と結びついて形成されたものと考えることができよう。

註

（1）報告書では、この紡錘車刻書の釈文として、平川南氏の釈読によるとして「虫□」とする。2文字目の「尼」の字を敢えて読んでいないが、私が原資料を検討した限り、「虫尼」と読むことが可能であると判断できるので、私の責任において上記の通り釈文を変更したい。

引用・参考文献

井上唯雄　一九八七「線刻をもつ紡錘車について」『古代学研究』115
大沢末男・茂木由行　一九八三「吉井町黒熊第4遺跡出土の刻字ある紡錘車について」『群馬文化』196
鹿沼栄輔ほか　一九九〇『長根羽田倉遺跡』（財）群馬県埋蔵文化財調査事業団
小林敏夫ほか　一九九三『神保富士塚遺跡』（財）群馬県埋蔵文化財調査事業団

市立市川考古博物館編　一九九四『下総国分寺跡』
鈴木孝之・若松良一　二〇〇一「信仰資料としての紡錘車―呪文や宗教絵画を刻んだ石製紡錘車―」（『財団法人埼玉県埋蔵文化財調査事業団研究紀要』16）
菊池　実ほか　一九九七『長根安坪遺跡』（財）群馬県埋蔵文化財調査事業団
関　和彦　一九八九「『風土記』社会の諸様相―その3―」『風土記研究』8
同　一九九一「『物部郷長』の世界」（『矢田遺跡』Ⅱ（財）群馬県埋蔵文化財調査事業団）
同　一九九二「矢田遺跡と養蚕」（『矢田遺跡』Ⅲ（財）群馬県埋蔵文化財調査事業団）
高島英之　二〇〇〇『古代出土文字資料の研究』東京堂出版
同　二〇〇六「第二章　古代の墨書・刻書紡錘車」（『古代東国地域史と出土文字資料』東京堂出版）
高島英之・宮瀧交二　二〇〇二「群馬県出土の刻書紡錘車についての基礎的研究」（『群馬県立歴史博物館紀要』23）
谷藤保彦ほか　一九九七『神保植松遺跡』（財）群馬県埋蔵文化財調査事業団
内木真琴・中沢　悟・鬼形芳夫　一九八七「吉井町矢田遺跡出土の文字資料について」（『群馬文化』209）
中沢　悟　一九九六ａ「紡錘車の基礎研究」（1）（『財団法人群馬県埋蔵文化財調査事業団研究紀要』13）
同　一九九六ｂ「紡錘車の基礎研究」（2）（『専修考古学』6）
同　一九九七「矢田遺跡における紡錘車の所有形態について」（『矢田遺跡』Ⅶ（財）群馬県埋蔵文化財調査事業団）
中沢　悟・春山秀幸・関口功一　一九八八「古代布生産と在地社会―矢田遺跡出土紡錘車の分析を通して―」（『群馬の考古学　創立十周年記念論集』（財）群馬県埋蔵文化財調査事業団）
春山秀幸・関口功一・富田一仁・中沢　悟ほか　一九九〇―一九九七『矢田遺跡』Ⅰ～Ⅶ（財）群馬県埋蔵文化財調査事業団
宮瀧交二　二〇〇〇「日本古代の民衆と『村堂』」（野田嶺志編『村のなかの古代史』岩田書院）
山路直充ほか　一九九四『下総国分寺跡平成元～5年度発掘調査報告書』市立市川考古博物館
八幡一郎　一九六七「弥生時代紡錘車覚書」（『末永先生古希記念古代学論叢』、のち『八幡一郎著作集3弥生文化の研究』雄山閣出版、一九七九年に再録）

第八章　群馬県内出土の漆紙文書—史料の集成と紹介—

はじめに

漆紙文書とは、土器や曲物などの容器に入れて保存されていたり、あるいは作業に使用するためにそこから小分けされた漆液の乾燥を防ぐために、容器の口縁部と漆液の表面に密着させて蓋としていた紙に、漆が染みこんでコーティングされたことによって、土中にあっても腐ることなく伝存した文書のことである（平川 一九八五）。

古代社会にあっては、紙が非常に高価であったため、当然のことながら、未使用の新品の紙が蓋紙に使用されることはあり得ない。蓋紙には必然的に役所や寺院などで不要となった文書が再利用された。ゆえに発掘調査で漆の蓋紙が出土すると、それが直接、新たな古代文書の発見につながることになる。周知のように、史料の種類や量の絶対的な少なさ故に行き詰まりつつあった古代史研究の世界に、起死回生の新たな息吹を与える史料として注目されてきた。

古代の漆紙文書は、現在のところ、北は秋田県・岩手県から西は福岡県に及ぶ範囲の約九〇箇所ほどの遺跡から出土している（奈良文化財研究所飛鳥資料館 二〇〇六）。木簡の出土は、木製品が土中で伝存する環境に左右され、出土条件が限られるが、漆紙文書の場合は、漆の浸透さえしっかりしていれば、木簡よりも土中で伝存する条件は緩く、今後も、さらに出土事例は増え続けるであろう。また、漆紙文書が出土した遺跡の種類も、木簡などのように圧倒的に宮都遺跡が多いというわけではなく、むしろ地方官衙や官衙関連工房、集落などからの出土も多く、宮都・官衙などに関連する遺跡に限られているわけではない（奈良文化財研究所 二〇〇五、奈良文化財研究所飛鳥資料館 二〇〇六）。この点は、漆紙文書が最終時に廃棄されるのは、あくまでも漆塗りの作業に伴う場所であり、廃棄場所すなわち出土場所にあっては、それが文書であることに意味を有しないということによる。しかしながら、高級品である漆液であるとか、あるいは、紙が使用されていた場所から反故紙を入手しやすい環境という点から考えれば、自ずと官衙あるいは寺院などと、比較的密接な関連を有する場所ということにならざるを得ない。

関東地方でも、全ての都県において古代の漆紙文書が出土している。

群馬県内においては、これまで僅かに三例が出土しているのみであったが、平成一五～一七年度にかけての県内における調査において新たに三例の漆紙文書が出土し、一挙に倍の件数となった。また、近年出土した漆紙文書には、これまでの県内における出土事例とは異なって、文書の性格や種類、内容などがある程度類推できるような資料が含まれており、全国的にも類例をみない種類のものもある。また、これらについては、すべて発掘調査報告書が刊行されており、それらに掲載されている漆紙文書に関する報文を私自身が執筆している場合が多いのであるが、当然のことながら調査報告書には紙幅の制約もあり、内容的には事実報告、とくに、釈文の呈示が主であり、やむを得ず、考察が十分になされているとはいいがたい部分も存在している。

このような状況に鑑みて、これまでの県内出土の漆紙文書六点の内の四点について、釈読・調査を担当した立場から、早急に正確な釈文の呈示と資料的な意義について公表することの必要性を痛切に感じていた。よって、ここに資料を集成して紹介し、資料それぞれに即して考察を加えて、諸賢の高覧に委ねることとしたい。

将来、これらの文書に記載された内容を利用した日本古代史上の研究の叩き台になれば幸いである。

なお、本章で扱う資料については私が直接調査に当たった資料を含めて、二〇一二年六月末段階において、公表済みの内容に依拠するものであり、本章で示す見解は、あくまでも私個人の見解であることを明示しておく。

一　高崎市下小島遺跡出土の漆紙文書

1　出土遺跡の概要

前橋市・高崎市の市街地は平坦な前橋台地と称される台地の上に広がっているが、高崎市街地中心部の北に所在する本遺跡も、この前橋台地上に立地している。はじめて調査に着手された一九七三年の時点では、遺跡の所在地は下小島町地内であったために、下小島遺跡という遺跡名が付けられたが、後に町名変更があり、現在は緑町と問屋町西の範囲となっている（井川・高島 一九九〇、群馬県埋蔵文化財調査事業団 一九九一）。

一九七三年一〇月から一九七四年四月にかけて、上越新幹線の建設に伴う調査が群馬県教育委員会文化財保護課によって実施され、その約一〇年後の一九八三年九月から翌一九八四年四月にかけて、本線両側に設けられる側道部分が当事業団によって調査されている。発掘調査報告書は、本線部分と併せて一九九一年三月に当事業団より刊行されている（群馬県埋蔵文化財調査事業団 一九九一）。

本線部分及び側道の調査成果によると周辺一帯は、現在では事業所や商店が建ち並んでいるが、調査が行われていた頃は水田地帯であった。表面の耕作土の下は、地下約三〇メートルまで砂礫層と凝灰岩質シルトの互層がベースになっている。遺跡は、北部の低地部分では浅間山火山灰As—B軽石によって覆われた水田跡が、南部の微高地では奈良・平安時代を中心とする集落跡が検出されている。奈良・平安時代の竪穴建物跡は一五棟検出されているが、複雑に重複するような密度ではなく、北に隣接する融通寺遺跡ほどには遺構量は多くはない。

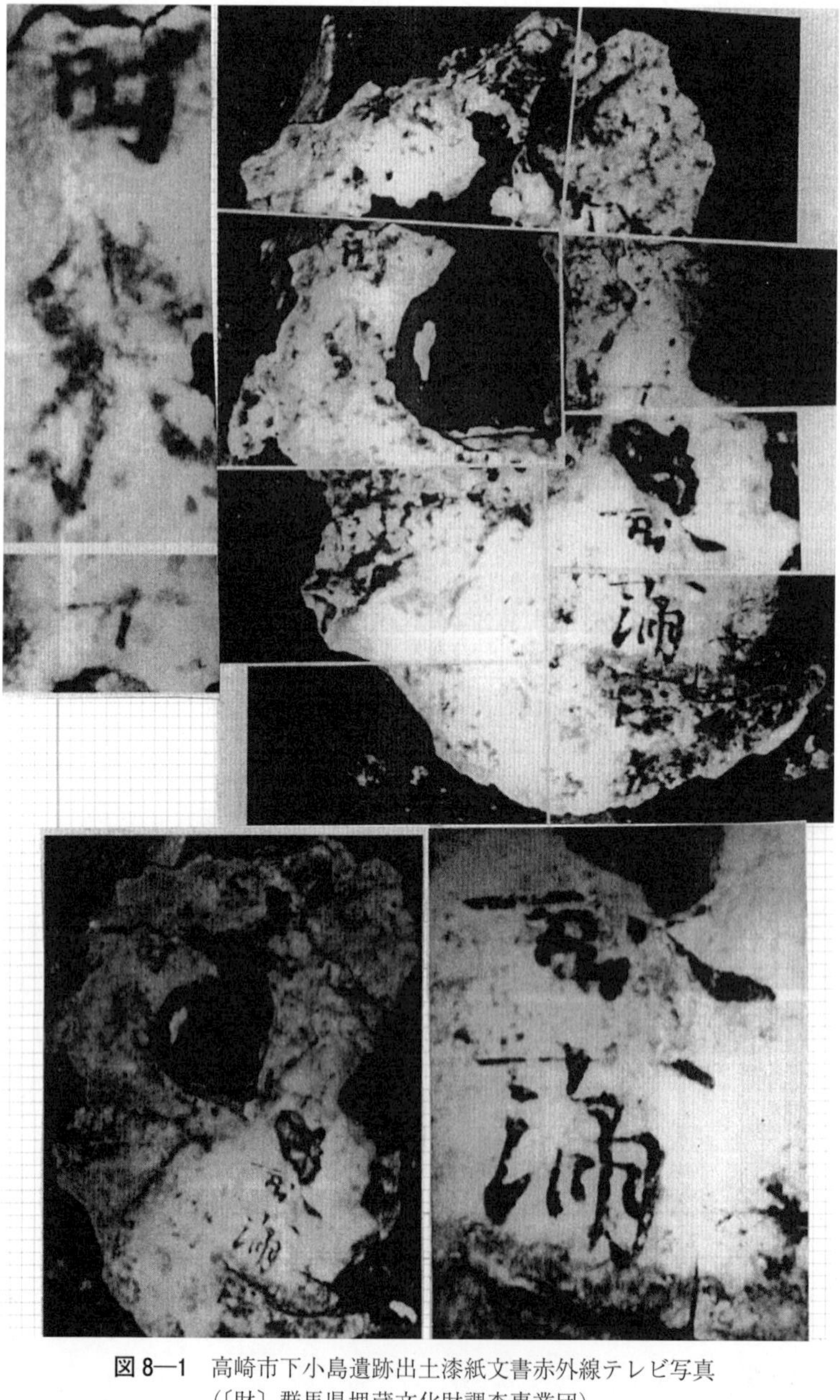

図 8—1　高崎市下小島遺跡出土漆紙文書赤外線テレビ写真
（〔財〕群馬県埋蔵文化財調査事業団）

2　漆紙文書の出土状態

漆紙文書が出土した遺構は、一区18号土坑跡と称される浅い土坑跡である。径約四メートル、深さは約〇・五メートルの浅く不整方形をした土坑跡である。漆紙文書は、この土坑から出土した平安時代初期・九世紀前半頃と考えられる須恵器杯の底部に、表面から〇・二〜一・二センチほどの厚さで付着していた。漆紙文書が付着していた須恵器杯の大きさは、口径一二・五センチ・底径六・八センチ・器高三・五センチで、底部は回転糸切り後無調整である。伴出遺物は、この漆紙文書が付着した須恵器杯のほかに、同時期の須恵器杯が一点出土している。漆紙文書が貼り付いていた須恵器杯は、内外面に漆液の付着痕跡が全くといってよいほどに認められないので、漆塗り作業の際に、漆液容器から漆液を小分けしたパレットとして使用されたものではないようである。単に蓋紙を廃棄する際に入れられたものであろう。蓋紙を廃棄するのに、単独で捨てるのではなく何故にわざわざ土器に入れて捨てられたのかは定かではないが、各地における漆紙の出土事例でも、実際に、杯等の土器に入れた上で廃棄されたものが少なくない（宮城県多賀城跡調査研究所　一九八〇）。漆液に触れるとかぶれることがあるから、漆液が付着したものが不用意に散乱しないように、わざわざ土器などの容器に容れられた上で捨てるような措置がとられることが多かったのかもしれない。

・第一面

（欠損）［　　　　　　］畝満呂□　（欠損）

（欠損）　［　　　　　　　　］　（欠損）

・第二面

（欠損）　田哉　（欠損）

釈文 1　高崎市下小島遺跡出土漆紙文書

3 漆紙文書の形状・内容

漆紙文書そのものの最大径は八センチであり、記された文字を正面にみて、右側の側縁が円弧状になっている。元々はおよそ径八センチ程度の漆液容器の蓋紙として使用されていたと推測できる。短径は約五センチ弱程度なので、本来あった蓋紙の右側半分がほぼ欠失しているとみることが出来る。

漆紙文書は、茶褐色を呈し、表面は大きく波打つ。X線透過分析によれば複数の枚数の紙が重なっているというよりは、むしろ一枚の紙が折れ重なっているものと考えられる。漆は表裏面とも比較的厚く付着しており、とくに裏面はほとんど漆の皮膜に覆われていて、紙の表面は露出しておらず、文字は全くみえない。表面にも漆は全面的に付着しているが、土中における永年の風化によるためか、紙の表面が部分的に剥落しかかっており、本来そこに記されていたはずの文字も消滅してしまったものが少なくないと思われる。

文字は肉眼では全く確認することが出来ず、赤外線テレビカメラによって判読した。現状で判読し得た文字は、三行分、わずか五文字に過ぎない。堺線や紙の継ぎ目の類も全く確認できない。現物を詳細に観察すると紙の面は四面みられるが、前述したとおり本来は一紙のものと考えられる。墨痕が確認できるのは二面であり、これを仮にA面・B面とする。A面とB面の文字の本来の位置関係は現状からは復元できない。A面の「畝満呂」は人名である。「畝満呂」の文字の上には、当然、ウジ名もしくはカバネの記載があったはずだが、一文字分の墨痕は残るものの以下は欠損している。その業のすぐ左隣にも全面的に墨痕が残っているが、紙の表面の剥落が甚だしく、全く判読できない。ただ、墨痕が比較的濃厚に残っているその行の中心部分と前行との行間は、およそ八ミリほどと推測できる。B面で判読できたのは「田幾」の二文字である。「幾」の下にも一文字分の墨痕が残るが、これも判読不能である。

以上のように、この漆紙文書は、小さな断片である上、判読可能な文字も少なく、文書の様式や具体的な内容・性格等を確定することは不可能といわざるを得ない。しかしながら、書体からいえば、A面・B面ともに、そこに記載された文字はきわめて端正な楷書体であり、正倉院文書の文字に比してもいささかの遜色もない。本漆紙文書は、習書や落書の類ではなく、文字を日常、自由に操ることが出来る階層の人びとによって記された公的性格の色濃い文書・帳簿類であると考えてよいだろう。

記されている文字の大きさがほぼ六～八ミリ四方と、やや小振りであること、行間が約八ミリ程度と比較的詰まった状態であることや、「畝満呂」という人名の記載があることから推測するならば、正倉院文書や各地出土の漆紙文書の類例などと勘案して、授受関係にある狭義の「文書」というよりは、「帳簿・記録」の類であると考えるのが妥当であろう。

4　その他

この漆紙文書の内容から直接的に出土した遺跡の性格付けを行うことはできないが、当遺跡において、漆塗り作業に際して用いる反故紙として、このような公的性格の強い文書を入手し得たということは、出土した遺跡の性格や周辺地域との関係を考えていく上で、当然、考慮されてよいだろう。

本遺跡に隣接して、北陸新幹線の建設に伴って一九九一～一九九三年に調査された大八木屋敷遺跡において、八世紀末から九世紀初頭にかけての柱穴列と八脚門に区画された掘立柱建物跡群が検出され、長元三年（一〇三〇）の上野国不与解由状案（「上野国交替実録帳」）諸郡官舎条群馬郡項にみえる郷倉「八木院」との関連が想定されている（群馬県埋蔵文化財調査事業団　一九九六）。

隣接する大八木屋敷遺跡が、長元三年上野国不与解由状案にみえる郷倉八木院であるか否かの是非は別としても、八脚門を有する官衙風の施設が隣接して存在することは、本文書の入手先を考慮する上で、重要な要素であることには間違いない。また、本遺跡が所在した群馬郡の郡家跡の所在については全く不明であるが、通常、国府所在郡の郡家は、国府所在地に近接して存在するケースが少なくないので、国府跡想定地に近接する場所とみてよいだろう。上野国府跡も遺構等は全く確認されているわけではないが、前橋市元総社町の、西を染谷川・東を牛池川に挟まれた中世の蒼海城跡一帯と考えられている。また、近接して国分寺・国分尼寺跡も所在している。国府推定地・国分二寺一帯は、本遺跡からみて北東に約五・五キロの位置にあり、文書の給源として、これらの官衙群が全く想定できない範囲ではないことも確かではある。

なお、本遺跡からは墨書土器が一七点出土している。ほとんどが一文字のみ記載されたものであり、同一の文字が複数点に記されたものは非常に少ない。内容的に、この漆紙文書と関連づけられるような記載内容を有する資料も存在しない。ただ、井戸跡出土の資料が比較的多く、竪穴建物跡や溝跡などの埋土から出土した資料は却って少ない。井戸の廃絶に伴う祭祀的な様相がうかがえるが、同じ井戸跡から出土した複数の墨書土器の記載内容は全くまちまちであり、集落内における特定の単位集団等を析出することも不可能である。

二　佐波郡玉村町福島曲戸遺跡出土の漆紙文書

1　出土遺跡の概要

群馬県佐波郡玉村町大字福島字曲戸地内に所在する福島曲戸遺跡は、群馬県中央部の最南端に位置し、利根川の右岸、前橋台地の南端部、北西から南東にかけて緩やかに傾斜する平坦地、利根川の自然堤防上に立地する古墳時代と平安時代の集落を中心とする縄文時代から近世に至る複合遺跡である。遺跡は主要地方道藤岡大胡線のバイパス建設に伴って、一九九八年四月から二〇〇〇年八月まで、当事業団が発掘調査を実施し、二〇〇二年九月に当事業団から発掘調査報告書が刊行されている（群馬県埋蔵文化財調査事業団 二〇〇二）。

古墳時代の遺構は、微高地上で前期の竪穴建物跡一四棟と掘立柱建物跡一棟が検出され、低地では、六世紀初頭に降下した榛名山火山灰Hr-Sによって覆われた水田跡が検出されている。平安時代の遺構は、上層から天仁元年（一一〇八）降下の浅間山火山灰As-B軽石によって覆われた水田跡が、その下層からは竪穴建物跡一四棟と掘立柱建物跡三四棟が検出されている。漆紙文書が出土したのは、調査区最南端部であるA区で、微高地上にあたり、平安時代の竪穴建物跡一四棟、掘立柱建物跡三四棟、井戸跡二基、竪穴遺構七基、土坑跡二二八基、溝跡一二条などが複雑に重複して検出された。

掘立柱建物跡は、いずれも三×四ないし二×三間の側柱か、あるいは二×二間の総柱建物で、いずれも平面楕円形か長円形を呈し、あまり深くはない柱穴を有する小規模な建物である。件数が多いのは、ほぼ同じ位置での建て替えによる重複が多いためであり、同時期に存在した建物の数は、却ってさほどには多くはない。また、規則的に配置された状況も看取できず、あくまでも集落的な様相である。

2　漆紙文書の出土状況と形状・内容

このA区の調査においては、古代の遺物包含層から九万九七五六点に及ぶ遺物が検出された。

この遺物包含層は、天仁元年降下の浅間山火山灰As-B軽石によって覆われた水田の耕作土に当たる土層ということで、縄文時代の土器・石器と古墳時代の土器が少しは混じっているものの、大多数は平安時代の遺物によって占められるということである。このなかの平安時代須恵器杯の破片六点に漆の付着が認められた。杯片が二点、高台付碗片が二点、口縁部及び口縁部～体部の破片が二点という構成である。これらはいずれも別個の資料であり、接合して同一個体になるものはない。そのなかの一点、九世紀前半頃のものと考えられる須恵器碗の口縁部から体部にかけての破片に漆紙が付着したものが存在していた。

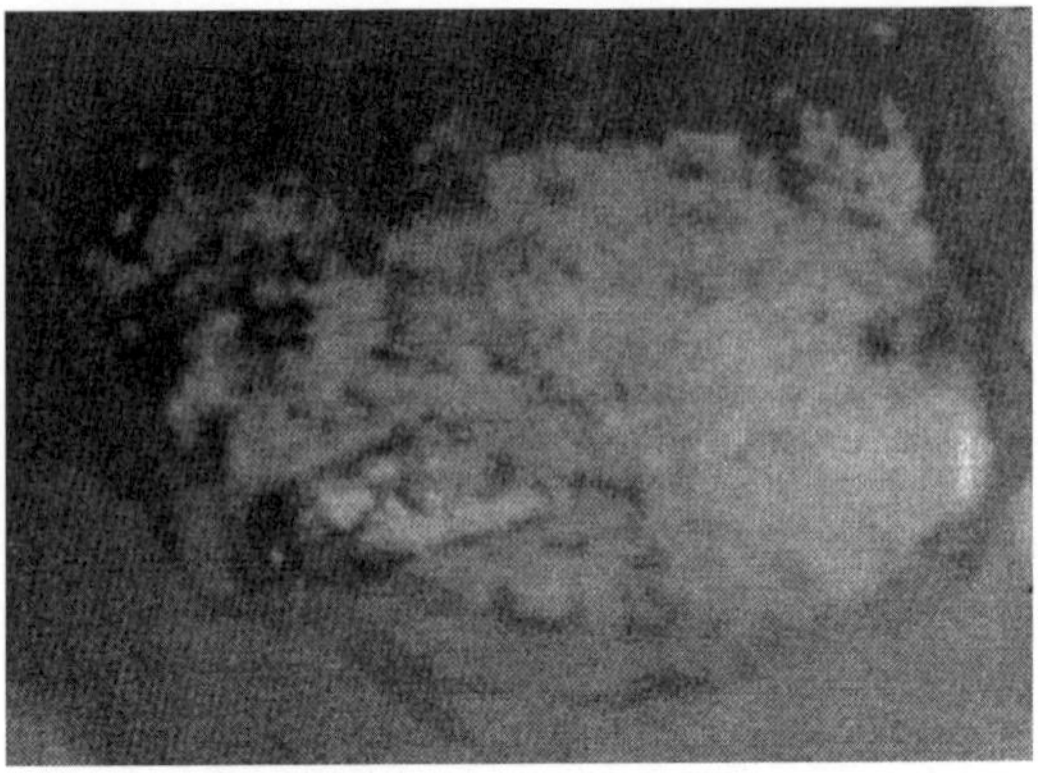

図8―2 玉村町福島曲戸遺跡出土漆紙文書赤外線テレビ写真（〔財〕群馬県埋蔵文化財調査事業団）

・表 （欠損）　□　□　（欠損）

釈文2 玉村町福島曲戸遺跡出土漆紙文書

調査報告書の記載によれば、紙の残存は不良で、破片付着面のおよそ半分が剥落しているということである。さらに残存面も部分的に欠失していることから、文書の一部であることがわかる程度となっている。肉眼では文字を全く確認することが出来ず、平川南氏に指導を仰ぎ、赤外線テレビカメラを使用してわずかに二文字分の墨痕を確認しえたが、文字の内容までは不明ということである（群馬県埋蔵文化財調査事業団 二〇〇三）。

平川氏の指摘によれば、文字の大きさは約一センチ四方であることから、帳簿・記録類の一部と考えられるという（群馬県埋蔵文化財調査事業団 二〇〇三）。

なお、漆が付着した九世紀代の須恵器碗・杯片六点は、本遺跡において漆塗りの作業が行われていたことを示す資料であり、これらの土器は、漆塗りの作業に際して、パレットとして使用された碗類の蓋紙が、器面に付着したまま廃棄されたものとみられる。

3 その他

本遺跡出土の漆紙文書は、この一点のみであったが、漆紙文書が出土したA区の古代遺物包含層からは、漆紙文書の他に墨書土器が三点、刻書土器三点、刻書紡錘車が三点などの文字資料が出土している。さらに、墨書土器は二三号掘立柱建物跡の九号柱穴埋土中からも一点出土している。包含層出土の資料を含め、優に一万五〇〇〇点以上もの古代の土器片が出土しているなかでの墨書・刻書土器の僅少さは特徴的でさえある。

墨書土器は、破片ばかりであり、判読可能な資料は一点のみである。刻書土器は二点あり、報告書では平川氏の教示として、いずれも記号としているが、私が現物に当たり直した結果、私には二点とも文字であると判断できる。さらに刻書紡錘車三点についても、報告書に掲載された平川氏による釈文と私の見解とは大きく異なる部分があるが、その点については本章の論旨とは離れる。別項にて指摘しておいたので（高島・宮瀧 二〇〇一、高島 二〇〇四）、ここでは改めて再論しない。

これら、漆紙文書以外の文字資料一〇点には、漆紙文書の解釈に関わるような資料は存在していない。

本遺跡が所在する那波郡の郡家の所在地は全く不明であり、本遺跡の周辺でも現段階では官衙遺跡等は全く検出されていないため、蓋紙の給源についても不明である。ただし、本遺跡からみて利根川対岸の北側、約一・五キロの位置には初期東山道駅路跡が東西に貫いており（中里 二〇〇〇、群馬県埋蔵文化財調査事業団 二〇〇二）、その南東側約五〇〇メートルの位置には、東西約四五メートル・南北約二四メートルの範囲を柱穴列で長方形に区画された古代の施設の遺構が検出された一万田遺跡が検出されている（玉村町教育委員会 二〇〇三、高島 二〇〇三）。この一万田遺跡は、規模や構造からみて郡家ほどの拠点的な官衙や駅家の施設とは考えにくいものの、郡家別院や郡家の館、あるいは郡領クラスの在地首長の居宅などの性格が想定でき（玉村町教育委員会 二〇〇三、高島 二〇〇三）、本遺跡の北西約一キロ弱の距離に位置している。

拠点的大規模官衙間を連絡する東山道駅路や、柱穴列によって区画された首長居宅ないし郡家別院等の施設が、かなり近い位置に存在していることは、本遺跡及び次節に触れる福島飯塚遺跡出土の漆紙文書の給源を考える上で考慮すべき材料であろう。

三　佐波郡玉村町福島飯塚遺跡出土の漆紙文書

1　出土遺跡の概要

群馬県佐波郡玉村町大字福島字飯塚地内に所在する福島飯塚遺跡は、前述した福島曲戸遺跡の南、約五〇〇メートルの地点に位置しており、遺跡の立地条件は、ほぼ福島曲戸遺跡と同様である。国道三五四号線バイパスの建設に伴って、群馬県埋蔵文化財調査事業団によって一九九八年一〇月から二〇〇一年三月まで断続的に調査が行われ二〇〇八年三月に発掘調査報告書が刊行された（群馬県埋蔵文化財調査事業団　一九九九・二〇〇〇・二〇〇一・二〇〇八　小成田　二〇〇九）。

遺跡は、古墳時代前期の集落、古墳時代前期・後期の水田跡、平安時代の集落と大溝跡、天仁元年降下の浅間山火山灰As-B軽石に覆われた水田跡、中世の居館跡の堀跡と水田跡、近世の天明三年（一七八三）降下の浅間山火山灰As-A軽石被災復旧畠などの遺構が検出されている。

平安時代の集落は、大溝東側の微高地上に展開しており、竪穴建物跡四棟、掘立柱建物跡五棟、井戸跡などが検出されている。調査範囲が道路幅に限られているため、平安時代集落の全容にはほど遠い検出遺構量である。溝内より出土した三〇〇〇点にものぼる古代の土器は、これら溝の東側に展開する集落から投棄されたものとみられるという。

2　漆紙文書の出土状況と形状・内容

漆紙文書が出土したのは、調査区中央をほぼ南北方向に流れる幅約一〇メートル・深さ約一・五メートルの平安時代の大溝からである。この溝跡の底部には約三〇センチ前後の砂が厚く堆積しており、この砂層中から約三〇〇〇点を越える古代の土器片が出土している。そのうちの約二〇〇点が墨書土器である。漆紙文書は、同じ玉村町福島曲戸遺跡出土のものと同様、須恵器杯の口縁部〜体部の小破片に付着した状態で出土した。報告書が未刊であるので、他の漆付着資料が存在するのかどうかは現在のところ不明である。漆紙文書が付着した土器片は、九世紀後半頃のものと考えられるという。

　紙の残存は不良で、破片付着面のおよそ半分が剥落している。さらに残存面も部分的に欠失していることから、文書の一部であることがわかる程度となっている。肉眼では文字を全く確認することが出来ず、前述した、同じ玉村町内の福島曲戸遺跡出土の資料と共に平川南氏に指導を仰ぎ、赤外線テレビカメラを使用して墨痕を確認しえたということで、釈文として「□巳□」の三文字分が公表されている（小成田　二〇〇〇）。

　平川氏の指摘によれば、連続する三文字の内の中央の文字「巳（い・すでに）」だけが解読可能であり、上下両端の文字については、それぞれ一文字分ずつの墨痕はみられるものの釈読は不可能ということである（小成田　二〇〇九）。また、記されている文字が、近接する福島曲戸遺跡出土の漆紙文書と同様小振りであるところ

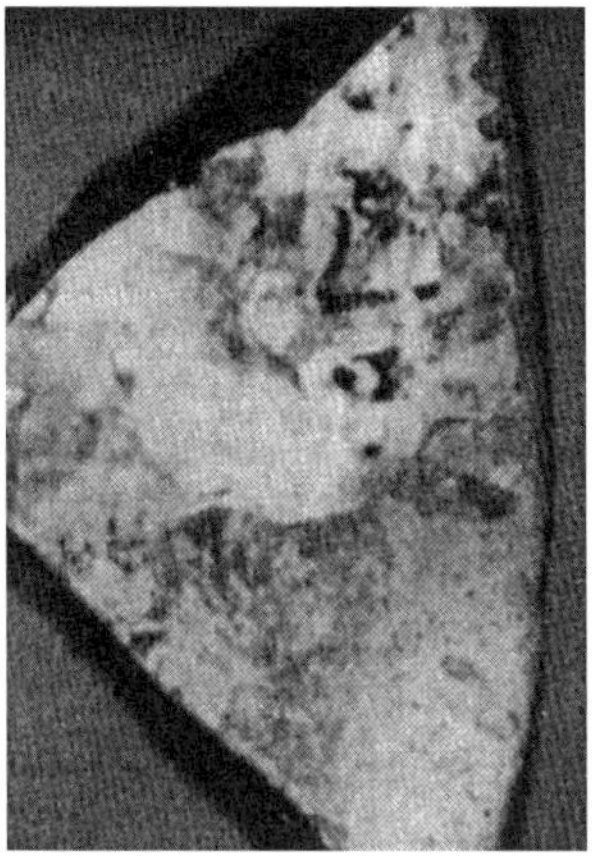

図8—3　玉村町福島飯塚遺跡出土漆紙文書赤外線テレビ写真

（〔財〕群馬県埋蔵文化財調査事業団）

・表

（巳ヵ）

（欠損）　□　□　（欠損）

釈文3　玉村町福島飯塚遺跡出土漆紙文書

から、同様に帳簿・記録類の一部とみられるという。

3 その他

本遺跡出土の漆紙文書は、この一点のみであったが、先述したように調査区の中央部をほぼ南北方向に流れる大溝跡出土の約三〇〇〇点にものぼる平安時代の土器のなかには、約二〇〇点の墨書土器が含まれている。報告書が未刊のため、それらの全容は現段階では不明であるが、九世紀後半頃のものが中心であり、ほとんどのものが一文字のみ記載されたものである。墨書土器二〇〇点のうちの約半分は「家」という文字で、ほとんどが底部内面の見込み部に記されている。ほかに「宮」「寺」「成」「子」「万」などの文字があるという（小成田 二〇〇九）。

漆紙文書とこれらの墨書土器との直接の関係は全く考えにくいが、群馬県内におけるこれまでの調査事例では、これほどまとまって墨書土器が出土した事例はごく希であり、これまでの県内の一遺跡における最大の墨書土器出土量である伊勢崎市三和町上植木光仙房遺跡（二一三点、群馬県埋蔵文化財調査事業団 一九八八）、渋川市石原石原東・諏訪ノ木Ｖ遺跡（二〇九点、群馬県埋蔵文化財調査事業団 二〇〇五ａ・ｂ、高島 二〇〇五）などに匹敵する出土量であり、本遺跡を特徴づける事象である。

竪穴建物跡や土坑跡などではなく、大溝跡からまとまって出土しているところも特徴的で、なんらかの祭祀あるいは儀礼等の行為にかかわるものと容易に想定できるところであろう。

なお、本遺跡出土漆紙文書の給源については、本遺跡と、前節で触れた福島曲戸遺跡とが近接しているところから、福島曲戸遺跡における状況と全く同様に、本遺跡からみて利根川対岸の北側、約二キロの位置に所在する初期東山道駅路跡（中里 二〇〇〇、群馬県埋蔵文化財調査事業団 二〇〇三）、その南東側約五〇〇メートルに位置する、東西約四五メートル・南北約二四メートルの範囲が柱穴列で長方形に区画された古代の施設である一万田遺跡（玉村町教育

委員会 二〇〇三、高島 二〇〇三）などの存在が、考慮すべき材料といえよう。

四　藤岡市上大塚南原遺跡出土漆紙文書

1　出土遺跡の概要

群馬県の南西部に位置する藤岡市の市街地の南西にあたる。県域の南西部を南西から北東方向に流れる鏑川支流の鮎川が、市域の北寄りの位置を南西から北東に向かって流れているが、遺跡は、この鮎川の右岸の藤岡台地上に立地する。県道前橋長瀞線バイパスの建設に伴って当事業団が二〇〇五年一一月から翌二〇〇六年一月にかけて発掘調査を実施し、二〇〇六年度に整理作業を行い、二〇〇七年一月には発掘調査報告書が刊行されている（群馬県埋蔵文化財調査事業団 二〇〇七a、高島 二〇〇七a）。

調査面は、上層に中世以降の遺構面、下層に古代の遺構面の二面が存在し、この二面の文化層の間には古代の遺物包含層が存在する。下面の古代の遺構は、いずれも八～九世紀代のもので、竪穴建物跡七棟、竪穴状遺構一基、溝跡二条、土坑跡六五基、柱穴状の小型ピットが七三基である。竪穴建物跡は、八世紀のものが主体であり、藤岡地区に特有なトンネル状の長い煙道を有する竈が取り付くものがある。上面の中世以降の遺構は、土坑跡四基、天明三年（一七八三）降下の浅間山火山灰As-A軽石被災復旧畠と溝跡などである。

2　漆紙文書の出土状況と形状・内容

漆紙文書は、上層中世以降遺構面と下層古代以降面との間にある古代遺物包含層より単独で出土した。漆紙が凹状を呈していることからみれば、もともと杯・碗型土器の底部内面に付着していたものが外れて漆紙単独で出土したも

・表　「

□

□□　〔女ヵ〕

□□□

（欠　失）

」

釈文4　藤岡市上大塚南原遺跡出土漆紙文書

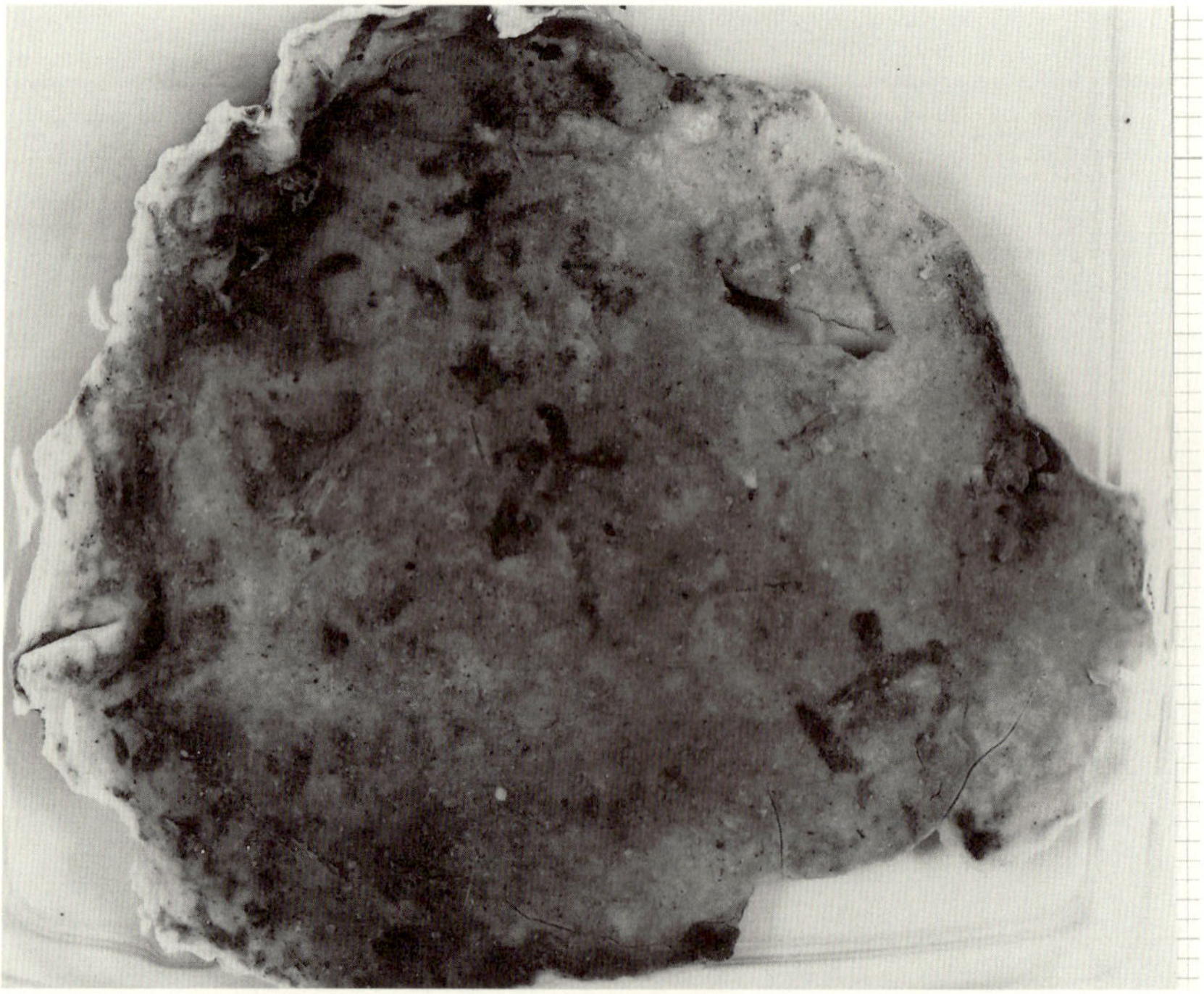

図8—4　太田市東今泉鹿島遺跡出土漆紙文書赤外線デジタルカメラ写真（東京大学史料編集所撮影、〔財〕群馬県埋蔵文化財調査事業団）

のと考えられる。元来、桶状の漆液貯蔵器の蓋紙としての使用されたものを外して、杯・碗型の容器に移して保管されていたものが、そのまま廃棄されたものと考えられる。径約二〇センチの円形状を呈し、中心部分が欠失している。外縁の弧は、本遺跡の場所で、漆液を容れて保存していた桶状の曲げ物のような容器の口縁の大きさをほぼ示している。中心部分の欠失は、蓋紙にした際に、中央部分の漆液の付着・浸透が十分でなく、漆液による紙質のコーティングが満足になされずに、結果として紙が腐食してしまったことによるものと考えられる。年代は、伴出遺物から九世紀初頭頃のものとみられる。

凹状の外側を裏、凹んだ面を表とすると、裏面は全く漆の皮膜のみであり、紙質の残存は現状では確認しがたい。赤外線装置を使用しても裏面には全く文字は確認できない表面の右半分に六文字分の墨痕が確認できるが、文字は判読出来なかった。文字の大きさは小振りであり、授受関係にある狭義の文書であるというよりも、帳簿・記録類とみたほうがよさそうである。

なお、この漆紙文書のほかに、墨書土器などの古代の文字資料は出土していない。

五　太田市東今泉鹿島遺跡出土漆紙文書

1　出土遺跡の概要

太田市東今泉町に所在する東今泉鹿島遺跡は、群馬県東部の太田市の北郊に位置する。太田市街地の北約三キロの場所である。遺跡周辺の自然地形は、北東方向から足尾山地が連なり、南西方向には金山丘陵が延び、その間隙を足尾山地に源を発する渡良瀬川が流れている。遺跡は、この渡良瀬川が形成した扇状地上、河川堆積物による平地に立地している。

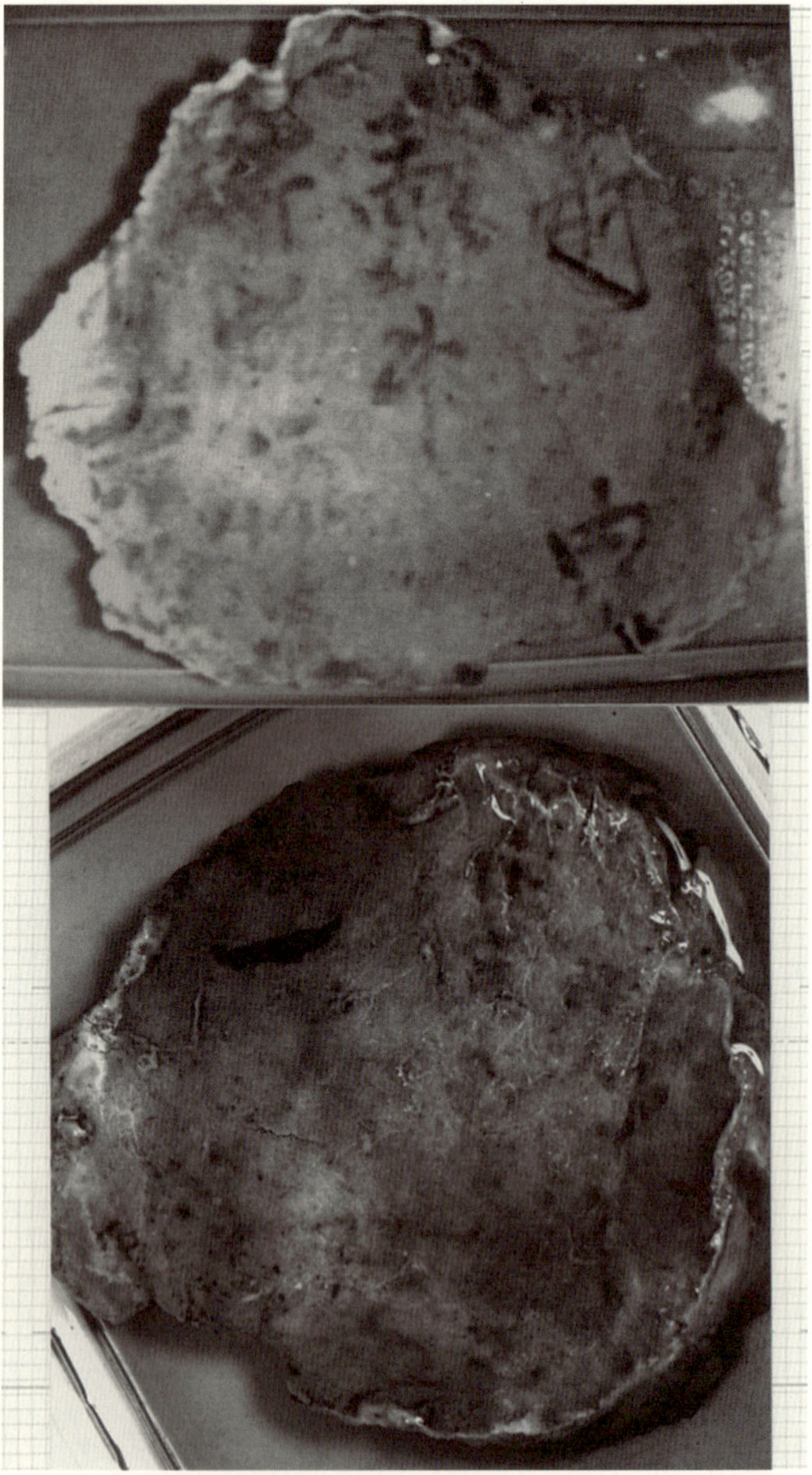

図 8—5　太田市東今泉鹿島遺跡出土漆紙文書赤外線テレビ写真
（〔財〕群馬県埋蔵文化財調査事業団）

・表　（欠損）　解　申　（欠損）
（欠損）　米ヵ壹斗　（欠損）
（欠損）　右件物依本　（欠損）
（欠損）　□器所以旬　（欠損）

・裏　（欠損）　「御　許」　（欠損）

『了』　（欠損）

＊表面復元案　謹解　申 請（借）事
米ヵ壹斗
右件物依本利共・・・・
雑器所以旬日・・・・・
・・・・・・・・・・・
・・・・・・・・・・・
乃録状以解
年　月　日氏　姓　名

＊復元案読み下し　謹んで解し申す　請う（借りる）の事。
米ヵ壹斗
右件の物、本利共に・・・・・・・・
雑器所に旬日を以て・・・・・・・・
・・・・・・・・・・・・・・・・・
・・・・・・・・・・・・・・・・・
乃って状に録して以て解す。
年　月　日　氏　姓　名

＊復元案解釈　謹んでお願い申し上げます。（左の物を）お借りすることについて。
米ヵ壹斗。
右の物を、元手と利息の割合いくらで、お借りしたく....
雑器所（役所の中で宴会・給食用の食器を管理する部署）に、１０日を限度に......
・・・・・・・・・・・・・・・・・・・・・・・・・・
・・・・・・・・・・・・・・・・・・・・・・・・・・
よって、本書に記した通りにお願い申し上げます。

＊ゴチック体で表記した箇所が、現存する文字

釈文5　太田市東今泉鹿島遺跡出土漆紙文書

遺跡は、北関東自動車道太田ＩＣと国道一二二号線とのアクセス道路の建設に伴って二〇〇三年四月から二〇〇五年五月末まで、当事業団によって断続的に発掘調査が実施され、縄文時代早期から後期にかけての遺物包含層と土坑跡、古墳時代前期の集落、古墳時代後期～終末期の水田跡、奈良・平安時代の集落、平安時代の畠跡、近世の溝跡などの遺構が検出された。遺構面は上面と下面の二面あり、下面では縄文時代遺物包含層、古墳時代前期集落、古墳時代後～終末期水田跡などが検出され、それらが渡良瀬川の氾濫に伴う洪水堆積土で覆われた上に奈良・平安時代の集落が形成されている。また、整理作業は二〇〇五年四月から二〇〇七年三月まで実施され、発掘調査報告書が刊行されている（群馬県埋蔵文化財調査事業団 二〇〇七ｂ）。

本遺跡周辺では、北関東自動車道太田ＩＣの建設に伴って、本遺跡の西側に隣接する鹿島浦遺跡・楽前遺跡・大道東遺跡・大道西遺跡、さらに本遺跡の北東側に向矢部遺跡・矢部遺跡と、一帯の約一～一・五キロ四方の広い範囲の微高地上に古墳時代後～終末期から奈良・平安時代にかけての集落が展開していた様子が判明している。

2　漆紙文書の出土状態

漆紙文書は、二〇〇三年度の調査時に検出された六三号住居跡の埋土中から出土。漆紙文書そのものの形状からみれば、杯型の土器の底部内面に付着していた可能性が高いが、埋土から単独で出土した。

本来、杯型土器の底部内面に付着していたものが剥落して、たまたま漆紙文書が単独で出土したものと考えられる。伴出土器から九世紀前半ころのものと考えられる。

3　漆紙文書の形状・内容

表記の特徴は、表裏二面に表記。一七文字分が確認、うち解読可能な文字は一六字である（表面一三、裏面三）。

表面冒頭の「解　申」の語は、公式令公文条に規定された律令制下の公文書書式による解式であり、直接の統属関係にある下位の人物・機関から上位の人物・機関に宛てて上申された公文書の書式に則っている。

表面の記載内容は、下位の人物ないし機関から上位の人物ないし機関に宛てて、何かを「壹斗」を請求したものである。請求した物を示す文字の判読は難しいが、残画の縦線及び左右両払いと「壹斗」という数量から、請求した物は米とみて間違いない。文書の題名としては「米壹斗申請解文」が妥当であろう。

「(米) 壹斗」を請求した理由としては、判明している限りの内容・書式や裏面の内容からみて、正倉院文書に類例が多くみられるような、貸借の願い出である可能性が高い。「斗」という量単位からみれば出挙とは考えにくい。すなわち、下級官人が上司に宛てて提出した、役所への借米（金）、給与の前借りなどを申込んださいの申込書であり、貸借期間中は、いわゆる「借金証文」として機能した文書である可能性が考えられる。

裏面の、表面とは別筆で記された「御許」の語は、文書の宛先を示す「おんもと」という意味ではなく、この文書を差し出した者が、表面にて「米壹斗」の申請したことに対して上司がこれを承認したという「決裁」を示す「おんゆるし」という意味と考えられる。いうなれば、起案に対する処分を記したものである。決裁の文言に「御」の字を使用されていることから、この文書の申請に対して決裁したものは長官クラス、具体的には郡大領のような地方社会における高位者と考えられる。「御許」の語の脇に、さらに別筆・草書体で記された「了」の語は、表面の「米壹斗」の申請に対して処分を行い、その結果が完了したことを示す文言と解釈できる。

「了」の文字が、草書体で、あたかもなぐりがきのような粗い筆致で記されていることや、表書き本文とも裏書きの「御許」などとも更に別筆で記されている点は、本文書に関する最終的な処分に関わる書き込みであることを裏付ける。この文言が記入されることによって、本文書の文書としての機能は完了したわけであり、それ以降、この文書はいつでも廃棄可能な状態にあったことになる。本文書が「米壹斗」の貸借を申請したものとみてよいならば、借主による返済の完了・完納を意味する。すなわち、本文書も「借用書」としての機能を無事終えたことをあらわしている。

4　本文書の歴史的意義

実質的な租税の一部としての強制的な稲の貸し付けである出挙関係の漆紙文書や木簡は類例があるが、正倉院文書にみられる「出挙銭解」や「月借銭解」に類するような、いわゆる借金あるいは給与の前借りの申し込み書は、漆紙文書としての出土は、全国ではじめてである。

ところで、日本古代の借金制度には、出挙と月借がある（中村 一九九二、吉川 二〇〇五）。

出挙は、一般民衆を対象として含み、元来は福祉目的が理念であるが、実質的には強制的な貸し付けによる租税の一環で、貸借物は稲であったが、先述したように銭出挙も行われていた。出挙は令に規定され、法定利率にて、六〇日計算。一月当たり六・三％。返済せずに四八〇日が過ぎると利息の合計が元本と同じになるが、それ以降の利息はかけてはならなかった。家財が尽きて返済が滞るようなことがあれば、労働によって返済に代え、利息額が元本を超えても返済されない場合は、官司が質物を売却し、返済に充て、債務者が逃亡するようなことがあれば、保証人が返済の責を負うべきことが、令に定められている（雑令）。

一方、「月借」は、官人の生活救済目的であり、借用を必要な官人が願い出る申請方式であり、令には規定がない。官人にとっては生活維持のための特権の一つともいえる。貸借物は、基本的に銭であり、正倉院文書中に多数残っている月借銭の申請書である「月借銭解」によれば、質物としては宅地、農地、給与などが充てられ、利率は相対で決められた。上下限法定制限はないが、いわば官人間の信用取引的な側面も存在していたようである（中村 一九九二、吉川 二〇〇五）。

都においては、当時すでに貨幣流通経済が機能していたため、正倉院文書からうかがえる当時の都における下級官人たちの借金や給与前借りは「銭」によってなされているが、本資料では、「米」が貸借の対象となっている。貨幣流通経済が実質的に行き渡っていなかった地方社会に即したものとみられ、地方における実情を直接に示すものとしても意義が高い。

また、正倉院文書にみられるような、都の下級官人が勤務先の役所から借金、あるいは給与を前借りするというようなシステムが、地方の役所とそこに勤務する下級官人との間にもなされていたこと具体的に示すはじめての史料である。形態の点からみれば、本文書は、上下左右両端が欠損しており、文書として完形を保つものではないが、文言からみて、文書の冒頭部分が漆紙として残存したものであることがわかる。想定復元してみても、通常、役所間で取り交わされた公文書のサイズに比べてかなり小さなサイズの用紙が使用されている。正倉院文書中の月借銭解・出挙銭解などの実例でも、官人個人に関わる文書であるために、正式な公文書用紙の余り紙である「切紙」が使用されているケースが多く、本文書もそれに類して、規格外の切紙が使用された可能性が考えられる。

また、本文書の用紙サイズが通常の公文書よりかなり小さく、規格外と考えられる点が、本文書の内容を想定する上での有力な判断材料の一つであることも事実である。裏面に余白が多いにもかかわらず、習書などに二次利用されていない点は、切紙を使用したため、紙のサイズがイレギュラーであり、使い勝手が悪かったという点も考えられるが、「御許」や「了」などの施行処分を意味する語が記されていたため、処分後の悪用や誤用を避けるために、文書としての二次利用が意図的に控えられた可能性も想定できる。

本遺跡の西方約一・五キロの位置に当たる太田市緑町古氷地区に山田郡家の存在が想定されているが、本文書の内容や、本遺跡との位置関係からみて、本文書は郡家から払い下げられ、本遺跡の地において漆塗り作業に伴い、漆液の容器の蓋紙として使用されたものと考えるのが妥当であろう。そのような意味においては、本遺跡と郡家との密接な関係を示唆させる資料であり、本遺跡の性格を考える上でも重要な資料と位置づけることが出来る。

現状で記されている文字の数は決して多くはないが、上述したように、非常に多くの情報量に富んだ史料であり、これまでのわが国における漆紙文書の出土例にはない部類の史料でもある。地方社会における下級官人の生活の一端を直接にうかがわせる第一級の史料と位置づけることができる。

5　その他

なお、本遺跡からは、漆紙文書のほか、墨書・刻書土器三一点、刻書紡錘車二点の、計三三点の古代の文字資料が出土している。

三一点の墨書・刻書土器のうち、墨書土器が二三点、刻書土器が八点であが、本遺跡では墨書・刻書土器の出土が、特定の遺構に集中しているというような傾向は全くみられない。これは各出土遺構についても、墨書・刻書土器出土遺構が特定のエリアに集中がみられるというわけではなく、また各々の資料の、それぞれ出土した各遺構内における出土状況を検討しても、とくに共通したり、あるいは際だった特色を指摘できるものはなかった。

集落遺跡から出土する墨書土器は、集落内における各種集団が、祭祀・儀礼等の行為に際して、集団の標識として特定の文字を記したものと考えられているが（平川ほか 一九八九）、同じ文字が記された複数の土器が、ある程度特定のエリアに集中して出土するような傾向がないことからみれば、本遺跡においては、墨書された文字から集落内の単位集団の動向をうかがい知ることは困難である。

墨書土器は二三点のうち、一点以外は、いずれも一文字のみの記載である。一文字のみ記載されたものには、「得」の文字が記されたものが三点、「奉」が省画の異体字と考えられるものを含めて三点、「大」が二点、「吉」が二点であるが、「得」「奉」「大」「吉」等の文字は元来が吉祥句的な文字であり、全国的な墨書・刻書土器の傾向のなかでみても平均的に多くみられる文字である。これら複数点に記された文字のほかにも吉祥句的な文字はいくつも存在している。また、吉祥句的な文字は、氏族名・人名・地名いずれにも頻繁に使用されるため、一文字のみの記載であれば、解釈はいかようにも可能なわけであって、これらの資料に記された文字の意味や内容を解釈することは難しく、断定することは出来ないのであるが、「土」及び「壬」の文字が記されたもらみは、ともに土師氏ないし土師部氏、壬生氏などの氏族名とも通じる文字であり、あくまでも可能性の一つではあるが、関連が想定できる。

周知のように壬生氏は「乳部」・「生壬」とも表記し、東国に所在して自然な氏族である。また土師氏・土師部氏については、本遺跡の北に近接する太田市只上町の矢部遺跡から出土した八世紀後半以降の漆紙文書に「土部小麻呂」の人名がみえ（高島 二〇〇六a・b・c・d）、郡内に土師部氏の存在が明らかになった。本遺跡出土の四九八の墨書土器に記された「土」も、土師氏・土師部氏の氏族名との関連も可能性の一つであろう。

墨書土器の二三点中で、記された文字内容からみて、最も注目されるものは、「山田」と記載されたものである。本遺跡が所在するのは古代の山田郡内に当たり、「山田」の記載は郡名を示すものと考えられる。もちろん、郡名となった地名を負う在地豪族の氏名として記された可能性もあるが、いずれにせよ「山田」の語のもとになったのは郡名といえよう。先述したように、本遺跡の西約一・五キロの位置には、古代の山田郡家の想定地があり、上述した漆紙文書も、山田郡家からもたらされた反故紙と考えられ、本遺跡地と山田郡家との密接な関係が想定できる。「山田」の墨書土器の記載も、そのような山田郡家との関連を示唆する資料と位置づけられよう。

六　太田市矢部遺跡出土漆紙文書

1　出土遺跡の概要

太田市只上町に所在する矢部遺跡は、太田市の北郊外に位置し、前述した東今泉鹿島遺跡の北西約七〇〇メートルの位置に当たる。遺跡周辺の自然地形は、前述した東今泉鹿島遺跡と同様、北東方向から足尾山地が連なり、南西方向には金山丘陵が延び、その間隙を、足尾山地に源を発する渡良瀬川が流れている。遺跡は、この渡良瀬川が形成した扇状地上、韮川用水路と矢場側とに挟まれた標高約一〇〇メートル前後の平地に立地している。

発掘調査は、北関東自動車道の建設に伴って二〇〇四年五月から二〇〇六年三月末まで、国道五〇号線を挟んだ北東側と南西側の二区画にわたって当事業団によって実施され、七世紀から九世紀後半頃にかけての竪穴建物跡六二棟、掘立柱建物跡一五棟、溝跡一〇〇条、中世の溝跡三五条、土砂採掘坑、畠跡、水路とみられる溝跡など、多数の遺構が検出された（群馬県埋蔵文化財調査事業団 二〇〇五ａ・二〇〇六・二〇一一、高島 二〇〇六ａ・ｂ・ｃ・ｄ）。

漆紙は、国道五〇号線の南西側の調査区から一点と北東側の調査区から一点の計二点が出土したが、文字が判読でき、漆紙文書と判定されたのは国道五〇号線の北東側の調査区から出土した一点であった。以下、本節では、文字が判読できた一点についてのみ採り上げる。

2　漆紙文書の出土状態

調査区の北寄り、矢場川によって作られた緩やかな谷に沿って、七世紀後半～末から九世紀初頭頃にかけての竪穴建物跡がまとまって検出されており、そのうちの一つ、9号竪穴建物跡の埋土中から出土した。床面より約一〇センチ上からの出土であり、竪穴建物が廃絶して、建物跡の窪地に若干土砂が堆積してから混入した遺物である。漆紙文書は、土師器杯底部内面に付着していた。この漆紙文書が入っていた土師器杯には、漆液の付着は全く認められないので、この土師器杯も、漆塗りの際に容器から小分けされたパレットではなく、漆紙文書を廃棄するために容れられたものと考えられる。

本遺跡では、他の遺構から体部や底部に漆液が付着した須恵器杯の破片が数点出土しており、本遺跡の地において

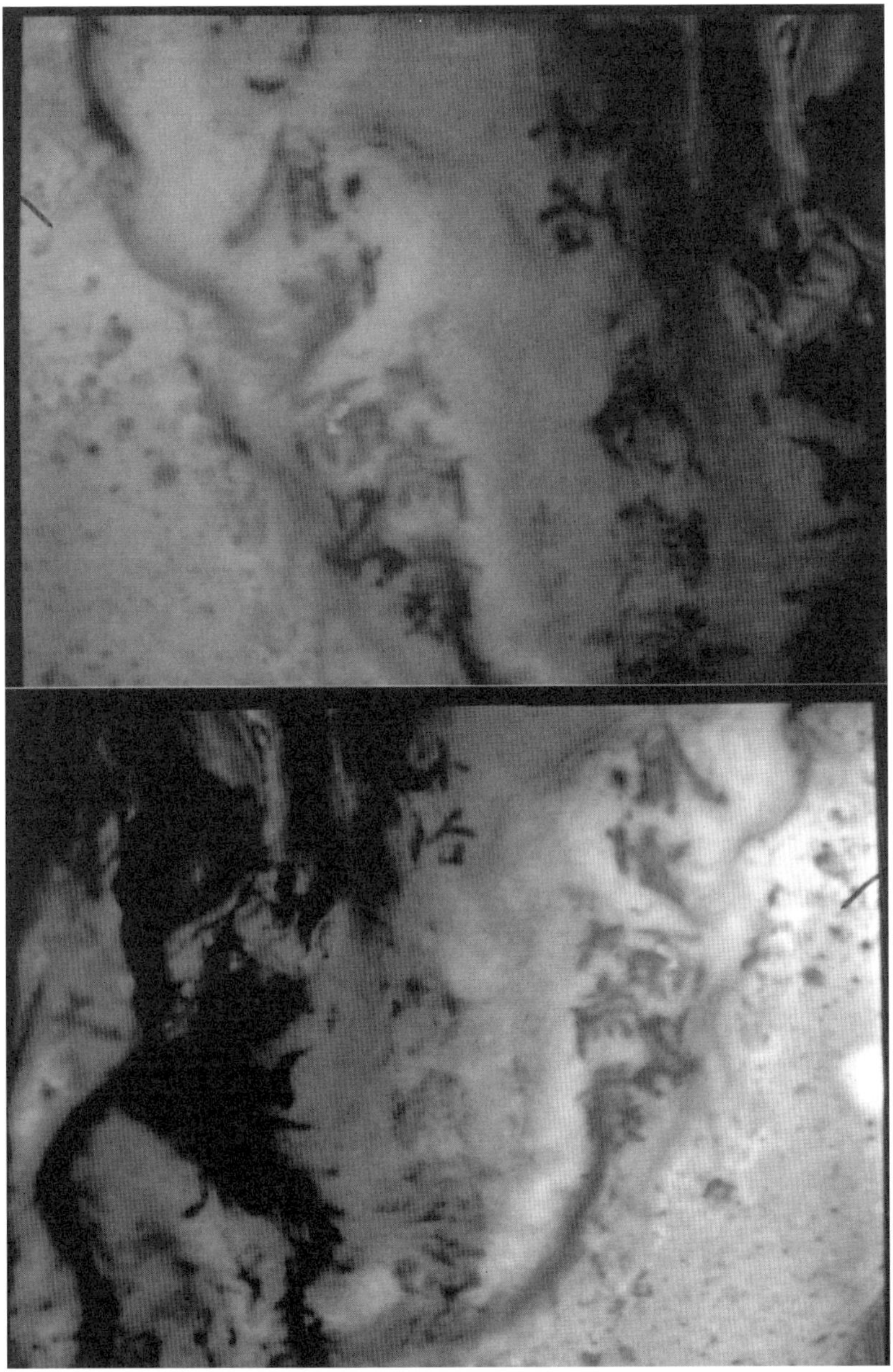

図 8―6　太田市矢部遺跡出土漆紙文書赤外線テレビ写真(1)(下段：裏焼き)
(〔財〕群馬県埋蔵文化財調査事業団)

・第一面（旧）

（欠損）□□大歳天恩母増□［

（欠損）□火　□　（欠　損）

・第二面（新）

（欠損）　□東

（欠損）　□□□□東□

（欠損）　大小

（欠損）□□公□［　］□常行

（欠損）常生住糸□□上常□

（欠損）進　沐浴　□歳封

（欠損）　大歳前

（欠損）土部母倉□而呂（麻カ）　」

＊反転表示した文字は裏文字

釈文6　東今泉鹿島遺跡出土漆紙文書

漆塗りの作業が行われていたことがうかがえる。

漆紙文書が付着して出土した土師器杯は、八世紀後半のものと考えられる。下野国地方で作成された土器の特徴を有しているということである。また、漆紙文書が出土した竪穴建物跡から出土した須恵器杯には、武蔵国比企郡の鳩山窯で焼成された特徴を有するものが含まれていることが判明している（埼玉県比企郡鳩山町教育委員会渡辺一氏の御教示による）。北西側を渡良瀬川による下野国との国境まで約一・五キロ、南側利根川による武蔵国との国境まで約一〇キロと、両国との境に近接した位置に本遺跡が所在している。奈良時代末期の宝亀二年（七七一）に武蔵国が東山道から東海道に所管換えが行われるまでは（『続日本紀』宝亀二年一〇月二七日条）、本遺跡の地から近い場所に存在したと考えられる新田駅家が、東山道駅路本路と武蔵国と

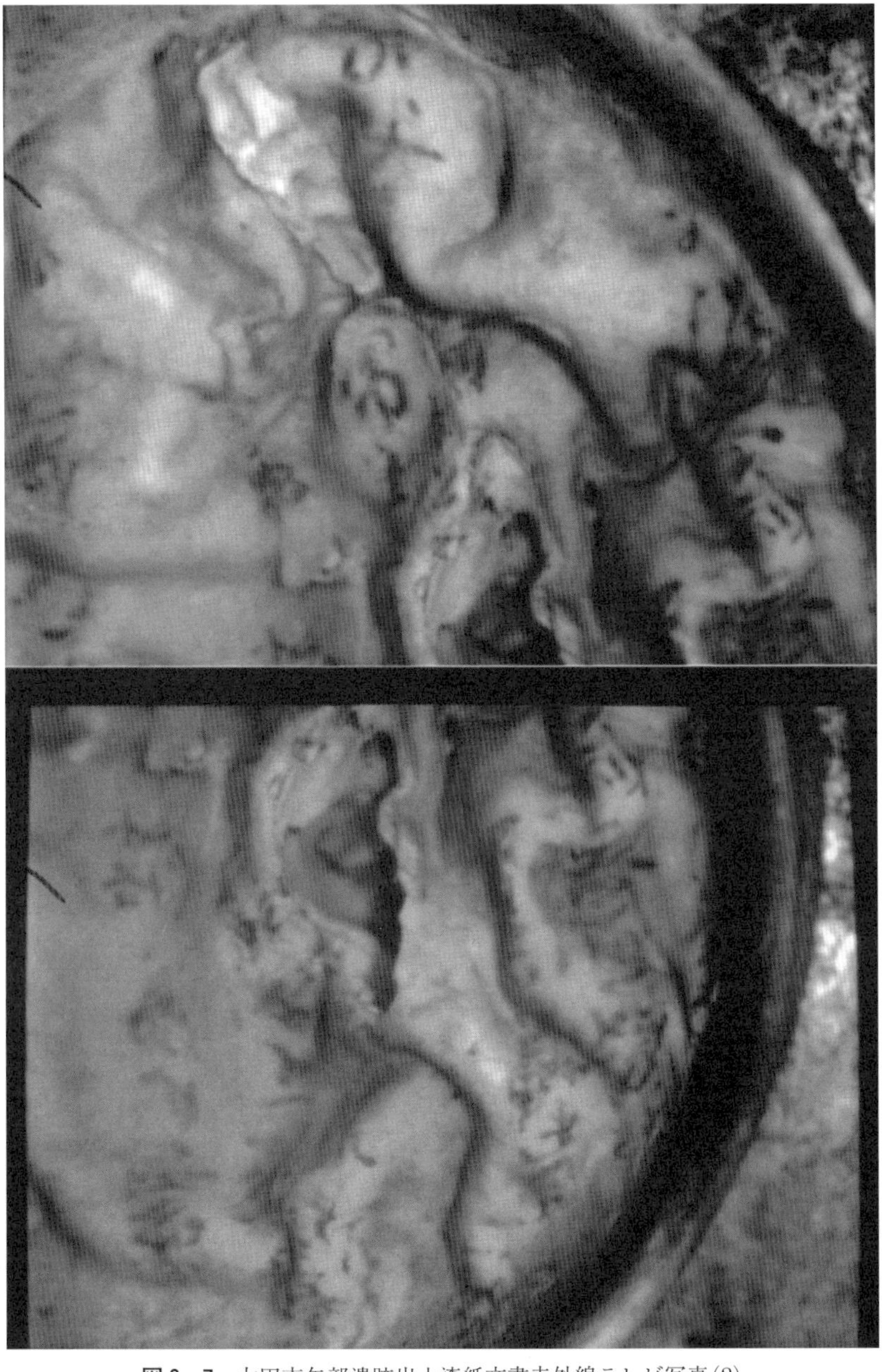

図 8—7　太田市矢部遺跡出土漆紙文書赤外線テレビ写真(2)
(〔財〕群馬県埋蔵文化財調査事業団)

を結ぶ東山道駅路武蔵路の分岐点であったなど、律令国家の交通上の要衝にもほど近い本遺跡周辺では、国境を越えた活発な物流があってしかるべきであろう。

3 漆紙文書の内容

土師器杯の底部内面に付着した漆紙文書には、肉眼で観察する限り表面には何らの文字を見出すことは出来ないが赤外線テレビカメラを用いるといくつかの文字を確認することが出来る。とはいうものの、何となく文字の跡がうっすらわかる程度の部分の方が圧倒的に多く、解読作業は困難をきわめた。

解読を進めた結果、この文書は表裏二面に表記されていることがわかった。文字が記された紙が途中から折り曲げられているのであるが、真んなかから半分にきちんと折られているというわけではなく、向かって右側約三分の一くらいの範囲には、元来の表面がはみ出している。向かって左側の大部分には、折り曲げられたことによって裏面が現れており、それらが重なって、一見するとあたかも一面のようにみえるわけである。そうであるから、向かって右側約三分の一の部分と、左側の約三分の二の部分では、記載内容が全く異なっているのである。

全体で、五〇文字分が確認できたが、そのうち解読可能な文字は表面一五文字、裏面一五文字の合計三〇字分に過ぎなかった。

元来の表面、向かって右側約三分の一に当たる部分には、「具注暦」という今でいう一種のカレンダーであることが判明した。具注暦は、大きく分けて上段・中段・下段からなり、日付や干支とともに、五行を表す納音、二四節気、その日の行動の吉凶や禍福などが「注」としてつぶさに記されていることからこの名がある。「大歳前」とか「天恩」という、暦特有の用語を見出すことが出来たので、そのように判断した。裏面には、「土部□□而（麻ヵ?）呂」という人名や、「常」「生」「住」「上」「行」など共通する音や類似する音などの漢字がランダムに列記され、習字をしたあとと考えられる。それら裏面に記された習書とみられる文字の間には、この面の裏に当たる、元々の表面に記された具注暦の文字が、部分的に透けてみえている箇所が散見でき、それらが裏文字となって判読できるのである。

要するに、官衙や寺院などで暦として使われた紙が不要になった後に、その裏面が文字の練習に使われ、それがさらに反故紙として払い下げられ、最終的に、この矢部遺跡の地で漆の容器の蓋紙として使用され捨てられたのである。

4　本文書の歴史的意義

古代の具注暦は、①持続三年（六八九）暦：奈良県明日香村石神遺跡出土木簡、②神亀六年（七二九）暦：静岡県浜松市城山遺跡出土木簡、③天平一八年（七四六）暦：正倉院伝存、④天平二一年（七四九）暦：正倉院伝存、⑤天平勝宝八歳（七五六）暦：正倉院伝存、⑥天平勝宝九歳（七五七）暦：東京都国分寺市武蔵台遺跡出土漆紙文書、⑦天平宝字三年（七五九）暦：秋田県秋田市秋田城跡出土漆紙文書、⑧天平宝字七年（七六三）暦：宮城県多賀城市山王遺跡出土漆紙文書、⑨宝亀九年（七七八）暦：奈良県奈良市平城京跡出土漆紙文書、⑩宝亀一一年（七八〇）暦：宮城県多賀城市多賀城跡出土漆紙文書、⑪延暦九年（七九〇）暦：茨城県石岡市鹿の子C遺跡出土漆紙文書、⑫延暦二二年（八〇三）暦：岩手県水沢市胆沢城跡出土漆紙文書、⑬延暦二三年（八〇四）暦：岩手県水沢市胆沢城跡出土漆紙文書、⑭延暦二三年（八〇四）暦：山形県米沢市大浦B遺跡出土漆紙文書、⑮弘仁一二年（八二一）暦：宮城県多賀城市多賀城跡出土漆紙文書、⑯承和一五年（嘉祥元年八四八）暦：岩手県奥州市胆沢城跡出土漆紙文書、⑰年不詳大衍暦（七六三以降）：茨城県石岡市鹿の子遺跡e地区出土漆紙文書、⑱年不詳大衍暦（七六三以降）：埼玉県所沢市東の上遺跡出土漆紙文書、⑲年不詳大衍暦（七六三以降）：栃木県上三川町磯岡遺跡出土漆紙文書など、木簡や漆紙文書、あるいは正倉院に伝存する形などで、これまでに本例を除いて全国で一九例ほどが存在しているが（佐藤 二〇〇二）、この点でも県内でははじめての出土である。ちなみに漆紙文書として出土した具注暦は、本例以外に一四例ということになる。

古代、暦は支配のシンボルであり、空間のみならず時間をも支配する天皇の権威の象徴であった。陰陽寮には暦博士という官職がおかれ、暦博士が中心となって毎年の造暦が行われたのである。雑令造籍条には、毎年一一月一日に陰陽寮が作成した翌年の暦を、上級官司である中務省に送り、中務省が天皇に奏進して裁可を得、この天皇に直接みせて決裁を受けた暦を特別に「御暦」と称して、すべての暦の原本とし、書写されたものが前年の内に各主要官司に一巻ずつ支給された。『延喜式』中務省陰陽寮造暦条には、天皇に奏進する御暦は、正月から六月までを上巻、七月から一二月までを下巻とする二巻構成で作成され、各主要官司に配布される暦は合計で一六六巻であると規定している（三上 二〇〇一、佐藤 二〇〇二、大日方 二〇〇五）。それら御暦の写しとして中央政府から主要官司に配布された暦をもとに、さらに下位の官司では必要に応じて書写を繰り返すのであるから、原本たる御暦の写しを含めて、大量の暦が短期間のうちに各地で書き写されたわけである。故に、具注暦には必ずといってよいほど誤写がある。

地方には各国の国府に一本だけが配給され、国内の各官司や各郡などでは、国府にもたらされた暦をそれぞれ書写して配備したのであった（三上 二〇〇一、佐藤 二〇〇二、大日方 二〇〇五）。この具注暦も、そのようにして中央から国府に頒布された御暦の写しを、さらに国府内の下部組織や郡家など地方官司で書き写されたもののうちの一つであろう。

暦は、奈良時代後半の天平宝字七年（七六三）に儀鳳暦から大衍暦に変更されるのであるが（『続日本紀』天平宝字七年八月戊子条）、本資料には、大衍暦に特有な「大歳前」という用語がみえることから、この具注暦は天平宝字七年以降に採用された大衍暦であることが判明する。大衍暦は、中国・唐代の僧・一行（大慧禅師、六八三〜七二七年）が、時の玄宗皇帝の勅令を受けて編纂した暦法で、一行らは南は交州から北は鉄勒に至る子午線測量を行い、さらに中国全土に及ぶ大規模な天文観測を行って造暦し、中国では玄宗の開元一七年（七二九）から粛宗の上元二年（七六一）まで三三年間使用された。日本には、天平七年（七三五）帰国の遣唐使に伴って吉備真備が唐からもち帰り、天平宝字七年（七六三）から貞観三年（八六一）の九八年間使用された。その年を上限として、暦の廃棄後、紙の裏面が転用され、さらに漆の蓋紙となり、この竪穴建物跡に廃棄されるまでの年代幅が、ほぼこの竪穴建物跡と、そこから出土した遺物の年代の範囲ということになる。

下限の年代を明確にするには、まだ、伴出遺物それぞれの細かな検討や、土器そのものの形から類推できる年代の検討が必要であろうが、それにしても天平宝字七年（七六三）以降という、上限の年代を押さえられるだけでも、今後、漆紙文書が付着していた土器や、同じ竪穴建物跡から出土した他の土器の年代観との比較で、この地域における土器の年代を確定していく上で有効な資料となるであろう。

また、本文書が、紙が二つ折りされた状態で蓋紙に使用されている点も、これまでの漆紙文書の類例のなかでは稀有な例であり、その点においても資料的な価値が高い。

おわりに

群馬県内では、これらの他に、文字が全く判読できないばかりか、墨痕の存在すら現状では認めにくい漆紙の出土例として、太田市東今泉町鹿島浦遺跡（当事業団調査、二点、報告書未刊）、太田市藪塚六地蔵遺跡（藪塚本町教育委員会調査、藪塚本町教育委員会　一九八四）、太田市新田中江田原遺跡（新田町教育委員会調査、新田町教育委員会　一九九七）、前橋市粕川宇通廃寺（粕川村教育委員会調査）、藤岡市上栗須上栗須寺前遺跡（当事業団調査、群馬県埋蔵文化財調査事業団　一九九三〜一九九六）、吉井町多胡蛇黒遺跡（当事業団調査、群馬県埋蔵文化財調査事業団　一九九三）など六例がある。前述したように漆紙文書具注暦が出土した太田市只上町矢部遺跡でも、具注暦一点のほかに、墨痕を見出すことが出来ない漆紙が一点出土している。

当時、紙がきわめて貴重であったことから考えれば、これらのような例が、全く文字を記していない白紙を漆液容器の蓋紙として用いたとは考えにくい。もともと存在した文字が、紙面の風化や剥落によって全く滅失してしまったものとみなければならない。

ちなみに、正倉院文書中の天平宝字四年（七六〇）一二月三〇日付の、法華寺阿弥陀浄土院金堂の造営にかかわる「造金堂所解」（『大日本古文書』一六―三〇一）には、

（前略）
「三　弐　六　五　七　五十六」
三貫九百七十文買凡紙六千九百四張
「三　四　五十六」　八十一文々別三張
二貫八百七十四文買凡紙五千八百廿九張直二貫七百九十三文別二張
六百二文買麻紙八十六張直張別七文
四百九十四文買古紙九百八十九張直文別二張
（後略）

とあり、「凡紙」・「麻紙」・「古紙」を役所で購入した際の値段が記入されている（平川　一九八五）。

そこから一枚当たりの単価を換算してみると、「凡紙」（普通紙）が「張別」（一枚あたり）〇・六ないし〇・五文。「麻紙」（高級紙）が「張別」七文。「古紙」（反故紙）が「張別」〇・五文となる（平川　一九八五）。この史料によれば、反故紙と普通紙とがほぼ同等の値ということになり、そこに若干の疑問点がないでもない。反故紙には高級紙も含まれることがあるからなのだろうか。

それにしても、当時、白米一升が五文ないし六文。雇夫の功銭は、一日につき一〇ないし一四文であるところからみれば、紙がいかに貴重品であったかがわかるというものである。

群馬県内出土の古代の漆紙文書は、まだ上記の六例に過ぎないが、文字の確認できない漆紙の出土例を含めれば一二例となり、栃木県の九例、茨城県の五例、埼玉県・東京都の各四例、千葉県の三例、神奈川県の一例を上回り、関東地方最多の出土件数である（奈良文化財研究所飛鳥資料館 二〇〇六）。ただ、茨城県では鹿の子C遺跡や栃木県の下野国府跡などでは、検田帳や田籍帳など紙量も大きく豊富な内容を有する漆紙文書が多数出土しており、記載内容の面からみれば、貧弱な観は否めない。

しかしながら、文書、帳簿・記録類、具注暦と内容は多岐にわたっており、近年出土した太田市東今泉鹿島遺跡出土の資料のように「解文」と明記する公式令で規定する公文書書式に則り、あたかも正倉院に伝存する月借銭解に類するような内容が想定できるなど、内容的にもほかに類例がない資料が存在している。また、ここ数年の間に、文字を確認することが出来ない漆紙を含めて資料の出土が相次いでいることもあって、とりあえず現時点における漆紙文書の事例について、早急に類例を整理しておくことの必要性を感じ、本章を纏めた次第である。

漆紙文書は、土中から出土する場合に、一見するとそれとは考えにくい形状を呈しており、常にこの種の資料が出土する可能性を考慮し、注意を払いながら作業を進める必要があろう。そのような意味では、見落としてしまったり、あるいは破壊してしまったりしやすい遺物である。もし、調査の過程においてそれと気づいていれば、自ずと出土遺構や関連する遺構の調査に注意が払われようし、また、漆紙文書に基づいて、遺跡の性格や歴史的意義を推測しながら調査を進めることが可能になり、それだけに遺跡調査の方向を左右しかねない重要な出土遺物ということが出来る。

引用・参考文献

井川達雄・高島英之　一九九〇「下小島遺跡出土の漆紙文書」（『群馬文化』225）
大日向克己　二〇〇五「暦と生活」（平川　南・沖森卓也・栄原永遠男・山中　章編『文字と古代日本』4　神仏と文字、吉川弘文館）
岡田芳朗　一九八一「奈良時代の頒暦について」（日本史攷究会編『日本史論攷』）
市　大樹　二〇〇四「明日香村石上遺跡最古の暦」（『考古学ジャーナル』513）
群馬県埋蔵文化財調査事業団　一九八九『上植木光仙房遺跡』
同　一九九一『下小島遺跡』
同　一九九六『大八木屋敷遺跡』
同　二〇〇二『上福島尾柄町遺跡』
同　二〇〇三『福島曲戸遺跡・上福島遺跡』
同　一九九九『年報』18
同　二〇〇〇『年報』19
同　二〇〇一『年報』20
同　二〇〇五ａ『年報』24
同　二〇〇五ｂ『石原東遺跡Ｄ区・諏訪ノ木Ｖ遺跡』
同　二〇〇六『年報』25
同　二〇〇七ａ『上大塚遺跡・鮎川藤ノ木遺跡』
同　二〇〇七ｂ『東今泉鹿島遺跡』
同　二〇〇八『福島飯塚遺跡』Ⅱ
同　二〇一一『矢部遺跡』
小成田涼子　二〇〇九「地中に眠っていた古代の文字―福島飯塚遺跡で発見された墨書土器と漆紙文書―」（『遺跡に学ぶ』15、〔財〕群馬県埋蔵文化財調査事業団）

佐藤　信　二〇〇二「出土した暦」（『出土史料の古代史』東京大学出版会）
同　二〇〇六「古代の暦から人々のくらしをよみ解く」（『平成17年度文化財講演会資料』太田市教育委員会）
高島英之　一九九一「下小鳥遺跡出土の漆紙文書について」（『下小鳥遺跡』群馬県埋蔵文化財調査事業団）
同　一九九三「多胡蛇黒遺跡出土の墨書土器と漆紙」（『多胡蛇黒遺跡』〔財〕群馬県埋蔵文化財調査事業団）
同　二〇〇三「柵列で囲まれた古代の遺構及び出土文字資料について」（『一万田遺跡』玉村町教育委員会）
同　二〇〇四「群馬県多野郡吉井町大字神保字北高原出土の刻書紡錘車について」（『群馬県埋蔵文化財調査事業団研究紀要』22）
同　二〇〇五「石原東遺跡D区・諏訪ノ木V遺跡出土の墨書・刻書土器について」（『石原東遺跡D区・諏訪ノ木V遺跡』群馬県埋蔵文化財調査事業団）
同　二〇〇六a「矢部遺跡で見つかった奈良時代のカレンダー」（『埋文群馬』45群馬県埋蔵文化財調査事業団）
同　二〇〇六b「太田市矢部遺跡出土の漆紙文書」（『平成17年度文化財講演会資料』太田市教育委員会）
同　二〇〇六c「太田市只上町矢部遺跡」（『平成18年度調査遺跡発表会資料』群馬県埋蔵文化財調査事業団）
同　二〇〇六d「太田市東部の東山道駅路と漆紙文書について」（『平成18年度公開シンポジウム　解明進む両毛の奈良・平安時代』足利市教育委員会）
同　二〇〇七a「上大塚遺跡出土の漆紙文書について」『上大塚遺跡・鮎川藤ノ木遺跡』（〔財〕群馬県埋蔵文化財調査事業団）
同　二〇〇七b「東今泉鹿島遺跡出土文字資料について」（『東今泉鹿島遺跡』〔財〕群馬県埋蔵文化財調査事業団）
高島英之・宮瀧交二　二〇〇二「群馬県出土の刻書紡錘車についての基礎的研究」（『群馬県立歴史博物館紀要』23、のち高島英之『古代東国地域史と出土文字資料』東京堂出版二〇〇六年、に補筆収録）。
玉村町教育委員会　二〇〇三『一万田遺跡』
東野治之　一九八三「具注暦と木簡」（『日本古代木簡の研究』塙書房）
中里正憲　二〇〇〇「群馬県砂町遺跡の古代道路遺構」（『古代交通研究』9、古代交通研究会・八木書店）
中村順昭　一九九二「奉写一切経所の月借銭について」『日本歴史』526
奈良文化財研究所飛鳥資料館　二〇〇六『うずもれた古文書―みやこの漆紙文書の世界―』

奈良文化財研究所 二〇〇五『平城京漆紙文書』1、東京大学出版会
三上喜孝 二〇〇一「古代社会における暦—その受容と活用をめぐって—」(『日本歴史』633)
平川 南 一九八五「漆紙文書に関する基礎的研究」(『国立歴史民俗博物館研究報告』6、のち平川 南『漆紙文書の研究』吉川弘文館、一九八九年に補筆収録)。
同 一九九四『よみがえる古代文書—漆に封じ込められた日本社会—』岩波新書
平川 南・天野 努・黒田正典 一九八九「古代集落と墨書土器」(『国立歴史民俗博物館研究報告』22、のち平川 南『墨書土器の研究』吉川弘文館、二〇〇〇年に補筆収録)。
平川 南・沖森卓也・栄原永遠男・山中 章編 二〇〇五『文字と古代日本』3(流通と文字、吉川弘文館)
吉川敏子 二〇〇五「借金証文」(平川 南ほか編『文字と古代日本3 流通と文字』吉川弘文館)

第九章　古代の金石文に記された年号

一　日本古代金石文の概念とその展開

金石文とは　金石文とは、元来、金属及び石材に記された文字や記号の総称であり、「モノと密接不離の文字や文章」のことを指す。金石文の範疇を最大限に捉えようとするならば、「非文献史料」という一言に尽き、その範囲はおそろしく広くなってしまう。

広義の金石文として、瓦や土器・陶器類、木材、布などに記された文字を範疇に入れる場合もあるが、全国各地から七世紀代から近代に至るまで三二万点も出土している木簡などは、「モノと密接不離の文字や文章」という概念によれば、明らかにその範疇に入るべきであるが、学界の慣例では、金石文とは一線を画され、独自の概念が形成されている。同様に点数が膨大な墨書・刻書土器や文字瓦なども、自ずとそれぞれ独立の概念でとらえられる傾向にある。このほか、刻書紡錘車なども広い意味では金石文の範疇に包括されるのだろうが、それらの資料が、金石文の一部として論じられることはない。金石文といった場合には、金属製あるいは石製の素材に文字等が記されたものが主体と考えてよい。ただ、印章は、金属製品で文字を有するものに間違いはないが、独立した資料項目として扱われることが多い。

日本古代の金石文の展開　わが国における金石文とは、祈念・記念・顕彰的な目的のために、素材の堅牢性によって記載内容を永久的に固定させる意志をもって、鏡鑑・刀剣・梵鐘・経筒・仏像・塔露盤・石碑・墓誌などに記された銘文といえよう。古来、中国では陰刻のものを款、陽刻のものを識と称していたが、わが国ではそのような用語上の使い分けは存在しない。

日本の金石文は、古くはいずれも中国・朝鮮半島から伝来した鏡鑑・刀剣銘などに限られる。早く弥生時代から、前漢鏡に記された銘文という形で、金石文がもたらされている。六世紀中葉の仏教の伝来に伴い、六〜七世紀にかけて各地で仏像が造像されるようになると、造像目的・発願の由来・発願者名・仏像制作工人名などが記されるようになってくる。仏教の浸透とともに仏教思想の伝達手段として僧侶を通じて、あるいは、中央集権的な律令国家の成立による文書主義の採用により、わが国の官僚社会において文字は支配の手段として定着をみるようになり、七世紀末から八世紀の律令国家の完成期にかけて、造像銘に加え、石碑、墓誌、骨蔵器銘、仏塔露盤銘、買地券など金石文は、質・量ともに多様になる。しかしながら、九世紀以降は次第に減少し、おおむね仏教関係の灯籠銘、碑銘、梵鐘銘などに限られてくる。後世に記録を残す手段として、紙本がより普及したことは、金石文衰退の大きな要因の一つと考えられる。

二　わが国古代の金石文に記された中国年号

最古の紀年銘金石文と卑弥呼の鏡？　わが国から出土した金石文で最古の紀年銘を有するものは、中国・後漢の霊帝の時代にあたる「中平」（一八四〜一九〇年）の年号のある奈良県東大寺山古墳出土鉄刀銘である。このほか、わが国から出土した中国伝来の鏡鑑で、彼の地の王朝の年号を記したものがある。

そのなかでもとくに有名なのが、邪馬台国の女王・卑弥呼が中国・魏に遣使した年である「景初三年」(二三九年)の銘を有する銅鏡で、大阪府和泉黄金塚古墳出土画文帯神獣鏡と島根県神原神社古墳出土三角縁神獣鏡の二例がある。『魏志』によれば、魏帝からのさまざまな下賜品のなかに「銅鏡百枚」があるので、遣使の年である景初三年銘を有するこれらの鏡こそが、そのうちの一部であるとの見方が強い。また一方で、『魏志』によれば、倭使が魏帝に謁したのが景初三年末の一二月であるため、彼らが帰国したのは翌年である「正始元年」(二四〇年、一月改元)とみるのが自然であり、群馬県柴崎古墳や兵庫県森尾古墳、山口県竹島古墳などから出土している「正始元年」銘三角縁神獣鏡こそが、卑弥呼が魏帝から下賜された「銅鏡百枚」のうちとみるのがふさわしいとする考え方もある。さらには、改元によって実在しない「景初四年」の銘を有する盤龍鏡が京都府広峯一五号墳から出土している。

魏帝から賜った「銅鏡百枚」をめぐる「景初三年」鏡、「正始元年」鏡、「景初四年」鏡の問題は、邪馬台国の所在地論争にも関わるところであり、わが国の古代金石文に関する最大の謎の一つである。

実在しない年号であるはずの「景初四年」鏡がわが国で出土したことは、中国本土での改元を知らずに、旧年号をそのまま使用していたとも考えられ、三角縁神獣鏡がこれまで中国大陸では一点も出土していないことと相俟って、これらの鏡が魏からもたらされたものではなく、わが国かあるいは朝鮮半島で作成されたという説を強めることになった。しかしながらわが国で作成された倣製鏡の類例に比べて格段に精緻なつくりの三角縁神獣鏡や「景初四年」銘盤龍鏡が、わが国で作成されたものとも単純には考えにくく、また、景初から正始への改元プロセスについてもさまざまな解釈があり、これらの鏡が中国製なのか、あるいは、中国の紀年銘を有するものの実はわが国で作られたものであるのか、学界ではいまだに決着をみていない。

そのほかの中国の紀年銘を有する鏡鑑

中国の王朝が定めた年号を有する鏡には、ほかに、山梨県鳥居原古墳出土「赤烏元年」（二三八年）銘半円方形帯神獣鏡や兵庫県安倉古墳出土「赤烏七年」（二四四年）銘半円方形帯神獣鏡、京都府上狛古墳出土と伝えられる「元康元年」（二九一年）銘半円方形帯神獣鏡などがある。

前二者にみえる「赤烏」は、中国・三国時代に魏と並立した呉の建てた年号であり、「元康」は魏の後に建国された西晋の年号である。呉の年号を有する資料は、魏に遣使した邪馬台国とほぼ同時代の倭が、江南の呉とも交流していたことを示すものとして、また、西晋の「元康」の年号を有する鏡は、卑弥呼の時代以後も、倭が引き続き中国と交流をもっていたことを示す資料として、それぞれ重要である。

七支刀　これら鏡鑑に記された年号よりはやや下るが、同様に中国王朝の年号が記されたわが国古代の金石文資料として忘れることが出来ないのが、奈良県の石上神宮に伝わる七支刀である。冒頭に「泰□四年」の年紀が記されているが、この年号については、東晋の「太和」の年号と通音であることから、「泰□四年」を太和四年（三六九）とみるのが通説である。『日本書紀』神功皇后摂政五二年壬申（三七二）九月一〇日条に、百済使久氏らが、七枝刀一口ほか種々の重宝を奉ったとの記述があり、年代的にもほぼ合うので、古来より注目されてきた。百済で作成されたことが銘文から読み取れ、四世紀後半における倭王権と百済との関連を示す一級資料である。

たわが国出土の主な古代金石文資料

記　載　年　号	資料所蔵・保管
後漢・中平□年(184〜189)	文化庁
呉・赤烏元年(238)	山梨県立考古博物館
魏・景初３年(239)	東京国立博物館
魏・景初３年(239)	文化庁
魏・正始元年(240)	東京国立博物館
魏・正始元年(240)	京都大学博物館
魏・正始元年(240)	個人
魏・景初４年(240)、年号実在せず	福知山市教育委員会
魏・景初４年(240)、年号実在せず	兵庫・辰馬考古資料館
呉・赤烏７年(244)	兵庫県立歴史博物館
西晋・元康元年(291)	東京・五島美術館
東晋・泰和４年(369)	奈良・石上神宮
文中に周(唐)・永昌元年(689)、ただし庚子年(700)建	栃木・笠石神社

那須国造碑　わが国古代の金石文資料で、中国の年号が記された最も新しい事例は、栃木県大田原市笠石神社の那須国造碑である。冒頭に「永昌元年」（六八九）と記されており、中国史上空前絶後の女帝・武則天（則天武后）治世下の「周」王朝（唐を一時的に簒奪）の年号であり、わが国では持統三年にあたる。この時期の下毛野地域には新羅からの渡来人が多く移配されている（『日本書紀』持統三年（六八九）四月庚寅条、同四年八月乙卯条）。碑文の内容に、中国古典に関する知識や儒教・仏教思想を下敷きとした文章が多くみられることからも、渡来系知識人の作文であり、それゆえに、周（唐）の年号が自然に記されたとみられよう。

三　わが国で作成された古代の金石文と年号

わが国で制作された最古の金石文　日本国内で作成された現存する最古の金石文は、今のところ千葉県市原市稲荷台一号墳出土の「王賜」銘鉄剣（五世紀中葉）であろうが、紀年銘を有する資料では、埼玉県行田市稲荷山古墳出土鉄剣銘（「辛亥年」四七一年）、和歌山県橋本市隅田八幡宮蔵人物画像鏡（「癸未年」四四三か五〇三年）などが現在のところ最古である。前節でみたとおり、中国大陸から招来された鏡には紀年銘を有するものが少なくないが、わが国で作られた鏡は小型のものが多いためか、紀年銘を含め、銘文が記されることはほとんどない。

わが国で制作された古代の金石文の特色　中国大陸や朝鮮半島諸国と異なり、わが国の古代には石碑を建てる習

表9—1　中国の年号が記され

	資　料　名
1	奈良県天理市東大寺山古墳出土鉄刀
2	山梨県西八代郡市川三郷町鳥居原古墳出土半円方形帯神獣鏡
3	大阪府和泉市和泉黄金塚古墳出土画文帯神獣鏡
4	島根県雲南市神原神社古墳出土三角縁神獣鏡
5	群馬県高崎市柴崎古墳出土三角縁神獣鏡
6	兵庫県豊岡市森尾古墳出土三角縁神獣鏡
7	山口県周南市竹島古墳出土三角縁神獣鏡
8	京都府福知山市広峯15号墳出土盤龍鏡
9	出土地不明盤龍鏡（京都府福知山市広峯15号墳出土盤龍鏡と同范）
10	兵庫県宝塚市安倉古墳出土半円方形帯神獣鏡
14	伝・京都府相楽郡木津町上狛古墳出土半円方形帯神獣鏡
15	奈良県天理市石上神宮七支刀
16	栃木県大田原市那須国造碑

された紀年を有する主な古代金石文資料

記　載　年　号	資料所蔵・保管
癸未年(443か503)	和歌山・隅田八幡宮
辛亥年(471)	文化庁
甲寅年(594)	東京国立博物館
丙寅年(606)	東京国立博物館
丁卯年(607)	奈良・法隆寺
戊辰年(608)	養父市教育委員会
文中に「法興元三十一年」、造像は「癸未年」(623)	奈良・法隆寺
戊子年(628)	奈良・法隆寺
大化二年(626)	京都・宇治市
辛亥年(651)	東京国立博物館
戊午年(658)	東京・根津美術館
丙寅年(666)	大阪・野中寺
戊辰年(668)	東京・三井文庫
丁丑年(677)	京都・崇道神社
辛巳年(681)	群馬・高崎市
壬辰年(692)	島根・鰐淵寺
甲午年(694)	奈良・法隆寺
「壬歳次摂提格」＝壬寅年(702)	大分・長谷寺
慶雲四年(707)	東京国立博物館
慶雲四年(707)	大阪・四天王寺
和銅元年(710)	岡山・圀勝寺
和銅三年(710)	東京国立博物館
和銅四年(711)	群馬・吉井町
和銅七年(714)	奈良国立博物館
養老元年(717)	滋賀・超明寺
養老五年(717)	奈良・元明天皇陵
養老七年(723)	徳島・中王寺神社
養老七年(723)	文化庁
神亀三年(726)	群馬・高崎市
戊辰年(神亀五・728)	奈良国立博物館
神亀六年(729)	東京国立博物館
天平二年(730)	東京国立博物館
天平十一年(739)	現物所在不明
天平二十一年(749)	奈良国立博物館
天平勝宝三年(751)	奈良・明日香村
天平勝宝五年(753)	奈良・薬師寺
天平勝宝五年(753)、ただし作成は天平宝字七年(763)か	奈良・正倉院
天平宝字六年(762)	宮城・多賀城市
天平宝字六年(762)	個人
神護景雲二年(768)	東京国立博物館
宝亀七年(776)	大阪・叡福寺
宝亀九年(778)	奈良・五條市
延暦三年(784)	大阪・妙見寺
延暦九年(790)	熊本・宇城市
延暦二十年(801)	熊本・宇城市
延暦二十年(801)	群馬・桐生市

表9―2　わが国で作成

	資　料　名
1	和歌山県橋本市隅田八幡宮伝来倣製半円方形帯人物画像鏡
2	埼玉県行田市埼玉稲荷山古墳出土鉄剣
3	法隆寺献納宝物甲寅年銘光背
4	法隆寺献納宝物丙寅年銘菩薩半跏像
5	奈良県斑鳩町法隆寺金堂薬師如来像光背銘
6	兵庫県養父市箕谷２号墳出土鉄刀
4	奈良県斑鳩町法隆寺金堂釈迦三尊像光背銘
7	奈良県斑鳩町法隆寺釈迦如来及脇侍像光背銘
8	京都府宇治市宇治橋碑
9	法隆寺献納宝物辛亥年銘観音菩薩立像
10	東京都渋谷区根津美術館蔵戊午年銘光背
11	大阪府羽曳野市野中寺蔵丙寅年銘弥勒菩薩半跏像
12	大阪府柏原市出土船首王後墓誌
13	京都府京都市出土小野朝臣毛人墓誌
14	群馬県高崎市山ノ上碑
15	島根県平田市鰐淵寺観音菩薩立像
16	奈良県斑鳩町法隆寺甲午年銘銅板造像記
17	大分県中津市長谷寺観音菩薩立像
18	奈良県宇陀市出土文忌寸祢麻呂墓誌
19	奈良県香芝市出土威奈真人大村骨蔵器
20	岡山県小田郡矢掛町出土下道圀勝圀依母夫人骨蔵器
21	鳥取県鳥取市出土伊福吉部臣徳足比売骨蔵器
22	群馬県多野郡吉井町多胡碑
23	奈良県天理市出土佐井寺僧道薬墓誌
24	滋賀県大津市超明寺碑
25	奈良県奈良市元明天皇陵碑
26	徳島県名西郡石井町阿波国造碑
27	奈良県奈良市出土太朝臣安萬侶墓誌
28	群馬県高崎市金井沢碑
29	奈良県五條市出土山代忌寸真作墓誌
30	奈良県奈良市出土小治田朝臣安萬侶墓誌
31	奈良県生駒市出土美努岡萬連墓誌
32	奈良県五條市出土下道朝臣真備母楊貴氏墓誌
33	奈良県生駒市出土僧行基墓誌
34	奈良県高市郡明日香村竹野王多重塔
35	奈良県奈良市薬師寺仏足碑併仏足石歌碑
36	奈良県奈良市東大寺聖武天皇勅書銅板
37	宮城県多賀城市多賀城碑
38	大阪府高槻市出土石川年足朝臣墓誌
39	京都府京都市出土宇治宿祢墓誌
40	大阪府南河内郡太子町出土高屋連枚人墓誌
41	奈良県五條市宇智川磨崖碑
42	大阪府南河内郡太子町出土紀吉継墓誌
43	熊本県宇城市浄水寺南大門碑
44	熊本県宇城市浄水寺灯籠竿石銘
45	群馬県桐生市山上多重塔

慣があまり根付かなかったため、わが国の七～八世紀の金石文は、造像銘か墓誌が主である。

表9―2をみていただければわかるように、大宝元年（七〇一）の大宝令制の施行をほぼ境として、それまで干支で記載されていた年紀は、元号による表記へとかわる。この点は、藤原宮跡出土の木簡でも、大宝元年を境にして表記法の変化がはっきりと読み取れ、令制施行によって書式が一斉に整えられた様子をうかがうことが出来る。

四　わが国古代の金石文に記された年号の問題点

金石文と年号

金石文には、祈念・記念・顕彰目的という特質ゆえに、事実に反する粉飾や誇張、後世の遡及や追刻が常に想定出来る余地を抜きがたく有している。後世にさかのぼった年号を記入して作成されるものばかりでなく、ものそのものの制作年代は古くとも、銘文だけが後に追刻されることもあり得るので、金石文の史料的な利用に当たっては、つねにそれが記されたものそのものの検討に加え、銘文記入の技法、文中の修辞や用語の用例に至るまで厳密な史料批判が必要になる。

例えば、早くから指摘されているように、法隆寺金堂薬師如来像光背銘（表9―2―5）は、それ自体が、記されている丁卯年（推古一五年、六〇七）よりもはるかに降った七世紀末頃のものとみるのが通説である。京都市出土の小野朝臣毛人墓誌（表9―2―13）は丁丑年（天武六年、六七七）の紀年銘を有するが、八世紀初頭の作とみられている。法隆寺献納宝物の辛亥年（白雉二年、六五一）銘観音菩薩立像（表9―2―9）に記された紀年銘は、造像発願の年を示すもので、像の制作年代はそれよりも後と考えられている。このように、銘文の作成に際して、その当時よりもさかのぼった年月日―とくにその場合は制作の契機となった事件や発願の年月日が多いのであるが―が記入される例は決して少なくないので、明らかな後世の偽作品に限らず、金石文に記された年号を無批判に信用することは出来ない。

「法興」年号の謎

よく知られているように、法隆寺金堂釈迦三尊像光背銘（表9―2―7）の書き出しは「法興元三十一年歳次辛巳」とある。周知の通り、当時のわが国では、まだ年号は使用されておらず、また、この当時の中国大陸や朝鮮半島諸国にも「法興」という年号を使用していた国はないので、他国の年号を表記したとも考えられず、古来より、この「法興」年号をいかに解釈するかが問題になってきた。

はるか後世の資料であるが、『釈日本紀』（鎌倉時代末一三世紀末頃成立）に引く「伊予温湯碑」にも「法興六年十月、歳在丙辰」（五九六）とみえている。

「法興三十一年」は推古二十九年（六二一）にあたるので、さかのぼると「法興元年」は崇峻四年（五九一）ということになる。この年を「法興元年」と設定したのは、飛鳥寺（法興寺）の造営開始の年とする説が、江戸時代の伴信友の『長等の山風』以来唱えられている。ただ、飛鳥寺の造営開始をどの時点とみるかによってもさまざまな解釈が可能なわけであり、必ずしも説得力に富む説ではない。また、『日本書紀』にも、この年に格別な事件があったとする記事もない。ただし、『釈日本紀』に引く「伊予温湯碑」の「法興六年丙辰」（五九六）とは計算が合う。

とはいうものの、『釈日本紀』編纂時に、法隆寺金堂釈迦三尊像光背にみえる「法興元三十一年」の記載に基づいて「法興六年」の表記がなされた可能性もあるので、この点についてはいかんともいいがたい。

この「法興」年号の問題については、現在のところ、後世の私年号のようなものとみる見方が最も有力であるが、未解決の問題も少なくない。

わが国古代の金石文に記された年号については、まだ、謎は多いのである。

引用・参考文献

齊籐　忠　一九八三『古代朝鮮・日本金石文資料集成』
佐伯有清　一九九五『古代東アジア金石文論考』
佐藤　信　一九九七「金石文」（同『日本古代の宮都と木簡』吉川弘文館）
高島英之　二〇〇六「古代の碑」（上原真人・白石太一郎・吉川真司・吉村武彦編『列島の古代史　ひと・もの・こと6　言語と文字』岩波書店）

東野治之　二〇〇四『日本古代金石文の研究』岩波書店
奈良国立文化財研究所飛鳥資料館　一九七七『飛鳥・白鳳の在銘金銅仏』
奈良国立文化財研究所飛鳥資料館　一九七八『日本古代の墓誌』
福山敏男　一九六一「飛鳥・奈良時代の金石文」（『世界考古学大系4　日本　歴史時代』平凡社）
吉川弘文館・奈良国立博物館　一九八九『古代の在銘遺宝』
吉川弘文館・所　功　一九九六『増補新版・年号の歴史―元号制度の史的研究』雄山閣出版

あとがき

書後にあたって、本書に収録した論考とこれまで発表してきた旧稿との関係を整理しておくことにしたい。

第一章　墨書土器村落祭祀論序説
『日本考古学』（八号、二〇〇〇年五月、日本考古学協会）に掲載された同名の論文を加筆修正。

第二章　古代印旛と多文字墨書土器
吉村武彦・山路直充編『房総と古代王権』（二〇〇九年四月、高志書院）に掲載された同名の論文を加筆修正。

第三章　郡名記載墨書・刻書土器小考
『群馬県埋蔵文化財調査事業団研究紀要』（二八号、二〇一〇年三月、〈財〉群馬県埋蔵文化財調査事業団）に掲載された「郡名記載墨書・刻書土器小考―群馬県内出土事例を中心に―」及び『群馬県埋蔵文化財調査事業団研究紀要』（二九号、二〇一一年三月、〈財〉群馬県埋蔵文化財調査事業団）に掲載された「墨書・刻書土器の動向から見た律令制下の郡間関係の一側面―上野国新田郡と山田郡との事例から―」を加筆修正。

第四章　則天文字が記された墨書土器
『信濃』（通巻五〇二号、一九九一年一〇月、信濃史学会）に掲載された「則天文字が記された墨書土器について」及び『月刊文化財』（通巻三六二号―特集・墨書土器の世界―一九九三年一一月、第一法規出版）

に掲載された論文「則天文字の導入」を加筆修正。

第五章　出土文字資料からみた北関東の古代社会とその特質

『国史学』（一九八号―特集・古代史シンポジウム　北関東の郡家と地域社会―二〇〇九年四月、国史学会）に掲載された論文「出土文字資料からみた北関東の古代社会」を加筆修正。

第六章　絵画表現と社会機能―宮都・官衙と村落―

『歴史評論』（通巻六〇九号、二〇〇一年一月、歴史科学協議会）に掲載された同名の論文を加筆修正。

第七章　群馬県高崎市吉井町神保出土の刻書紡錘車について

『群馬県埋蔵文化財調査事業団研究紀要』（二二号、二〇〇四年三月、〔財〕群馬県埋蔵文化財調査事業団研究紀要）に掲載された「群馬県多野郡吉井町大字神保字北高原出土の刻書紡錘車について」を加筆修正。

第八章　群馬県内出土の漆紙文書―史料の集成と紹介―

『群馬県埋蔵文化財調査事業団研究紀要』（二五号、二〇〇七年三月、〔財〕群馬県埋蔵文化財調査事業団）に掲載された同名の論文を加筆修正。

第九章　古代の金石文に記された年号

『歴史読本』（五三号―特集・日本史における年号の謎―二〇〇八年一月、新人物往来社）に掲載された論文「金石文に記された年号の謎」を加筆修正。

前著刊行から六年、古代の出土文字資料は北海道から南西諸島に至る全国においてますます増加の一途を辿っており、日本古代史の史料としての重要性がますます高まってきていることは衆目の一致するところであろう。こうした状況をうけて、近年では、明治大学古代学研究所による「墨書・刻書土器データベース」の公開（二〇〇四年～）、奈良文化財研究所による「画像データベース・墨書土器字典」の公開（二〇一一年〜）をはじめ、自治体史編纂事業のなかでの自治体単位での資料集成の刊行など、資料の共有化が次々と図られつつあり、調査研究環境は急速に進化しつつある。それをうけて、近年では出土文字資料に関する専論の数も増加の一途をたどっており、研究の量的・質的な拡大が目にみえて実感できるようになってきている。本書も、この分野の研究進展に、ささやかながらも寄与できることがあれば、著者としてこれに勝る喜びはない。

なお、本書の刊行には、佐藤信先生のご推挙を賜った。先生のご懇篤なるお勧めが無ければ、本書は生まれえなかったわけであり、日頃からの数々のご指導と併せて、深甚なる感謝の誠を捧げたい。

また、平素から出土文字資料及び古代史研究の大先達として多大なるご指導を賜っている平川南、吉村武彦、舘野和己の各先生はじめ、日頃から公私にわたって数々の刺激と触発を受けている学界における先輩・友人、職場での上司・同僚各位には改めて心よりの感謝の念を表したい。私がこれまで曲がりなりにも細々とでも研究を継続してこられたのは、これらの方々のご指導・ご支援の賜である。

また、本書刊行に際しては、株式会社同成社のみなさん、とりわけ山脇洋亮代表取締役会長、加治恵前取締役編集部長、編集担当の山田隆氏には多大なるご高配とご尽力を賜った。篤く御礼を申し上げる次第である。

二〇一二年　七月

高島英之

ものが語る歴史28

出土《しゅつど》文字《もじ》資料《しりょう》と古代《こだい》の東国《とうごく》

■著者略歴

高島　英之（たかしま・ひでゆき）

1963年　東京都生まれ

1989年　青山学院大学大学院文学研究科史学専攻博士後期課程中退

1989年　群馬県教育委員会事務局職員採用。

公益財団法人群馬県埋蔵文化財調査事業団調査研究部、群馬県立歴史博物館学芸課等勤務を経て、2011年4月より現職。

2001年　明治大学より博士（史学）学位授与

現　在　群馬県教育委員会文化財保護課勤務

＜主要著書＞

『古代出土文字資料の研究』東京堂出版、2000。『古代東国地域史と出土文字資料』東京堂出版、2006。「古代の碑」（『列島の古代史―ひと・もの・こと6　言語と文字』岩波書店、2006）、「那須直韋提」（『古代の人物1―日出る国の誕生』清文堂、2009）、「交通遺跡と生産遺跡」「祭祀遺跡」（『史跡で読む日本の歴史4　奈良の都と地方の社会』吉川弘文館、2010）ほか多数。

2012年8月17日発行

著　者　高島英之

発行者　山脇洋亮

印　刷　三報社印刷㈱

製　本　協栄製本㈱

発行所　東京都千代田区飯田橋4-4-8　（〒102-0072）東京中央ビル　㈱同成社

TEL 03-3239-1467　振替 00140-0-20618

ISBN978-4-88621-610-6 C3321

ものが語る歴史 既刊書

1	楽器の考古学	山田光洋著	4200円
2	ガラスの考古学	谷　一尚著	3700円
3	方形周溝墓の再発見	福田　聖著	4800円
4	遮光器土偶と縄文社会	金子昭彦著	4500円
5	黒潮の考古学	橋口尚武著	4800円
6	人物はにわの世界	稲村繁(文)・森昭(写真)	5000円
7	オホーツクの考古学	前田　潮著	5000円
8	井戸の考古学	鐘方正樹著	3700円
9	クマとフクロウのイオマンテ ―アイヌの民族考古学―	宇田川洋編	4800円
10	ヤコウガイの考古学	髙梨　修著	4800円
11	食の民俗考古学	橋口尚武著	3800円
12	石垣が語る江戸城	野中和夫編	7000円
13	アイヌのクマ送りの世界	木村英明・本田優子編	3800円
14	考古学が語る日本の近現代	小川望・小林克・両角まり編	4500円
15	古代馬具からみた韓半島と日本	張　允禎著	3800円
16	壺屋焼が語る琉球外史	小田静夫著	4500円
17	古代日本海の漁撈民	内田律雄著	4800円
18	石器づくりの考古学 ―実験考古学と縄文時代のはじまり―	長井謙治著	4600円
19	民族考古学と縄文の耳飾り	高山　純著	5800円
20	縄文の漆	岡村道雄著	3800円
21	古代蝦夷社会の成立	八木光則著	6000円
22	貝の考古学	忍澤成視著	7000円
23	アイヌの民族考古学	手塚　薫著	4800円
24	旧石器社会と日本民俗の基層	田村　隆著	5500円
25	蝦夷とは誰か	松本建速著	5700円
26	箸の考古学	高倉洋彰著	3000円
27	ガラスが語る古代東アジア	小寺智津子著	4500円

(定価は全て本体価格)